编委会

目录

2017 年全国硕士研究生招生考试管理类综合能力试题及解析
2018 年全国硕士研究生招生考试管理类综合能力试题及解析
2019 年全国硕士研究生招生考试管理类综合能力试题及解析
2020 年全国硕士研究生招生考试管理类综合能力试题及解析
2021 年全国硕士研究生招生考试管理类综合能力试题及解析
2022 年全国硕士研究生招生考试管理类综合能力试题及解析

序

本书使用对象

全国硕士研究生招生考试管理类综合能力试题主要针对“管理类硕士研究生联考”，其中包括MBA［工商管理硕士含（EMBA）］、MPA（公共管理硕士）、MPAcc（会计管理硕士）、MEM（工程管理硕士）、MTA（旅游管理硕士）、MLIS（图书情报管理硕士）和Maud（审计硕士）等专业。试卷满分200分，由数学部分（问题求解、条件充分性判断）、逻辑推理、写作（论证有效性分析、论说文）三部分构成。

真题重要性及权威性

全国硕士研究生招生考试管理类综合能力试卷整体难度并不高，但很多考生因为基础差、时间少、兴趣低等各种原因很难提高成绩。本书深入分析近年真题，**通过研究真题，考生不仅可以快速掌握考试要点、明确复习重点，还可以掌握命题规律，了解出题人思路，达到事半功倍的效果。**

本书撰写特点

本书按照2017—2022年近6年真题年份分类，每一册由真题试题和答案解析两部分构成，共6册。

试题部分，力求还原真实的考场试卷，旨在帮助考生培养良好的考试习惯；解析部分，兼顾**基本功夯实和应试能力拔高**两方面。

管理类综合能力试题解析包括**答案速查**和**试题精讲**两大板块。

数学部分和逻辑部分，不仅对考点做了归类，还对题目做了准确且实用的分析，从考生实际解题思路出发，正面推理，帮助考生培养正确的思维方式，同时对于干扰项也说明错误原因，旨在帮助考生明确考试规律，了解出题人的思路，提高应试能力。

写作部分，“论证有效性分析”由试题精析（中心论点、谬误分析）和参考范文构成，旨在引导考生正确理解材料，精准提取中心论点和逻辑谬误。“论说文”由审题立意、参考框架和参考范文构成，旨在引导考生正确审题，避免在写作过程中偏题或跑题，导致分数较低。“参考框架”旨在引导考生做到触类旁通，不能做一题就只会一题，要做到做一题就懂一类，做到真正高效使用真题。

书籍使用指导

本书旨在帮助考生快速提高应试能力，因此建议考生按照“三遍论”策略完成真题。第一遍限时（180分钟）完成全套试卷，并及时对照“答案速查”部分；第二遍独立思考错题，明确出错原因——是因为知识点不熟悉或不了解，还是因为思维错误，或是因为时间不够、粗心；第三遍对照解析研习正确的解题思路，纠正错误的解析思路，并补全有缺陷的知识点。

如果时间比较充裕，最好按照此顺序，反复研究真题，做到基础知识点了然于胸，解题思路烂熟于心。

增值服务

1. 品睿教育教学团队老师精心录制了全套（2017—2022年）真题配套视频课程，方便考生更加直观、透彻地掌握真题。

2. 额外赠送2010年—2016年真题电子版及视频详解。

祝广大考友备考顺利，梦想成真！

品睿教育教研组

2022年8月

2017年全国硕士研究生招生考试 管理类综合能力试题

考生注意事项

1. 答题前，考生须在试题册指定位置上填写考生编号和考生姓名。在答题卡上填报“报考单位”“考生姓名”“考生编号”等信息。

2. 考生须把试题册上的“试卷条形码”粘贴于答题卡的“试卷条形码粘贴位置”框中。不按规定粘贴条码而影响试卷结果的，责任由考生自负。

3. 选择题的答案必须填涂在答题卡相应题号的选项上，非选择题的答案必须书写在答题卡指定位置的边框区域内。超出答题区域书写的答案无效；在草稿纸、试题册上答题无效。

4. 涂写部分要求用2B铅笔完成。如要改动，必须用橡皮擦干净。填（书）写部分必须使用黑色字迹钢笔、圆珠笔或签字笔在答题卡上作答，字迹工整、笔迹清楚。

5. 考试结束，将试题、答题卡一并装入试题袋中交回。

（以下信息考生必须认真填写）

考生编号															
考生姓名															

2017 年全国硕士研究生招生考试
管理类综合能力试题

一、问题求解：第 1～15 小题，每小题 3 分，共 45 分. 下列每题给出的 A、B、C、D、E 五个选项中，只有一项是符合试题要求的. 请在答题卡上将所选选项的字母涂黑.

1. 某品牌的电冰箱连续两次降价 10%后的售价是降价前的（　　）.

A. 80%　　B. 81%　　C. 82%　　D. 83%　　E. 85%

2. 甲、乙、丙三种货车的载重量成等差数列，2 辆甲种车和 1 辆乙种车满载量为 95 吨，1 辆甲种车和 3 辆丙种车满载量为 150 吨. 则用甲、乙、丙各 1 辆车一次最多运送货物（　　）吨.

A. 125　　B. 120　　C. 115　　D. 110　　E. 105

3. 张老师到一所中学进行招生咨询，上午接受了 45 名同学的咨询，其中的 9 名同学下午又咨询了张老师，占张老师下午咨询学生的 10%. 则一天中向张老师咨询的学生人数为（　　）.

A. 81　　B. 90　　C. 115　　D. 126　　E. 135

4. 某种机器人可搜索到的区域是半径为 1 米的圆，若该机器人沿直线行走 10 米，则其搜索过的区域的面积（单位：平方米）为（　　）.

A. $10+\frac{\pi}{2}$　　B. $10+\pi$　　C. $20+\frac{\pi}{2}$　　D. $20+\pi$　　E. 10π

5. 不等式 $|x-1|+x\leqslant 2$ 的解集为（　　）.

A. $(-\infty, 1]$　　B. $\left(-\infty, \frac{3}{2}\right]$　　C. $\left[1, \frac{3}{2}\right]$　　D. $[1, +\infty)$　　E. $\left[\frac{3}{2}, +\infty\right)$

6. 在 1 到 100 之间，能被 9 整除的整数的平均值为（　　）.

A. 27　　B. 36　　C. 45　　D. 54　　E. 63

7. 某试卷由 15 道选择题组成，每道题有 4 个选项，只有一项是符合试题要求的，甲有 6 道题能确定正确选项，有 5 道题能排除 2 个错误选项，有 4 道题能排除 1 个错误选项. 若从每题排除后剩余的选项中选 1 个作为答案，则甲能得满分的概率为（　　）.

A. $\frac{1}{2^4}\cdot\frac{1}{3^5}$　　B. $\frac{1}{2^5}\cdot\frac{1}{3^4}$　　C. $\frac{1}{2^5}+\frac{1}{3^4}$　　D. $\frac{1}{2^4}\cdot\left(\frac{3}{4}\right)^5$　　E. $\frac{1}{2^4}+\left(\frac{3}{4}\right)^5$

8. 某公司用 1 万元购买了价格分别是 1 750 元和 950 元的甲、乙两种办公设备，则购买的甲、乙办公设备的件数分别为（　　）.

A. 3，5　　B. 5，3　　C. 4，4　　D. 2，6　　E. 6，2

9. 如图，在扇形 AOB 中，$\angle AOB=\frac{\pi}{4}$，$OA=1$，$AC\perp OB$，则阴影部分的面积为（　　）.

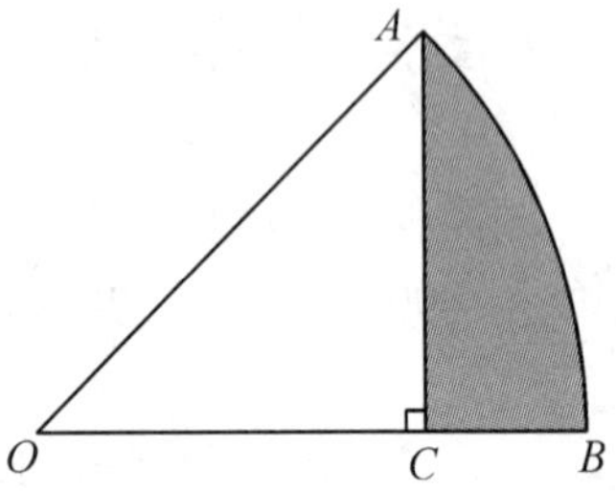

A. $\frac{\pi}{8}-\frac{1}{4}$　　B. $\frac{\pi}{8}-\frac{1}{8}$　　C. $\frac{\pi}{4}-\frac{1}{2}$

D. $\frac{\pi}{4}-\frac{1}{4}$　　E. $\frac{\pi}{4}-\frac{1}{8}$

10. 老师问班上 50 名同学周末复习的情况，结果有 20 人复习过数学，30 人复习过语文，6 人复习过英语，且同时复习了数学和语文的有 10 人，语文和英语的有 2 人，英语和数学的有 3 人. 若同时复习过这三门课的人数为 0，则没有复习过这三门课程的学生的人数是（　　）.

A. 7　　B. 8　　C. 9　　D. 10　　E. 11

11. 甲从 1，2，3 中抽取一数，记为 a，乙从 1，2，3，4 中抽取一数，记为 b. 规定当 $a>b$ 或 $a+1<b$ 时甲获胜，则甲获胜的概率为（　　）.

A. $\frac{1}{6}$　　B. $\frac{1}{4}$　　C. $\frac{1}{3}$　　D. $\frac{5}{12}$　　E. $\frac{1}{2}$

12. 已知 $\triangle ABC$ 和 $\triangle A'B'C'$ 满足 $AB:A'B'=AC:A'C'=2:3$，$\angle A+\angle A'=\pi$，则 $\triangle ABC$ 和 $\triangle A'B'C'$ 的面积之比为（　　）.

A. $\sqrt{2}:\sqrt{3}$　　B. $\sqrt{3}:\sqrt{5}$　　C. $2:3$　　D. $2:5$　　E. $4:9$

13. 将 6 人分为 3 组，每组 2 人，则不同的分组方式有（　　）种.

A. 12　　B. 15　　C. 30　　D. 45　　E. 90

14. 甲、乙、丙三人每轮各投篮 10 次，投了三轮. 投中数如下表：

	第一轮	第二轮	第三轮
甲	2	5	8
乙	5	2	5
丙	8	4	9

记 σ_1，σ_2，σ_3 分别为甲、乙、丙投中数的方差，则（　　）.

A. $\sigma_1 > \sigma_2 > \sigma_3$　　B. $\sigma_1 > \sigma_3 > \sigma_2$　　C. $\sigma_2 > \sigma_1 > \sigma_3$

D. $\sigma_2 > \sigma_3 > \sigma_1$　　E. $\sigma_3 > \sigma_2 > \sigma_1$

15. 将长、宽、高分别是 12，9 和 6 的长方体切割成正方体，且切割后无剩余，则能切割成相同正方体的最少个数为（　　）.

A. 3　　B. 6　　C. 24　　D. 96　　E. 64

二、条件充分性判断： 第 16~25 题，每小题 3 分，共 30 分. 要求判断每题给出的条件（1）和条件（2）能否充分支持题干所陈述的结论. A、B、C、D、E 五个选项为判断结果，请选择一项符合试题要求的判断. 在答题卡上将所选选项的字母涂黑.

（A）条件（1）充分，但条件（2）不充分.

（B）条件（2）充分，但条件（1）不充分.

（C）条件（1）和（2）单独都不充分，但条件（1）和（2）联合起来充分.

（D）条件（1）充分，条件（2）也充分.

（E）条件（1）和（2）单独都不充分，条件（1）和（2）联合起来也不充分.

16. 某人需要处理若干份文件，第一小时处理了全部文件的 $\frac{1}{5}$，第二小时处理了剩余文件的 $\frac{1}{4}$，则此人需要处理的文件共 25 份.

（1）前两个小时处理了 10 份文件.

（2）第二小时处理了 5 份文件.

17. 某人从 A 地出发，先乘时速为 220 千米的动车，后转乘时速为 100 千米的汽车到达 B 地，则 A、B 两地的距离为 960 千米.

（1）乘动车时间与乘汽车时间相等.

（2）乘动车时间与乘汽车的时间之和为 6 小时.

18. 直线 $y = ax + b$ 与抛物线 $y = x^2$ 有两个交点.

（1）$a^2 > 4b$.

(2) $b > 0$.

19. 能确定某企业产值的月平均增长率.
(1) 已知一月份的产值.
(2) 已知全年的总产值.

20. 圆 $x^2 + y^2 - ax - by + c = 0$ 与 x 轴相切，则能确定 c 的值.
(1) 已知 a 的值.
(2) 已知 b 的值.

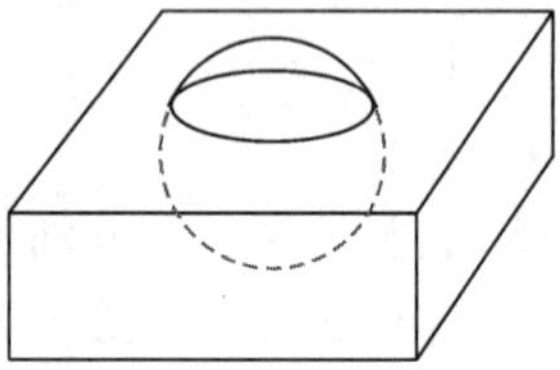

21. 如图，一个铁球沉入水池中，则能确定铁球的体积.
(1) 已知铁球露出水面的高度.
(2) 已知水深及铁球与水面交线的周长.

22. 某人参加资格考试，有 A 类和 B 类题目可选择，A 类的合格标准是抽 3 道题至少会做 2 道，B 类的合格标准是 2 道题需都会做，则此人参加 A 类合格的机会大.
(1) 此人 A 类题中有 60%会做.
(2) 此人 B 类题中有 80%会做.

23. 设 a，b 是两个不相等的实数，则函数 $f(x) = x^2 + 2ax + b$ 的最小值小于零.
(1) 1，a，b 成等差数列.
(2) 1，a，b 成等比数列.

24. 已知 a，b，c 为三个实数，则 $\min\{|a-b|, |b-c|, |a-c|\} \leqslant 5$.
(1) $|a| \leqslant 5$，$|b| \leqslant 5$，$|c| \leqslant 5$.
(2) $a + b + c = 15$.

25. 某机构向 12 位教师征题，共征集到 5 种题型的试题 52 道，则能确定供题教师的人数.
(1) 每位供题教师提供的试题数相同.
(2) 每位供题教师提供的题型不超过 2 种.

三、逻辑推理：第 26~55 小题，每小题 2 分，共 60 分。下列每题给出的 A、B、C、D、E 五个选项中，只有一个选项符合题目要求。请在答题卡上将所选字母涂黑。

26. 倪教授认为，我国工程技术领域可以考虑与国外先进技术合作，但任何涉及核心技术的项目绝不能受制于人；我国许多网络安全建设项目涉及信息核心技术，如果全盘引进国外先进技术而不努力自主创新，我国的网络安全将会受到严重威胁。
根据倪教授的陈述，可以得出以下哪项？

A. 我国许多网络安全建设项目不能与国外先进技术合作。
B. 我国工程技术领域的所有项目都不能受制于人。
C. 如果能做到自主创新，我国的网络安全就不会受到严重威胁。
D. 我国有些网络安全建设项目不能受制于人。
E. 只要不是全盘引进国外先进技术，我国的网络安全就不会受到严重威胁。

27. 任何结果都不能凭空出现，它们的背后都是有原因的，任何背后有原因的事物均可以被人认识，而可以被人认识的事物都必然不是毫无规律的。
根据以上陈述，以下哪项一定为假？
A. 那些可以被人认识的事物，必然有规律。
B. 任何结果出现的背后都是有原因的。
C. 任何结果都可以被人认识。
D. 人有可能认识所有事物。
E. 有些结果的出现可能毫无规律。

28. 近年来，我国海外代购业务量快速增长，代购者们通常从海外购买产品，通过各种渠道避开关税，再卖给内地顾客从中牟利，却让政府损失了税收收入。某专家由此指出，政府应该严厉打击海外代购行为。
以下哪项如果为真，最能支持上述专家的观点？
A. 近期，有位前空乘服务员因在网上开设海外代购店而被我国地方法院判定犯有走私罪。
B. 去年，我国奢侈品海外代购规模几乎是全球奢侈品国内门店销售额的一半，这些交易大多避开了关税。
C. 国内民众的消费需求提高是伴随我国经济发展而产生的正常现象，应以此为契机促进国内同类消费品产业的升级。
D. 海外代购提升了人们生活水准，满足了国内部分民众对于高品质生活的向往。
E. 国内一些企业生产的同类产品与海外代购产品相比，无论质量还是价格都缺乏竞争优势。

29. 某剧组招募群众演员，为配合剧情，需要招4类角色，外国游客1~2名，购物者2~3名，商贩2名，路人若干。仅有甲、乙、丙、丁、戊、己等6人可供选择，且每个人在同一场景中只能出演一个角色。已知：
（1）只有甲、乙才能出演外国游客；
（2）上述4类角色在每个场景中至少有3类同时出现；
（3）每一场景中，若乙或丁出演商贩，则甲和丙出演购物者；
（4）购物者和路人的数量之和在每个场景中不超过2。
根据上述信息可以得出以下哪项？
A. 至少有2人需要在不同的场景中出演不同的角色。

B. 在同一场景中，若戊和己出演路人，则甲只可能出演外国游客。
C. 甲、乙、丙、丁不会在同一场景中同时出现。
D. 在同一场景中，若乙出演外国游客，则甲只可能出演商贩。
E. 在同一场景中，若丁和戊出演购物者，则乙只可能出演外国游客。

30. 离家300米的学校不能上，却被安排到2千米外的学校就读，某市一位适龄儿童在上小学时就遭遇了所在区教育局这样的安排，而这一安排是区教育局根据儿童户籍所在施教区做出的。根据该市教育局规定的“就近入学”原则，儿童家长将区教育局告上法院，要求撤销原来安排，让其孩子就近入学。法院对此作出一审判决，驳回原告请求。
下列哪项最可能是法院判决的合理依据？
A.“就近入学”不是“最近入学”，不能将入学儿童户籍地和学校的直线距离作为划分施教区的唯一根据。
B. 该区教育局划分施教区的行政行为符合法律规定，而原告孩子户籍所在施教区的确需要去离家2千米外的学校就读。
C. 按照地理要素划分施教区中的每所小学不一定就处于施教区的中心位置。
D.“就近入学”仅仅是一个需要遵循的总体原则，儿童具体入学安排还要根据特定的情况加以变通。
E. 儿童入学究竟应上哪一所学校，不是让适龄儿童或其家长自主选择，而是要听从政府主管部门的行政安排。

31. 张立是一位单身白领，工作5年积累了一笔存款。由于该笔存款金额尚不足以购房，他考虑将其暂时分散投资到股票、黄金、基金、国债和外汇等5个方面。该笔存款的投资需要满足如下条件：
（1）如果黄金投资比例高于1/2，则剩余部分投入国债和股票；
（2）如果股票投资比例低于1/3，则剩余部分不能投入外汇或国债；
（3）如果外汇投资比例低于1/4，则剩余部分投入基金或黄金；
（4）国债投资比例不能低于1/6。
根据上述信息，可以得出以下哪项？
A. 国债投资比例高于1/2。
B. 外汇投资比例不低于1/3。
C. 股票投资比例不低于1/4。
D. 黄金投资比例不低于1/5。
E. 基金投资比例低于1/6。

32. 通识教育重在帮助学生掌握尽可能全面的基础知识，即帮助学生了解各个学科领域的基本常识；而人文教育则重在教育学生了解生活世界的意义，并对自己及他人行为的价值和意义作出合理的判断，形成“智识”。因此有专家指出，相比较而言，人文教育对个人未来生活的影响会更大一些。

以下哪项如果为真，最能支持上述专家的断言？

A. 当今我国有些大学开设的通识教育课程要远远多于人文教育课程。

B. “知识”是事实判断，“智识”是价值判断，两者不能相互替代。

C. 没有知识就会失去应对未来生活挑战的勇气，而错误的价值观可能会误导人的生活。

D. 关于价值和意义的判断事关个人的幸福和尊严，值得探究和思考。

E. 没有知识，人依然可以活下去；但如果没有价值和意义的追求，人只能成为没有灵魂的躯壳。

33~34 题基于以下题干：

丰收公司邢经理需要在下个月赴湖北、湖南、安徽、江西、江苏、浙江、福建 7 省进行市场需求调研，各省均调研一次。他的行程需满足以下条件：

（1）第一个或最后一个调研江西省；

（2）调研安徽省的时间早于浙江省，在这两省的调研之间调研除了福建省的另外两省；

（3）调研福建省的时间安排在调研浙江省之前或刚好调研完浙江省之后；

（4）第三个调研江苏省。

33. 如果邢经理首先赴安徽省调研，则关于他的行程可以确定以下哪个选项？

A. 第二个调研湖北省。

B. 第二个调研湖南省。

C. 第五个调研福建省。

D. 第五个调研湖北省。

E. 第五个调研浙江省。

34. 如果安徽省是邢经理第二个调研省份，则关于他的行程，可以确定以下哪个选项？

A. 第一个调研江西省。

B. 第四个调研湖北省。

C. 第五个调研浙江省。

D. 第五个调研湖南省。

E. 第六个调研福建省。

35. 王研究员：我国政府提出的“大众创业、万众创新”激励着每一个创业者。对于创业者来说，最重要的是需要一种坚持精神。不管在创业中遇到什么困难，都要坚持下去。

李教授：对于创业者来说，最重要的是要敢于尝试新技术。因为有些新技术一些大公司不敢轻易尝试，这就为创业者带来了成功的契机。

根据以上信息，以下哪项最准确地指出了王研究员与李教授的分歧所在？

A. 最重要的是坚持把创业这件事做好，成为创业大众的一员，还是努力发明新技术，成为创新万众的一员。

B. 最重要的是需要一种坚持精神，不畏艰难，还是要敢于尝试新技术，把握事业成功的契机。

C. 最重要的是坚持创业，有毅力有恒心把事业一直做下去，还是坚持创新，做出更多的科学发现和技术发明。

D. 最重要的是坚持创业，敢于成立小公司，还是尝试新技术，敢于挑战大公司。

E. 最重要的是敢于迎接各种创业难题的挑战，还是敢于尝试那些大公司不敢轻易尝试的新技术。

36. 进入冬季以来，内含大量有毒颗粒物的雾霾频繁袭击我国部分地区。有关调查显示，持续接触高浓度污染物会直接导致10%至15%的人患有眼睛慢性炎症或干眼症，有专家由此认为，如果不采取紧急措施改善空气质量，这些疾病的发病率和相关的并发症将会增加。

以下哪项如果为真，最能支持上述专家的观点？

A. 空气质量的改善不是短期内能做到的，许多人不得不在污染环境中工作。

B. 上述被调查的眼疾患者中有65%是年龄在20~40岁的男性。

C. 眼睛慢性炎症或干眼症等病例通常集中出现于花粉季。

D. 在重污染环境中采取戴护目镜、定期洗眼等措施有助于预防干眼症等眼疾。

E. 有毒颗粒物会刺激并损害人的眼睛，长期接触会影响泪腺细胞。

37. 很多成年人对于儿时熟悉的《唐诗三百首》中的许多名诗，常常仅记得几句名句，而不知诗作者或诗名。甲校中文系硕士生只有三个年级，每个年级人数相等。统计发现，一年级学生都能把该书中的名句与诗名及其作者对应起来；二年级2/3的学生能把该书中的名句与作者对应起来；三年级1/3的学生不能把该书中的名句与诗名对应起来。

根据上述信息，关于该校中文系硕士生，可以得出以下哪项？

A. 大部分硕士生能将该书中的名句与诗名及其作者对应起来。

B. 1/3以上的硕士生不能将该书中的名句与诗名或作者对应起来。

C. 1/3以上的一、二年级学生不能把该书中的名句与作者对应起来。

D. 2/3以上的一、三年级学生能把该书中的名句与诗名对应起来。

E. 2/3以上的一、二年级学生不能把该书中的名句与诗名对应起来。

38. 婴儿通过触碰物体、四处玩耍和观察成人的行为等方式来学习，但机器人通常只能按照编定的程序进行学习。于是，有些科学家试图研制学习方式更接近于婴儿的机器人。他们认为，既然婴儿是地球上最有效率的学习者，那我们为什么不设计出能像婴儿那样不费力气就能学习的机器人呢？

以下哪项最可能是上述科学家观点的假设？

A. 成年人和现有的机器人都不能像婴儿那样毫不费力地学习。

B. 即使是最好的机器人，它们的学习能力也无法超过最差的婴儿学习者。

C. 通过触碰、玩耍和观察等方式来学习是地球上最有效率的学习方式。

D. 婴儿的学习能力是天生的，他们的大脑与其他动物幼崽不同。

E. 如果机器人能像婴儿那样学习，它们的智能就有可能超过人类。

39. 针对癌症患者，医生常采用化疗手段将药物直接注入人体杀伤癌细胞，但这也可能将正常细胞和免疫细胞一同杀灭，产生较强的副作用。近来，有科学家发现，黄金纳米粒子很容易被人体癌细胞吸收，如果将其包上一层化疗药物，黄金纳米粒子就可作为“运输工具”，将化疗药物准确地投放到癌细胞中。他们由此断言，微小的黄金纳米粒子能提升癌症化疗的效果，并降低化疗的副作用。

以下哪项如果为真，最能支持上述科学家所作出的论断？

A. 现代医学手段已能实现黄金纳米粒子的精准投送，让其所携带的化疗药物只作用于癌细胞，并不伤及其他细胞。

B. 因为黄金所具有的特殊化学性质，黄金纳米粒子不会与人体细胞发生反应。

C. 利用常规计算机断层扫描，医生容易判定黄金纳米粒子是否已投放到癌细胞中。

D. 在体外用红外线加热已进入癌细胞的黄金纳米粒子，可从内部杀灭癌细胞。

E. 黄金纳米粒子用于癌症化疗的疗效有待大量临床检验。

40. 甲：己所不欲，勿施于人。　乙：我反对，己所欲，则施于人。

以下哪项与上述对话方式最为相似？

A. 甲：不入虎穴，焉得虎子？　乙：我反对，如得虎子，必入虎穴。

B. 甲：不在其位，不谋其政。　乙：我反对，在其位，则行其政。

C. 甲：人无远虑，必有近忧。　乙：我反对，人有远虑，亦有近忧。

D. 甲：人非草木，孰能无情？　乙：我反对，草木无情，但人有情。

E. 甲：人不犯我，我不犯人。　乙：我反对，人若犯我，我就犯人。

41. 颜子、曾寅、孟申、荀辰申请一个中国传统文化建设项目。根据规定，该项目的主持人只能有一名，且在上述 4 位申请者中产生；包括主持人在内，项目组成员不能超过两位。另外，各位申请者在申请答辩时做出如下陈述：

（1）颜子：如果我成为主持人，将邀请曾寅或荀辰作为项目组成员；

（2）曾寅：如果我成为主持人，将邀请颜子或孟申作为项目组成员；

（3）荀辰：只有颜子成为项目组成员，我才能成为主持人；

（4）孟申：只有荀辰或颜子成为项目组成员，我才能成为主持人。

假定 4 人陈述都为真，关于项目组成员的组合，以下哪项是不可能的？

A. 孟申、曾寅。

B. 荀辰、孟申。

C. 曾寅、荀辰。

D. 颜子、孟申。

E. 颜子、荀辰。

42. 研究者调查了一组大学毕业即从事有规律的工作正好满 8 年的白领，发现他们的体重比刚毕业时平均增加了 8 公斤（1 公斤 = 1 千克），研究者由此得出结论，有规律的工作会增加人们的体重。

关于上述结论的正确性，需要询问的关键问题是以下哪项？

A. 该组调查对象的体重在 8 年后是否会继续增加？

B. 该组调查对象中男性和女性的体重增加是否有较大差异？

C. 为什么调查关注的时间段是对象在毕业工作后 8 年而不是 7 年或者 9 年？

D. 和该组调查对象和其他情况相仿但没有从事有规律工作的人，在同样的 8 年中体重有怎样的变化？

E. 和该组调查对象其他情况相仿且经常进行体育锻炼的人，在同样的 8 年中体重有怎样的变化？

43. 赵默是一位优秀的企业家，因为如果一个人既拥有在国内外知名学府和研究机构工作的经历，又有担当项目负责人的管理经验，那么他就能成为一位优秀的企业家。

以下哪项与上述论证最为相似？

A. 李然是信息技术领域的杰出人才，因为如果一个人不具有前瞻性目光，国际化视野和创新思维，就不能成为信息技术领域的杰出人才。

B. 风云企业具有凝聚力，因为如果一个企业能引导和帮助员工树立目标，提升能力，就能使企业具有凝聚力。

C. 人力资源是企业的核心资源，因为如果不开展各类文化活动，就不能提升员工岗位技能，也不能增强团队的凝聚力和战斗力。

D. 青年是企业发展的未来，因此，企业只有激活青年的青春力量，才能促其早日成才。

E. 袁清是一位好作家，因为好作家都具有较强的观察能力、想象能力及表达能力。

44. 爱书成痴注定会藏书，大多数藏书家也会读一些自己收藏的书；但有些藏书家却因喜爱书的价值和精致装帧而购书收藏，至于阅读则放到了自己以后闲暇的时间，而一旦他们这样想，这些新购的书就很可能不被阅读了。但是，这些受到“冷遇”的书只要被友人借去一本，藏书家就会失魂落魄，整日心神不安。

根据上述信息，可以得出以下哪项？

A. 有藏书家从不读自己收藏的书。

B. 有些藏书家会读遍自己收藏的书。

C. 有些藏书家喜欢闲暇时读自己的藏书。

D. 有些藏书家不会立即读自己新购的书。

E. 有些藏书家将自己的藏书当作友人。

45. 人们通常认为，幸福能够增进健康，有利于长寿，而不幸福则是健康状况不佳的直接原因，但最近有研究人员对 3 000 多人的生活状况调查后发现，幸福或不幸福并不意味着死亡的风险会相应地变得更低或更高。他们由此指出，疾病可能会导致不幸福，但不幸福本身并不会对健康状况造成损害。

以下哪项如果为真，最能质疑上述研究人员的论证?

A. 幸福是个体的一种心理体验，要求被调查对象准确断定其幸福程度有一定的难度。

B. 人们的死亡风险低并不意味着健康状况好，死亡风险高也不意味着健康状况差。

C. 少数个体死亡风险的高低难以进行准确评估。

D. 有些高寿老人的人生经历较为坎坷，他们有时过得并不幸福。

E. 有些患有重大疾病的人乐观向上，积极与疾病抗争，他们的幸福感比较高。

46. 甲：只有加强知识产权保护，才能推动科技创新。

乙：我不同意。过分强化知识产权保护，肯定不能推动科技创新。

以下哪项与上述反驳方式最为类似?

A. 老板：只有给公司带来回报，公司才能给他带来回报。

员工：不对呀，我上月帮公司谈成一笔大业务，可是只得到1%的奖励。

B. 顾客：这件商品只有价格再便宜一些，才会有人来买。

商人：不可能。这件商品如果价格再便宜一些，我就要去喝西北风了。

C. 母亲：只有从小事做起，将来才有可能做成大事。

孩子：老妈你错了。如果我每天只是做小事，将来肯定做不成大事。

D. 妻子：孩子只有刻苦学习，才能取得好成绩。

丈夫：也不尽然。学习光知道刻苦而不能思考，也不一定会取得好成绩。

E. 老师：只有读书，才能改变命运。

学生：我觉得不是这样。不读书，命运会有更大的改变。

47. 某著名风景区有“妙笔生花”“猴子观海”“仙人晒靴”“美人梳妆”“阳关三叠”“禅心向天”六个景点，为方便游人，景区提示如下：

(1) 只有先游“猴子观海”，才能游“妙笔生花”;

(2) 只有先游“阳关三叠”，才能游“仙人晒靴”;

(3) 如果游“美人梳妆”，就要先游“妙笔生花”;

(4) “禅心向天”应第4个游览，之后才可游览“仙人晒靴”。

张先生按照上述提示，顺利游览了上述6个景点。

根据上述信息，关于张先生的游览顺序，以下哪项不可能为真?

A. 第一个游览“猴子观海”。

B. 第二个游览“阳关三叠”。

C. 第三个游览“美人梳妆”。

D. 第五个游览“妙笔生花”。

E. 第六个游览“仙人晒靴”。

48. “自我陶醉人格”是以过分重视自己为主要特点的人格障碍。它有多种具体特征：过高估计自己的重要性，夸大自己的成就，对批评反应强烈，希望他人注意自己和羡慕自己；经常沉溺于幻想中，把自己看成是特殊的人，人际关系不稳定，嫉妒他人，损人利己。

以下各种自我陈述中，除了哪项均能体现上述“自我陶醉人格”的特征？
A. 我是这个团队的灵魂，一旦我离开了这个团队，他们将一事无成。
B. 他有什么资格批评我？大家看看，他的能力连我的一半都不到。
C. 我的家庭条件不好，但不愿意被别人看不起，所以我借钱买了一部智能手机。
D. 这么重要的活动竟然没有邀请我参加，组织者的人品肯定有问题，不值得跟这样的人交往。
E. 我刚接手别人很多年没有做成的事情，我跟他们完全不在一个层次，相信很快就会将事情搞定。

49. 通常情况下，长期在寒冷环境中生活的居民可以有更强的抗寒能力。相比于我国的南方地区，我国北方地区冬天的平均气温要低很多。然而有趣的是，现在许多北方的居民并不具有我们所以为的抗寒能力，相当多的北方人到南方来过冬，竟然难以忍受南方的寒冷天气，怕冷程度甚至远远超过当地人。
以下哪项如果为真，最能解释上述现象？
A. 一些北方人认为南方温暖，他们去南方过冬时往往保暖工作做得不够充分。
B. 南方地区冬天虽然平均气温比北方高，但也存在极端低温的天气。
C. 北方地区在冬天通常启动供暖设备，其室内温度往往比南方高出很多。
D. 有些北方人是从南方迁过去的，他们还没有完全适应北方的气候。
E. 南方地区湿度较大，冬天感受到的寒冷程度超出气象意义上的温度指标。

50. 译制片配音，作为一种特有的艺术形式，曾在我国广受欢迎，然而时过境迁，现在许多人已不喜欢看配过音的外国影视剧，他们觉得还是听原汁原味的声音才感觉到位，有专家由此断言，配音已失去观众，必将退出历史舞台。
以下各项如果为真，则除哪项外都能支持上述专家的观点？
A. 很多上了年纪的国人仍习惯看配过音的外国影视剧，而在国内放映的外国大片有的仍然是配过音的。
B. 配音是一种艺术再创作，倾注了配音艺术家的心血，但有的人对此并不领情，反而觉得配音妨碍了他们对原剧的欣赏。
C. 许多中国人通晓外文，观赏外国原版影视剧并不存在语言困难；即使不懂外文，边看中文字幕边听原声也不影响理解剧情。
D. 随着对外交流的加强，现在外国影视剧大量涌入国内，有的国人已经等不及慢条斯理、精工细作的配音了。
E. 现在有的外国影视剧配音难以模仿剧中演员的出色嗓音，有时也与剧情不符，对此观众并不接受。

51~52 题基于以下题干：

六一节快到了，幼儿园老师为班上的小明、小雷、小刚、小芳、小花 5 位小朋友准备了红、橙、黄、绿、青、蓝、紫 7 份礼物。已知所有礼物都送了出去，每份礼物只能由一人获得，每人最多获得两份礼物。另外，礼物派送还需满足如下要求：
(1) 如果小明收到橙色礼物，则小芳会收到蓝色礼物；

（2）如果小雷没有收到红色礼物，则小芳不会收到蓝色礼物；
（3）如果小刚没有收到黄色礼物，则小花不会收到紫色礼物；
（4）没有人既能收到黄色礼物，又能收到绿色礼物；
（5）小明只收到橙色礼物，而小花只收到紫色礼物。

51. 根据上述信息，以下哪项可能为真？
A. 小明和小芳都收到两份礼物。
B. 小雷和小刚都收到两份礼物。
C. 小刚和小花都收到两份礼物。
D. 小芳和小花都收到两份礼物。
E. 小明和小雷都收到两份礼物。

52. 根据上述信息，如果小刚收到两份礼物，则可以得出以下哪项？
A. 小雷收到红色和绿色两份礼物。
B. 小刚收到黄色和蓝色两份礼物。
C. 小芳收到绿色和蓝色两份礼物。
D. 小刚收到黄色和青色两份礼物。
E. 小芳收到青色和蓝色两份礼物。

53. 某民乐小组购买几种乐器，购买要求如下：
（1）二胡、箫至多购买一种；
（2）笛子、二胡和古筝至少购买一种；
（3）箫、古筝、唢呐至少购买两种；
（4）如果购买箫，则不购买笛子。
根据上述要求，可以得出以下哪项？
A. 至多可以买三种乐器。
B. 箫、笛子至少购买一种。
C. 至少要购买三种乐器。
D. 古筝、二胡至少购买一种。
E. 一定要购买唢呐。

54~55 题基于以下题干：

某影城将在“十一”黄金周 7 天（周一至周日）放映 14 部电影，其中，有 5 部科幻片、3 部警匪片、3 部武侠片、2 部战争片及 1 部爱情片。限于条件，影城每天放映两部电影。已知：

（1）除两部科幻片安排在周四外，其余 6 天每天放映的两部电影都属于不同类别；
（2）爱情片安排在周日；
（3）科幻片与武侠片没有安排在同一天；
（4）警匪片和战争片没有安排在同一天。

54. 根据上述信息，以下哪项中的两部电影不可能安排在同一天放映？
A. 警匪片和爱情片。
B. 科幻片和警匪片。
C. 武侠片和战争片。
D. 武侠片和警匪片。
E. 科幻片和战争片。

55. 根据上述信息，如果同类影片放映日期连续，则周六可能放映的电影是以下哪项？
A. 科幻片和警匪片。
B. 武侠片和警匪片。
C. 科幻片和战争片。
D. 科幻片和武侠片。
E. 警匪片和战争片。

四、写作：第 56~57 小题共 65 分。其中论证有效性分析 30 分，论说文 35 分。请在答题纸上完成。

56. 论证有效性分析：分析下述论证中存在的缺陷和漏洞，选择若干要点，写一篇 600 字左右的文章，对论证的有效性进行分析和评论（论证有效性分析的一般要点是：概念特别是核心概念的界定和使用是否准确并前后一致，有无各种明显的逻辑错误，论证的论据是否成立并支持结论，结论成立的条件是否充分等）。

如果我们把古代荀子、商鞅、韩非等人的一些主张归纳起来，可以得出如下一套理论：

人的本性是“好荣恶辱，好利恶害”的，所以，人们都会追求奖赏、逃避惩罚。因此，拥有足够权力的国君只要利用赏罚就可以把臣民治理好了。

既然人的本性是好利恶害的，那么在选拔官员时，既没有可能也没有必要去寻求那些不求私利的廉洁之士，因为世界上根本不存在这样的人。廉政建设的关键，其实只在于任用官员之后如何有效地防止他们以权谋私。

怎样防止官员以权谋私呢？国君通常依靠设置监察官的方法。这种方法其实是不合理的。因为监察官也是人，也是好利恶害的。所以依靠监察官去制止其他官吏以权谋私，就是让一部分以权谋私者去制止另一部分人以权谋私。结果只能使他们共谋私利。

既然依靠设置监察官的方法不合理，那么依靠什么呢？国君可以利用赏罚的方法促使臣民去监督。谁揭发官员的以权谋私就奖赏谁，谁不揭发官员的以权谋私就惩罚谁，臣民出于好利恶害的本性，就会揭发官员的以权谋私。这样，以权谋私的罪恶行为就无法藏身，就是最贪婪的人也不敢以权谋私了。

57. 论说文：根据下述材料，自拟题目，写一篇 700 字左右的论说文。

一家企业遇到了这样一个问题：究竟是把有限的资金用于扩大生产呢，还是用于研发新产品？有人主张投资扩大生产，因为根据市场预测，原产品还可以畅销三到五年，由此可以获得可靠而丰厚的利润。有人主张投资研发新产品，因为这样做虽然有很大的风险，但风险背后可能有数倍于甚至数十倍于前者的利润。

2017 年管理类综合能力试题解析

答案速查

1-5	BEDDB	6-10	DBAAC	11-15	EEBBC
16-20	DCBEA	21-25	BCAAC		
26-30	DEBEB	31-35	CECCB	36-40	EDCAE
41-45	CDBDB	46-50	CDCCA	51-55	BDDAC

数学部分

1.【答案】B

【考点】应用题 比例问题 增长率

【解析】设开始售价为 100，则连续两次降价后的售价为 $100\times(1-10\%)^2=81$，此时价格是降价前的 81%.

2.【答案】E

【考点】数列 数列的综合运用

【解析】设甲、乙、丙的载重量分别为 a，b，c 吨. 则 $\begin{cases}2b=a+c\\2a+b=95\\a+3c=150\end{cases}$，

三个方程相加得：$3a+3b+3c=a+c+245\Rightarrow 3b+2(a+c)=245$，又 $2b=a+c$，得 $3b+2(a+c)=3b+4b=245\Rightarrow b=35$，$a+b+c=b+(a+c)=3b=105$.

3.【答案】D

【考点】应用题 容斥问题 两元素

【解析】根据"总量$=\dfrac{\text{部分量}}{\text{部分量的占比}}$"，得到下午的咨询学员有 $\dfrac{9}{10\%}=90$ 名. 其中有 9 名上午已经咨询过，所以下午新的咨询学员有 $90-9=81$ 名，一天中咨询学员共 $45+81=126$ 名.

4. 【答案】D

【考点】平面几何 圆与扇形

【解析】根据题意，可知机器人搜索过的区域如右图，则该区域面积为：

$S = 10 \times 2 + \pi \times 1^2 = 20 + \pi$.

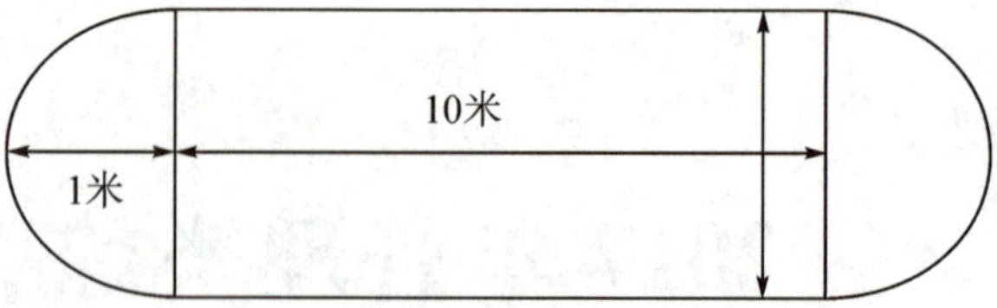

5. 【答案】B

【考点】函数方程不等式 不等式 绝对值不等式

【解析】**方法一（去绝对值符号）：**

当 $x \geqslant 1$ 时，$|x-1| = x-1$，则 $x-1+x \leqslant 2 \Rightarrow x \leqslant \dfrac{3}{2}$，即 $1 \leqslant x \leqslant \dfrac{3}{2}$，

当 $x < 1$ 时，$|x-1| = 1-x$，则 $1-x+x \leqslant 2 \Rightarrow 1 \leqslant 2$ 恒成立，即 $x < 1$，

两者取并集，得 $x \leqslant \dfrac{3}{2}$.

方法二（特值排除法）：根据选项特征，取 $x = 0$ 时，不等式左边 $= |0-1| + 0 = 1 \leqslant 2$ 成立，排除 C、D、E，取 $x = \dfrac{3}{2}$ 时，不等式左边 $= \left|\dfrac{3}{2} - 1\right| + \dfrac{3}{2} = 2 \leqslant 2$ 成立，排除 A，故选 B.

6. 【答案】D

【考点】实数 整除

【解析】1 到 100 之间能被 9 整除的整数有：9，18，27，…，99 共 11 个数，故平均数为：

$\bar{X} = \dfrac{9 + 18 + 27 + \cdots + 99}{11} = 54$.

7. 【答案】B

【考点】概率 独立事件

【解析】能排除 2 个错误选项的题，每题正确的概率为 $\dfrac{1}{2}$，故 5 道题都正确概率为 $\left(\dfrac{1}{2}\right)^5$，

能排除 1 个错误选项的题，每题正确的概率为 $\dfrac{1}{3}$，故 4 道题都正确的概率为 $\left(\dfrac{1}{3}\right)^4$.

故甲能得满分的概率为 $1^6 \times \left(\dfrac{1}{2}\right)^5 \times \left(\dfrac{1}{3}\right)^4 = \dfrac{1}{2^5} \times \dfrac{1}{3^4}$.

8. 【答案】A

【考点】应用题 不定方程

【解析】设购买甲、乙办公设备的件数分别为 a，b，则 $1\,750a + 950b = 10\,000$，化简得 $35a + 19b = 200$，代入选项验证，只有 $a = 3$，$b = 5$ 成立.

9. 【答案】A

【考点】平面几何 圆与扇形

【解析】由题意，$OC = AC = \dfrac{\sqrt{2}}{2}$，则 $S_{阴} = S_{扇AOB} - S_{\triangle AOC} = \dfrac{1}{8} \times \pi \times 1^2 - \dfrac{1}{2} \times \left(\dfrac{\sqrt{2}}{2}\right)^2 = \dfrac{\pi}{8} - \dfrac{1}{4}$.

10. 【答案】C

【考点】应用题 容斥问题 三元素

【解析】直接运用公式：$A\cup B\cup C=A+B+C-A\cap B-A\cap C-B\cap C+A\cap B\cap C$，

至少复习了一门课程的学生有：$A\cup B\cup C=20+30+6-10-2-3+0=41$ 人，

则三门课程都没有复习的学生人数为：$50-41=9$ 人.

11. 【答案】E

【考点】概率 古典概型

【解析】具体事件分两类：

第一类：$a>b$，有 $(2,1)$，$(3,1)$，$(3,2)$，共 3 种.

第二类：$a+1<b$，有 $(1,3)$，$(1,4)$，$(2,4)$，共 3 种.

总事件数为 $3\times4=12$ 种，故甲获胜的概率 $p=\dfrac{3+3}{12}=\dfrac{1}{2}$.

12. 【答案】E

【考点】平面几何 三角形 面积计算

【解析】**方法一（面积公式）**：已知 $\angle A+\angle A'=\pi\Rightarrow\sin A=\sin A'$，则

$S_{\triangle ABC}=\dfrac{1}{2}AB\cdot AC\cdot\sin A$，$S_{\triangle A'B'C'}=\dfrac{1}{2}A'B'\cdot A'C'\cdot\sin A'$.

两式相除得：$\dfrac{S_{\triangle ABC}}{S_{\triangle A'B'C'}}=\dfrac{AB\cdot AC}{A'B'\cdot A'C'}=\dfrac{2\times2}{3\times3}=\dfrac{4}{9}$.

方法二（特值法）：取 $AB=AC=2$，$A'B'=A'C'=3$，$\angle A=\angle A'=90°$，此时

$S_{\triangle ABC}=\dfrac{1}{2}AB\cdot AC=2$，$S_{\triangle A'B'C'}=\dfrac{1}{2}A'B'\cdot A'C'=\dfrac{9}{2}$，故 $\dfrac{S_{\triangle ABC}}{S_{\triangle A'B'C'}}=\dfrac{4}{9}$.

13. 【答案】B

【考点】排列组合 平均分组

【解析】根据平均分组原理有 $\dfrac{C_6^2C_4^2C_2^2}{3!}=15$ 种.

14. 【答案】B

【考点】数据描述 均值、方差

【解析】由平均数和方差公式得：

甲的平均数为 $\dfrac{2+5+8}{3}=5$，方差为 $\sigma_1=\dfrac{(2-5)^2+(5-5)^2+(8-5)^2}{3}=6$.

乙的平均数为 $\dfrac{5+2+5}{3}=4$，方差为 $\sigma_2=\dfrac{(5-4)^2+(2-4)^2+(5-4)^2}{3}=2$.

丙的平均数为 $\dfrac{8+4+9}{3}=7$，方差为 $\sigma_3=\dfrac{(8-7)^2+(4-7)^2+(9-7)^2}{3}=\dfrac{14}{3}$.

故 $\sigma_1>\sigma_3>\sigma_2$.

15. 【答案】C

【考点】立体几何 切割、拼接、组合体 切割

【解析】由题意，切割后无剩余，则被切割成的小正方体的棱长为长方体三边长的公约数，

而要保证正方体个数最少，则小正方体棱长为最大公约数：(12，9，6) = 3，

此时切割成的正方体的个数为 $n=\frac{12}{3}\times\frac{9}{3}\times\frac{6}{3}=24$ 个.

16.【答案】D

【考点】应用题 比例问题

【解析】第一小时处理了全部文件的 $\frac{1}{5}$，剩余 $\frac{4}{5}$，

第二小时处理了剩余文件的 $\frac{1}{4}$，则相当于全部文件的 $\frac{4}{5}\times\frac{1}{4}=\frac{1}{5}$.

条件（1），前两个小时共处理全部文件的 $\frac{1}{5}+\frac{1}{5}=\frac{2}{5}$，

则全部文件数为 $10\div\frac{2}{5}=25$，充分.

条件（2），第二小时处理了 5 份文件，则全部文件数为 $5\div\frac{1}{5}=25$，充分，故选 D.

17.【答案】C

【考点】应用题 行程问题 一般行程

【解析】条件（1）、（2）单独不充分，联合两个条件，则乘动车和乘汽车的时间都为 3 小时，所以 A、B 两地之间的距离为 $220\times3+100\times3=960$ 千米. 充分，故选 C.

18.【答案】B

【考点】函数方程不等式 二次函数 直线与抛物线交点

【解析】联合 $\begin{cases}y=ax+b\\y=x^2\end{cases}\Rightarrow x^2-ax-b=0$，则有两个交点等价于方程 $x^2-ax-b=0$ 有两个不相等的实数根，即 $\Delta=a^2+4b>0$.

条件（1），特值证否：当 $a=1$，$b=-1$，满足 $a^2>4b$，但 $a^2+4b=-3<0$，不充分.

条件（2），$b>0\Rightarrow a^2+4b>0$，充分，故选 B.

19.【答案】E

【考点】应用题 比例问题 增长率

【解析】由平均增长率公式 $q=\sqrt[\text{期数}]{\frac{\text{期末数值}}{\text{期初数值}}}-1$ 可知，平均增长率由期初数值、期末数值及增长期数确定，条件（1）给定一月份的产值，即期初数值，条件（2）为全年的总产值，故无论单独或联合条件均无法确定 12 月的产值（即期末数值），因此单独或联立均不充分，故选 E.

20.【答案】A

【考点】解析几何 直线与圆的位置关系

【解析】该圆的标准方程为 $\left(x-\frac{a}{2}\right)^2+\left(y-\frac{b}{2}\right)^2=\frac{a^2+b^2-4c}{4}$，故圆心为 $\left(\frac{a}{2},\frac{b}{2}\right)$，

半径为 $\sqrt{\frac{a^2+b^2-4c}{4}}$，因该圆与 x 轴相切，则 $\left|\frac{b}{2}\right|=\sqrt{\frac{a^2+b^2-4c}{4}}\Rightarrow c=\frac{a^2}{4}$，

要确定 c 的值，只需要知道 a 的值即可. 故条件（1）充分，条件（2）不充分，故选 A.

21.【答案】B

【考点】立体几何 球体

【解析】要确定铁球的体积，只需知道球的半径 R 即可.

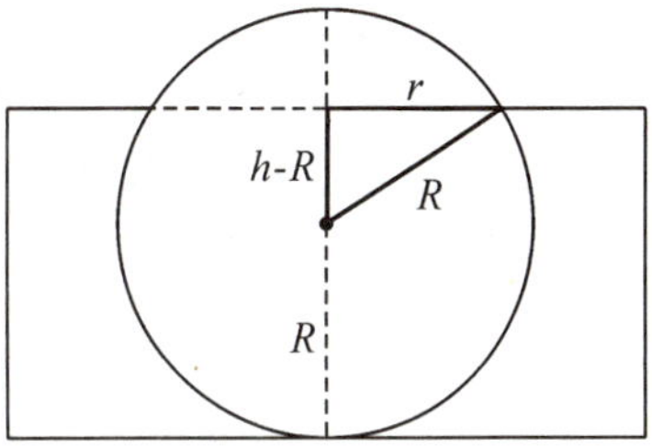

条件（1），仅已知铁球露出水面的高度，显然条件不够，不充分.

条件（2），已知铁球与水面交线的周长，可以知道铁球与水面所成圆的半径 r. 又已知水深 h，则球心到水面的距离为 $h-R$. 画出剖面图，可知 $h-R$，r，R 构成一个直角三角形，则 $r^2+(h-R)^2=R^2\Rightarrow R=\dfrac{h^2+r^2}{2h}$，从而可以计算铁球的体积，充分，故选 B.

22.【答案】C

【考点】概率 伯努利概型

【解析】条件（1）、（2）单独不充分，考虑联合.

条件（1），A 类题中，每题答对的概率为 $\dfrac{3}{5}$，答错的概率为 $\dfrac{2}{5}$，则 A 类合格的概率为

$P(A)=P(\text{只会 2 个})+P(\text{3 个全会})=C_3^2\left(\dfrac{3}{5}\right)^2\left(\dfrac{2}{5}\right)+C_3^3\left(\dfrac{3}{5}\right)^3=\dfrac{81}{125}$.

条件（2），B 类题中，每题答对的概率为 $\dfrac{4}{5}$，答错的概率为 $\dfrac{1}{5}$，则 B 类合格的概率为

$P(B)=P(\text{两个都会})=\left(\dfrac{4}{5}\right)^2=\dfrac{16}{25}=\dfrac{80}{125}<\dfrac{81}{125}$. 可知此人参加 A 类合格的概率大，故选 C.

23.【答案】A

【考点】函数方程不等式 二次函数 最值问题

【解析】函数 $f(x)$ 的最小值为 $\dfrac{4b-(2a)^2}{4}<0\Rightarrow b-a^2<0$.

条件（1），$2a=b+1$，且 $a\neq b\neq 1$，则 $b-a^2=2a-1-a^2=-(a-1)^2<0$，故充分.

条件（2），$a^2=b\Rightarrow b-a^2=0$，不充分，故选 A.

24.【答案】A

【考点】实数 绝对值 几何意义

【解析】条件（1），可知在数轴上 a，b，c 都在 $[-5,5]$ 之间变动. 把 $[-5,5]$ 划分成两段 $[-5,0]$ 和 $[0,5]$，则 a，b，c 三数中，至少有两个数会分布在同一段 $[-5,0]$ 或者 $[0,5]$ 上，则对于 $|a-b|$，$|b-c|$，$|a-c|$ 三个值来说，至少有一个值在 $[0,5]$ 之间，

故满足 $\min\{|a-b|,|b-c|,|a-c|\}\leqslant 5$，充分.

条件（2），特值证否，当 $a=30$，$b=-30$，$c=15$，$\min\{|a-b|,|b-c|,|a-c|\}=15$，与结论矛盾，不充分，故选 A.

25.【答案】C

【考点】应用题 不定方程

【解析】条件（1），每个教师提供的数目相同，总共 52 道题目，说明教师的人数为 52 的约数，且小于等于 12，则教师的人数可能为 1，2，4，不唯一，故不充分.

条件（2），每位教师提供的题型不超过 2 种，现共有 5 种题型，则至少有 3 位供题教师，无法确

定具体人数，故不充分.

联合（1）（2），3 人≤供题教师人数≤12 人，且供题教师人数为 52 的约数，因此供题教师人数为 4 人，联合充分，故选 C.

逻辑部分

26.【答案】D

【考点】形式逻辑 假言命题 求真

【解析】题干逻辑如下：

①核心技术→非受制于人；

②有些网络安全→核心技术；

③全盘引进（即非自主创新）→安全威胁；

结合①和②可得：有些网络安全→核心技术→非受制于人。

A 题干只说“我国工程技术领域可以考虑与国外先进技术合作”，排除。

B 题干中“我国工程技术领域中涉及核心技术的项目不能受制于人”即“有的非”，无法判断“所有非”。

C 自主创新→非安全威胁，与③不同，排除。

D 有些网络安全→非受制于人，结合①和②可得。

E 非全盘引进→非安全威胁，与③不同，排除。

故选 D 选项。

27.【答案】E

【考点】形式逻辑 直言命题 判断真假

【解析】题干逻辑如下：

①结果→有原因；

②有原因→被认识；

③被认识→必然非毫无规律（即必然有规律）；

条件①+②+③串联可得：结果→有原因→被认识→必然有规律。

求“一定假”即求题干命题的矛盾命题。

A 被认识→必然有规律，符合题干的推理，排除。

B 结果→有原因，符合题干的推理，排除。

C 结果→被认识，符合题干的推理，排除。

D 题干未提“所有事物”的概念，排除。

E 有些结果→可能无规律，根据题干条件得“结果→必然有规律”，二者互为矛盾命题，一定为假。

故选 E 选项。

28.【答案】B

【考点】非形式逻辑 支持 因果支持

【解析】题干论证如下：

论据：海外代购避开关税，让政府损失了税收收入。

论点：政府应该严厉打击海外代购行为。

A 个例无法支持论据所表达的规模性。

B“几乎是……的一半”“大多避开了关税”表达了论据所说的避开关税特征及造成的较大税收损失，可以支持专家观点。

C 未涉及海外代购，无关选项。

D、E 意为代购有优点、有竞争优势，削弱，排除。

故选 B 选项。

29.【答案】E

【考点】分析推理 综合推理

【解析】题干条件如下：

（1）只有甲、乙才能出演外国游客；

（2）每个场景中 4 类角色至少出现 3 类；

（3）乙商贩∨丁商贩→甲购物者∧丙购物者=非甲购物者∨非丙购物者→非乙商贩∧非丁商贩；

（4）购物者+路人≤ 2。

4 类角色，6 个人，每人在同一场景出演 1 个角色。

本题采用选项代入排除：

E 当丁和戊出演购物者时，由（4）可知，就不存在路人及其他购物者了。由（3）可知，乙不当商贩，乙不当购物者、路人、商贩，就只可能出演外国游客。

A、B、C、D 均无法得出。

故选 E 选项。

30.【答案】B

【考点】非形式逻辑 支持 论证支持

【解析】题干论证如下：

法院判决：驳回原告请求。

既然是法院判决的合理依据，就应当参考法律法规，即最佳选项也应当是明确表达了法律依据。

A、D、E 均能起到反驳该家长的作用，但未必是法律法规（法院判决的合理依据）。

B“符合法律规定”，满足“最可能是法院判决的合理依据”，支持。

C 无关选项。

故选 B 选项。

31.【答案】C

【考点】分析推理 综合推理

【解析】题干条件如下：

（1）黄金>1/2→国债∧股票；

（2）股票<1/3→非（外汇∨国债）=外汇∨国债→股票≥1/3

（3）外汇<1/4→基金∨黄金；

（4）国债≥1/6。

C 从确定性条件（4）入手，可知一定有国债；结合（2），即可以判断出股票的占比不低于 1/3。实际情况不低于 1/3 就必定不低于 1/4。

A、B、D、E 均无法得出。

故选 C 选项。

32.【答案】E

【考点】非形式逻辑 支持 论证支持

【解析】题干论证如下：

论据：通识教育重在让学生掌握尽可能全面的基础知识；人文教育重在培养学生的“智识”。

论点：人文教育对个人未来生活的影响比通识教育更大。

正确的选项应为强调人文教育比通识教育更重要。

B、C 意为两者都重要，没有突出人文教育更重要。

E 直接指出人文教育对生活更重要，支持。

A、D 无关选项。

故选 E 选项。

33.【答案】C

【考点】分析推理 排序

【解析】题干分析如下：

由（4）和本题的补充条件可知，第 3 个是江苏省，第 1 个是安徽省。那么根据（1）第 7 个是江西省。结合（2）和（3），可知浙江省在第 4 个，福建省在第 5 个，故选 C 选项。

1	2	3	4	5	6	7
安徽		江苏	浙江	福建		江西

34.【答案】C

【考点】分析推理 排序

【解析】题干分析如下：

由本题的补充条件可知，第 2 个是安徽省，根据（2）可知，浙江省在安徽省前且与安徽省间隔两个省，可知浙江省在第 5 个，故选 C 选项。

1	2	3	4	5	6	7
	安徽	江苏		浙江		

35.【答案】B

【考点】非形式逻辑 评价焦点对话

【解析】题干对话如下：

王研究员：对于创业者来说，最重要的是坚持精神。

李教授：对于创业者来说，最重要的是要敢于尝试新技术。

B 王的核心是“坚持精神”，李的核心是“敢于尝试新技术”。

故选 B 选项。

36.【答案】E

【考点】非形式逻辑 支持因果支持

【解析】题干论证如下：

论据：雾霾频繁袭击我国部分地区，持续接触高浓度污染物会直接导致 10%～15%的人患上眼睛慢性炎症或干眼症。

论点：如果不采取紧急措施改善空气质量，这些疾病的发病率和相关的并发症将会增加。

（意为“采取紧急措施改善空气质量”是必要的）
A、B、C 无关选项。
D 意为还有其他缓解眼睛的方法，不必非要采取紧急措施改善空气质量，削弱。
E 提出新论据或给出科学依据加强题干论据，加强说明了雾霾对眼睛的危害，从而支持结论。
故选 E 选项。

37. 【答案】D
【考点】分析推理 综合推理
【解析】题干条件如下：
（1）所有一年级学生：名句-诗名-作者；
（2）2/3 的二年级学生：名句-作者；
（3）2/3 的三年级学生：名句-诗名；
三个年级，每个年级人数相等（假设每个年级学生数量为 3 份，共 9 份）。
A“名句与诗名及其作者”指的是“名句-诗名-作者”，根据题干条件仅知道所有一年级学生（三个年级总数的 3/9）能对应“名句-诗名-作者”，其他年级里有多少学生能对应这三项不确定（假如二、三年级都不能对应，那就意味着只有 1/3 能对应，就不满足“大部分”），该选项不确定。
B“名句与诗名或作者”包含两种情况都成立：①名句-诗名，②名句-作者；根据（1）（2）（3），三个年级总共至少有 7/9 的学生能对应（最多有 2/9 的学生不能对应，<1/3），该选项为假。
C 根据（1）（2），一、二年级至少 5/6 的学生能对应“名句-作者”（最多有 1/6 的学生不能对应，<1/3），该选项为假。
D 根据（1）（3），一、三年级至少 5/6 的学生能对应“名句-诗名”（>4/6）。正确答案。
E 根据（1），一、二年级至少有一半的学生能对应“名句-诗名”，该选项为假。
故选 D 选项。

38. 【答案】C
【考点】非形式逻辑 假设 搭桥假设
【解析】题干论证如下：
论据：婴儿通过触碰物体、四处玩耍和观察成年人的行为等方式来学习，但机器人通常只能按照编订的程序进行学习。
论点：科学家认为既然婴儿是地球上最有效率的学习者，那么我们应该设计出能像婴儿那样不费力气就能学习的机器人。
C 将婴儿的学习方式和“地球上最有效率的学习者”之间进行搭桥，建立联系，构成充分假设。
故选 C 选项。

39. 【答案】A
【考点】非形式逻辑 支持 目的措施支持
【解析】题干论证如下：
论据：黄金纳米粒子很容易被人体癌细胞吸收，并将化疗药物准确地投放到癌细胞中。
论点：黄金纳米粒子能提升癌症化疗的效果，并降低化疗副作用。
A“现代医学手段已能实现”说明了措施可行并能达到提升化疗效果的目的；“只作用于癌细胞，并不伤及其他细胞”即为降低化疗副作用提供了科学依据，支持。
B、C、D 都仅表达了黄金纳米粒子的功能、优点等，无法支持优于普通化疗及降低副作用。

E 指出黄金纳米粒子的效果不确定，无法支持。
故选 A 选项。

40.【答案】E
【考点】非形式逻辑 相似结构相似
【解析】题干结构如下：
甲：（如果）己所不欲，（那么）勿施于人，即 A→B；
乙：我反对，（如果）己所欲，（那么）施于人，即非 A→非 B。
A 甲：（如果）不入虎穴→（那么）不得虎子，即 A→B；
乙：我反对，（如果）得虎子，（那么）入虎穴，即非 B→非 A，与题干结构不一致。
B 存在偷换概念，“谋其政”与“行其政”概念不同。
C 甲：（如果）无远虑→（那么）有近忧，即 A→B；
乙：我反对，（即使）有远虑，（也）有近忧，即非 A 且 B，与题干结构不一致。
D 乙对甲判断的反对实际上是支持，与题干结构不一致。
E 甲：（如果）人不犯我→（那么）我不犯人，即 A→B；
乙：（如果）人犯我→（那么）我犯人，即非 A→非 B，与题干结构一致。
故选 E 选项。

41.【答案】C
【考点】分析推理 综合推理
【解析】题干条件如下：
（1）颜：颜主持→曾成员∨荀成员；
（2）曾：曾主持→颜成员∨孟成员；
（3）荀：荀主持→颜成员；
（4）孟：孟主持→荀成员∨颜成员；
题干要求包括主持人在内项目组成员不能超过两位，即最多就 1 名主持人+1 名成员。
求“不可能”，可将选项带入题干，与条件都不符合者，即为不可能成立的项。
C 如果曾是主持，那么根据（2）成员不可能有荀；反过来，如果荀主持，那么根据（3）成员为颜，则不可能有曾（总共只有两人）。无论谁主持，另一个都不会是成员。
故选 C 选项。

42.【答案】D
【考点】非形式逻辑 评价评价论证方法和漏洞
【解析】题干论证如下：
论据：白领比刚毕业的时候平均增加 8 公斤。
论点：有规律的工作会使人增加体重。
D 设置对照组（构建因果求异法），其他情况相仿但没有规律工作的人，如果体重也增加，则削弱题干；如果体重不增加，则支持题干。
故选 D 选项。

43.【答案】B
【考点】非形式逻辑 相似结构相似
【解析】题干逻辑如下：
题干结构：D（优秀），因为 A（学府）∧B（机构）∧C（管理）→D（优秀）。

A 结构为：D，非 A∧非 B∧非 C→非 D，与题干结构不一致。
B 结构为：D（有凝聚力），因为 A（引导员工）∧B（帮助员工）∧C（提升能力）→D（有凝聚力），与题干结构一致。
C 结构为：E，因为非 D→非 A∧非 B∧非 C，与题干结构不一致。
D 结构为：C，因为 B→A，与题干结构不一致。
E 结构为：D，因为 D→A∧B∧C，与题干结构不一致。
故选 B 选项。

44.【答案】D
【考点】非形式逻辑 推论
【解析】题干条件如下：
（1）大多数藏书家会读一些自己收藏的书；
（2）有些藏书家购新书收藏，计划以后闲暇再阅读，很可能就不被阅读了；
（3）即便不被阅读，也不愿被友人借去。
A 根据（2）得“很可能不读”，不等于“从不读”，排除。
B 根据（1）得“会读一些”，不等于“读遍”，排除。
C 根据（2）得“计划闲暇时读”，不等于“闲暇时真的就读了”，排除。
D 根据（2）可知，该选项为真。
E 题干未提，排除。
故选 D 选项。

45.【答案】B
【考点】非形式逻辑 削弱 因果削弱
【解析】题干论证如下：
论据：调查发现，幸福并不意味着死亡风险更低；不幸福也并不意味着死亡风险更高。
论点：不幸福并不会对健康状况造成损害。
（隐含条件：死亡风险高低跟健康状况相关）
A “准确断定有难度”并不代表就不能准确断定，无法削弱。
B 指出死亡风险高低跟健康状况并不存在必然关联，削弱了隐含条件。
C “少数”不能代表普遍现象，无法削弱。
D “有些”“有时”不确定范围，况且“高寿”与“死亡风险低”概念并不同，无法削弱。
E “有些”不确定范围，况且题干谈的是幸福是否影响健康，而不是健康是否影响幸福。
故选 B 选项。

46.【答案】C
【考点】非形式逻辑 相似结构相似
【解析】题干结构如下：
甲：只有 A，才 B；乙：不同意，过分强化 A→非 B。
A 老板：只有 A，才 B；员工：不同意，A∧非 B，与题干结构不一致。
B 顾客：只有 A，才 B；商人：不同意，非 A，与题干结构不一致。
C 母亲：只有 A，才 B；孩子：不同意，过分强调 A→非 B。与题干结构一致。
D 妻子：只有 A，才 B；丈夫：不一定：光有 A→不一定 B，与题干结构不一致。

E 老师：只有 A，才 B；学生：不同意，非 A→更大 B，与题干结构不一致。
故选 C 选项。

47. 【答案】D
【考点】分析推理 排序
【解析】题干条件如下：
要求张先生游览 6 个景点，其中确定第 4 个是禅心向天，列表如下：

1	2	3	4	5	6
			禅心向天		

根据（1）（3）得：猴子观海—妙笔生花—美人梳妆；
根据（2）得：阳关三叠—仙人晒靴；
根据（4）得：禅心向天—仙人晒靴。
本题可采用依次代入选项的方法排除：若 D 为真，即当 5 是妙笔生花时，根据（3）（4）可知，之后需要游览仙人晒靴和美人梳妆两个景点，而之后只有一个景点的位置，D 不可能为真。
故选 D 选项。

48. 【答案】C
【考点】非形式逻辑 概念
【解析】题干分析如下：
“自我陶醉人格”的特征：①过高估计自己重要性，夸大自己成就；②对批评反应强烈，希望他人注意和羡慕自己；③经常沉溺于幻想中，把自己看成是特殊的人；④人际关系不稳定，嫉妒他人，损人利己。
C 属于“虚荣”的特征，和上述特征都无关。
故选 C 选项。

49. 【答案】C
【考点】非形式逻辑 解释
【解析】题干分析如下：
题干需要解释为什么相当多的北方人到南方来过冬，竟然难以忍受南方的寒冷天气，怕冷程度甚至远远超过当地人。
A“一些”不确定范围，如果只是个别现象，则无法解释。
B 极端天气频率也是不确定的（同 A 范围不定），无法解释。
C 有一层隐含意思是：其实北方人“长期生活环境”并非单纯所谓的“室外环境”，实际上，长期生活环境=室内环境+室外环境，这意味着虽然北方地区冬天的平均气温要比南方低很多，而北方人的“长期生活环境”的平均气温是未必低于南方人“长期生活环境”的，这就能很好地解释为什么北方人甚至更怕冷。
D 无法解释。
E 既然题干已经说了“我国北方地区冬天的平均气温要比南方低很多”，那么不管湿度多大，南方平均气温始终是低于北方的前提都是存在而不能反驳的。
故选 C 选项。

50.【答案】A

【考点】非形式逻辑 支持

【解析】题干论证如下：

论据：现在许多人已不喜欢看配过音的外国影视剧。

论点：配音已失去观众，必将推出历史舞台。

A 指出配音仍然存在一定的市场，无法支持。

B、C、D、E 可支持配音失去了观众。

故选 A 选项。

51.【答案】B

【考点】分析推理 匹配

【解析】题干分析如下：

根据（5）可知小明和小花不可能收两份礼物，所以可以排除这两人收两份礼物的选项，A 和 E 含“小明收两份礼物”，C 和 D 含“小花收两份礼物”，排除，所以只有 B 可能为真。

故选 B 选项。

52.【答案】D

【考点】分析推理 匹配

【解析】题干分析如下：

根据（1）（2）（5）可知：小明只收到橙色礼物，小芳收到蓝色礼物，小雷收到红色礼物。根据（3）（5）可知：小花只收到紫色礼物，小刚收到黄色礼物。结合（4）可知小刚不能收绿色礼物，只剩青色给小刚了。

故选 D 选项。

53.【答案】D

【考点】分析推理 二难推理

【解析】题干条件如下：

（1）非二胡∨非箫=萧→非二胡；

（2）笛子∨二胡∨古筝=非笛子且非二胡→古筝；

（3）箫、古筝、唢呐至少购买两种=非萧→古筝且唢呐；

（4）箫→非笛子。

据（1）（4）可知，箫→非二胡∧非笛子；

结合（2）进一步推出：箫→非二胡∧非笛子→古筝；

根据（3）可知，非箫→古筝∧唢呐。

无论箫还是非箫，都推出古筝，根据二难推理，必然买古筝。

“古筝”为真，所以“古筝、二胡至少购买一种（古筝∨二胡）”为真。

故选 D 选项。

54.【答案】A

【考点】分析推理 匹配

【解析】题干分析如下：

可知，目前还剩下 3 个科幻，3 个武侠，3 个警匪，2 个战争。

根据（1）（3），每天的类型不同，且科幻和武侠不能在一天，可知，3 个科幻要分别占用周一、二、三、五、六、日这六天里的三天，3 个武侠占据另外 3 天（如上表，用“√”表示已经被科幻和武侠沾满的格子）。此时，周日的影片将只会产生两种情况：①爱情和科幻；②爱情和武侠。即，爱情片不会和其他影片在一起，因此 A 选项所提到的警匪片和爱情片在同一天，是不可能的。A 不可能。故选 A 选项。

时间	周一	周二	周三	周四	周五	周六	周日
影片				科幻			
	√	√	√	科幻	√	√	√

55.【答案】C

【考点】分析推理 匹配

【解析】题干分析如下：

可知，目前还剩下 3 个科幻，3 个武侠，3 个警匪，2 个战争。

又已知同类影片放映日期连续，即警匪只能放周一、二、三，战争只能放周五、六。

C 可能。故选 C 选项。

时间	周一	周二	周三	周四	周五	周六	周日
影片	警匪	警匪	警匪	科幻	战争	战争	爱情
	√	√	√	科幻	√	√	√

写作部分

56. 论证有效性分析

<table>
<tr><th colspan="2">赏罚治理臣民</th></tr>
<tr><td colspan="2">如果我们把古代荀子、商鞅、韩非等人的一些主张归纳起来，可以得出如下一套理论：
①人的本性是“好荣恶辱，好利恶害”的，②所以，人们都会追求奖赏、逃避惩罚。因此，拥有足够权力的国君只要利用赏罚就可以把臣民治理好了。</td></tr>
<tr><td rowspan="2">精析</td><td>中心论点：拥有足够权力的国君只要利用赏罚就可以把臣民治理好了。</td></tr>
<tr><td>谬误点一：论据存疑（或诉诸权威）（①）
古代名人的观点未必正确。
谬误点二：概念混淆（①→②）
“性”和“行”是两码事，即“好利”不同于“求利”。人的行为虽然受人的本性的驱使，但也会受某些因素的制约。</td></tr>
<tr><td colspan="2">③既然人的本性是好利恶害的，④那么在选拔官员时，既没有可能也没有必要去寻求那些不求私利的廉洁之士，因为世界上根本不存在这样的人。⑤廉政建设的关键，其实只在于任用官员之后如何有效地防止他们以权谋私。</td></tr>
</table>

<table>
<tr><td>精析</td><td>谬误点三：概念混淆（③→④）
“好利”不也同于“好私利”，或者说“利”不止“私利”一面，还有许多以国家、集体这些“公利”为重的人。
谬误点四：缺乏论据支持（或归因不当）（⑤）
廉政建设的关键，未必只在于上述这一条理由。</td></tr>
<tr><td colspan="2">怎样防止官员以权谋私呢？⑥国君通常依靠设置监察官的方法。这种方法其实是不合理的。⑦因为监察官也是人，也是好利恶害的。⑧所以依靠监察官去制止其他官吏以权谋私，就是让一部分以权谋私者去制止另一部分人以权谋私。结果只能使他们共谋私利。</td></tr>
<tr><td>精析</td><td>谬误点五：概念混淆（⑦→⑧）
这里的“官员求私利”也不同于“以权谋私”。比如监察官通过履行职责追求国君的奖赏也是求私利，但不叫以权谋私；此外，“好利恶害”还包含“恶害”，意味着检察官也可能会畏惧刑罚。因此其未必会共谋私利。</td></tr>
<tr><td colspan="2">既然依靠设置监察官的方法不合理，那么依靠什么呢？⑨国君可以利用赏罚的方法促使臣民去监督。谁揭发官员的以权谋私就奖赏谁，谁不揭发官员的以权谋私就惩罚谁，臣民出于好利恶害的本性，就会揭发官员的以权谋私。这样，以权谋私的罪恶行为就无法藏身，就是最贪婪的人也不敢以权谋私了。</td></tr>
<tr><td>精析</td><td>谬误点六：自相矛盾（⑨+⑥）
如果赏罚臣民监督的方法奏效，那么前面设置监察官的方法也应奏效。
反之，如果设置监察官监督会“共谋私利”，那么赏罚臣民监督也可能会“共谋私利”。</td></tr>
<tr><td>参考范文</td><td>赏罚就能治理好臣民吗
本文通过引用荀子、商鞅、韩非的观点及一系列论据，得出了“国君只要利用赏罚就可以治理好臣民”的结论，其论证过程中存在着诸多漏洞：
首先，荀子、商鞅、韩非等人的观点未必正确。况且，从“人的本性是‘好荣恶辱，好利恶害’的”，也推不出“人们都会追求奖赏，逃避惩罚”。“性”和“行”是两码事，即“好利”不同于“求利”，人的行为虽然受人的本性的驱使，但也受到理性、道德修养、法律等因素的制约。
其次，即便人的本性是好利恶害的，也推不出“在选拔官员时，既没有可能也没有必要去寻求那些不求私利的廉洁之士”，因为“好利”不同于“好私利”，每个人价值观不同，追求的“利”的角度不同，有些人可能会追求国家、集体层面的“公利”，我们可以从古至今举出很多这样的“廉洁之士”。
再次，作者在论证设置监察官的方法不合理时，也同样对概念存在误解。前面分析过，“好利”不同于“好私利”，这里的“官员求私利”也不同于“以权谋私”。比如监察官通过履行职责追求国君的奖赏也是求私利，但不叫以权谋私；此外，“好利恶害”怎能光考虑“好利”而忽略“恶害”呢？既然监察官也“恶害”，意味着也会畏惧刑罚。因此他们未必会共谋私利。
最后，作者在论证“国君可以利用赏罚的方法促使臣民去监督”与前面矛盾。如果赏罚臣民监督的方法奏效，那么前面设置监察官的方法也应奏效，因为赏罚臣民的方法同样适用于赏罚监察官；反之，如果设置监察官监督会“共谋私利”，那么赏罚臣民监督也可能会“共谋私利”，因为可能存在“共谋私利”的利益大于“国家奖赏”的利益。
综上所述，本文出现了多次不严密的论证，存在诸多问题。</td></tr>
</table>

57. 论说文

<table>
<tr><th colspan="2">扩大生产和研发新品</th></tr>
<tr><td>审题立意</td><td>材料通过一些关键词给出了暗示：“三到五年”“虽然……但”“数十倍”，都旨在强调该公司应当长远考虑，研发新品。</td></tr>
<tr><td>参考框架</td><td>范文框架（对比分析）：甲方案先扬后抑；乙方案更好；打消疑虑。
其他框架（并列）：甲方案更好的原因 A，甲方案更好的原因 B，甲方案更好的原因 C。</td></tr>
<tr><td>参考范文</td><td>长远考虑，研发新品
倘若公司有限的资金仅够用于扩大生产和研发新品中的一项，我会选择研发新品。
的确，如果选择扩大生产，原产品完全还可能畅销三五年，公司也由此获得丰厚的利润。受此短期利益的驱使，一定有不少公司会做出这样的选择。但是，这显然不是明智之举。首先，既然最多畅销数年，那公司是否考虑了之后该怎么办？数年过后市面上同行的产品早已更新，到那时你的公司产品不再具备竞争力，谈何盈利。其次，事实上，扩大生产也并非单纯地把三五年的钱挣到包里这么简单——公司在数年后很可能会面临大量产品存货的积压、陈旧低效的机器设备、待发工资和后续待安顿的员工，即便狠心将公司处理掉，也极有可能将前面三五年的收益搭进去。最后，就算数年后意识到了错误选择，快马加鞭地研发新品，到时也为时已晚，再也跟不上时代的变化和产品的迭代。
当然，要是决定研发新品，公司可能前期暂时无法盈利甚至要投入更多成本。这势必会让很多胆小且求稳的公司退缩，不敢轻易冒险。不过，这样的冒险在我看来是值得的。第一，当你的公司率先开始研发新品并立即付出行动之时，就已经在时间上领先同行了。几年后，当其他公司仍在遭遇严重的同质化所带来的困扰时，你的公司将带着创新破茧而出，成为行业的领跑者，掌握主动权。第二，研发新品由于其外形更新、实用性更强、效率更高，定能迅速赢得消费者的关注与青睐，这意味着你的产品将迅速占领市场，且由于其更高科技的融入，同行在短期内无法复制。第三，大胆创新一旦迎来开始回报之日，那将是数倍于甚至数十倍于前者的利润，更是持续与长久的利润，想必这是任何公司都梦寐以求的。
可是，即便都懂上述道理，仍有公司在面对二者的选择上犹豫不决，甚至充满质疑或担忧，担心研发新品潜在的风险。我想说的是，这世上会有不存在风险的收益吗？连我们日常吃的任何药都有副作用，那我们就坚决不吃吗？更何况，研发新品的风险是可以通过一系列科学的手段控制、降低甚至避免的。
世上无难事，只要肯登攀。大胆研发新品，定会赢得未来！</td></tr>
</table>

2021年全国硕士研究生招生考试
管理类综合能力试题

考生注意事项

1. 答题前，考生须在试题册指定位置上填写考生编号和考生姓名。在答题卡上填报“报考单位”“考生姓名”“考生编号”等信息。

2. 考生须把试题册上的“试卷条形码”粘贴于答题卡的“试卷条形码粘贴位置”框中。不按规定粘贴条码而影响试卷结果的，责任由考生自负。

3. 选择题的答案必须填涂在答题卡相应题号的选项上，非选择题的答案必须书写在答题卡指定位置的边框区域内。超出答题区域书写的答案无效；在草稿纸、试题册上答题无效。

4. 涂写部分要求用2B铅笔完成。如要改动，必须用橡皮擦干净。填（书）写部分必须使用黑色字迹钢笔、圆珠笔或签字笔在答题卡上作答，字迹工整、笔迹清楚。

5. 考试结束，将试题、答题卡一并装入试题袋中交回。

（以下信息考生必须认真填写）

考生编号															
考生姓名															

2021 年全国硕士研究生招生考试
管理类综合能力试题

一、问题求解： 第 1~15 小题，每小题 3 分，共 45 分. 下列每题给出的 A、B、C、D、E 五个选项中，只有一项是符合试题要求的. 请在答题卡上将所选选项的字母涂黑.

1. 某便利店第一天售出 50 种商品，第二天售出 45 种商品，第三天售出 60 种商品，前两天售出的商品有 25 种相同，后两天售出的商品有 30 种相同，这三天售出商品至少有（　　）种.

A. 70　　B. 75　　C. 80　　D. 85　　E. 100

2. 三位年轻人的年龄成等差数列，且最大与最小的两人年龄之差的 10 倍是另一人的年龄，则三人年龄中最大的是（　　）岁.

A. 19　　B. 20　　C. 21　　D. 22　　E. 23

3. $\frac{1}{\sqrt{2}+1}+\frac{1}{\sqrt{3}+\sqrt{2}}+\cdots+\frac{1}{\sqrt{100}+\sqrt{99}}=$（　　）.

A. 9　　B. 10　　C. 11　　D. $3\sqrt{11}-1$　　E. $3\sqrt{11}$

4. 设 p，q 是小于 10 的质数，则满足条件 $1<\frac{q}{p}<2$ 的 p，q 有（　　）组.

A. 2　　B. 3　　C. 4　　D. 5　　E. 6

5. 设二次函数 $f(x)=ax^2+bx+c$，且 $f(2)=f(0)$，则 $\frac{f(3)-f(2)}{f(2)-f(1)}=$（　　）.

A. 2　　B. 3　　C. 4　　D. 5　　E. 6

6. 如图，由 P 到 Q 的电路中有三个元件，分别标有 T_1，T_2，T_3，电流能通过 T_1，T_2，T_3 的概率分别为 0.9，0.9，0.99，假设电流能否通过三个元件相互独立，则电流能在 P、Q 之间通过的概率是（　　）.

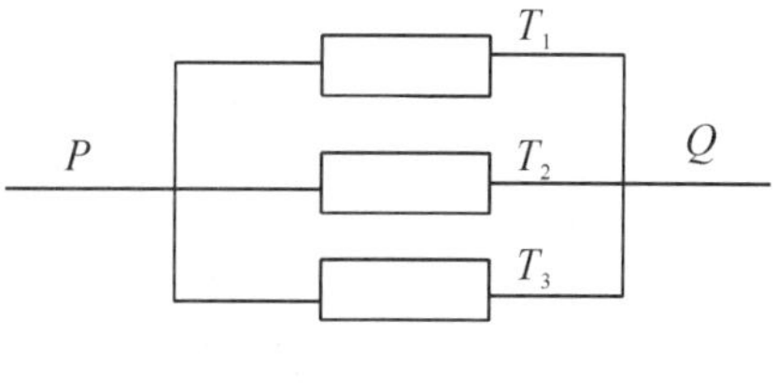

A. 0.801 9　　B. 0.998 9　　C. 0.999

D. 0.999 9　　E. 0.999 99

7. 若球体的内接正方体的体积为 $8m^3$，则该球体的表面积为（　　）m^2.

A. 4π　　B. 6π　　C. 8π　　D. 12π　　E. 24π

8. 甲、乙两组同学中，甲组有 3 名男同学和 3 名女同学，乙组有 4 名男同学和 2 名女同学，从甲、乙两组中各选出 2 名同学，则这 4 人中恰有 1 名女同学的选法有（　　）种.

A. 26　　B. 54　　C. 70　　D. 78　　E. 105

9. 如图，已知正六边形边长为 1，分别以正六边形的顶点 O，P，Q 为圆心，以 1 为半径作圆弧，则阴影部分面积为（　　）.

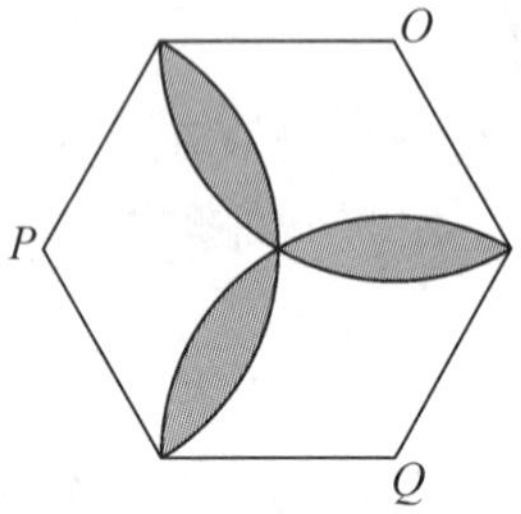

A. $\pi-\frac{3\sqrt{3}}{2}$　　B. $\pi-\frac{3\sqrt{3}}{4}$　　C. $\frac{\pi}{2}-\frac{3\sqrt{3}}{4}$

D. $\frac{\pi}{2}-\frac{3\sqrt{3}}{8}$　　E. $2\pi-2\sqrt{3}$

10. 已知 $ABCD$ 是圆 $x^2+y^2=25$ 的内接四边形，若 A、C 是直线 $x=3$ 与圆 $x^2+y^2=25$ 的交点，则四边形 $ABCD$ 的面积最大值为（　　）.

A. 20　　B. 24　　C. 40　　D. 48　　E. 80

11. 某商场利用抽奖方式促销，100 个奖券中设有 3 个一等奖，7 个二等奖，则一等奖先于二等奖抽完的概率为（　　）.

A. 0.3　　B. 0.5　　C. 0.6　　D. 0.7　　E. 0.73

12. 函数 $f(x)=x^2-4x-2|x-2|$ 的最小值为（　　）.

A. -4　　B. -5　　C. -6　　D. -7　　E. -8

13. 从装有 1 个红球，2 个白球，3 个黑球的袋子中随机取出 3 个球，则这 3 个球的颜色至多有两种的概率为（　　）.

A. 0.3　　B. 0.4　　C. 0.5　　D. 0.6　　E. 0.7

14. 现有甲、乙两种浓度的酒精，已知用 10 升甲酒精和 12 升乙酒精可以配成浓度为 70%的酒精，用 20 升甲酒精和 8 升乙酒精可以配成浓度为 80%的酒精，则甲酒精的浓度为（　　）.

A. 72%　　B. 80%　　C. 84%　　D. 88%　　E. 91%

15. 甲、乙两人相距 330 千米，他们驾车同时出发，经过 2 小时相遇，甲继续行驶 2 小时 24 分钟后到达乙的出发地，则乙的车速为（　　）千米/小时.

A. 70　　B. 75　　C. 80　　D. 90　　E. 96

二、条件充分性判断：第16～25题，每小题3分，共30分．要求判断每题给出的条件（1）和条件（2）能否充分支持题干所陈述的结论．A、B、C、D、E五个选项为判断结果，请选择一项符合试题要求的判断．在答题卡上将所选选项的字母涂黑．

（A）条件（1）充分，但条件（2）不充分．

（B）条件（2）充分，但条件（1）不充分．

（C）条件（1）和（2）单独都不充分，但条件（1）和（2）联合起来充分．

（D）条件（1）充分，条件（2）也充分．

（E）条件（1）和（2）单独都不充分，条件（1）和（2）联合起来也不充分．

16. 某班增加两名同学，则该班同学的平均身高增加了．

（1）增加的两名同学的平均身高与原来男同学的平均身高相同．

（2）原来男同学的平均身高大于女同学的平均身高．

17. 设 x，y 为实数，则能确定 $x \leqslant y$．

（1）$x^2 \leqslant y-1$．

（2）$x^2+(y-2)^2 \leqslant 2$．

18. 清理一块场地，则甲、乙、丙三人能在2天内完成．

（1）甲、乙两人需要3天完成．

（2）甲、丙两人需要4天完成．

19. 某单位进行投票表决，已知该单位的男、女员工人数之比为3∶2，则能确定至少有50%的女员工参加了投票．

（1）投赞成票的人数超过总人数的40%．

（2）参加投票的女员工比男员工多．

20. 设 a，b 为实数，则能确定 $|a|+|b|$ 的值．

（1）已知 $|a+b|$ 的值．

（2）已知 $|a-b|$ 的值．

21. 设 a 为实数，圆 $C: x^2+y^2=ax+ay$，则能确定圆 C 的方程．

（1）直线 $x+y=1$ 与圆 C 相切．

（2）直线 $x-y=1$ 与圆 C 相切．

22. 某人购买了果汁、牛奶、咖啡三种物品，已知果汁每瓶12元，牛奶每盒15元，咖啡每盒35元，则能确定所买各种物品的数量．

（1）总花费为104元．

（2）总花费为215元．

23. 某人开车去上班，有一段路因维修限速通行，则可以算出此人上班的距离.

（1）路上比平时多用了半小时.

（2）已知维修路段的通行速度.

24. 已知数列 $\{a_n\}$，则能确定数列 $\{a_n\}$ 为等比数列.

（1）$a_n a_{n+1} > 0$.

（2）$a_{n+1}^2 - 2a_n^2 - a_n a_{n+1} = 0$.

25. 给定两个直角三角形，则这两个直角三角形相似.

（1）每个直角三角形的边长成等比数列.

（2）每个直角三角形的边长成等差数列.

三、逻辑推理：第 26～55 小题，每小题 2 分，共 60 分。下列每题给出的 A、B、C、D、E 五个选项中，只有一个选项符合题目要求。请在答题卡上将所选字母涂黑。

26. 哲学是关于世界观、方法论的学问，哲学的基本问题是思维和存在的关系问题，它是在总结各门具体科学知识基础上形成的，并不是一门具体科学，因此，经验的个案不能反驳它。

以下哪项如果为真，最能支持以上论述？

A. 哲学并不能推演出经验的个案。

B. 任何科学都要接受经验的检验。

C. 具体科学不研究思维和存在的关系问题。

D. 经验的个案只能反驳具体科学。

E. 哲学可以对具体科学提供指导。

27. M 大学社会学学院的老师都曾经对甲县某些乡镇进行家庭收支情况调研，N 大学历史学院的老师都曾经到甲县的所有乡镇进行历史考察。赵若兮曾经对甲县所有乡镇家庭收支情况进行调研，但未曾到项郢镇进行历史考察；陈北鱼曾经到梅河乡进行历史考察，但从未对甲县家庭收支情况进行调研。

根据以上信息，可以得出以下哪项？

A. 陈北鱼是 M 大学社会学学院的老师，且梅河乡是甲县的。

B. 若赵若兮是 N 大学历史学院的老师，则项郢镇不是甲县的。

C. 对甲县的家庭收支情况调研，也会涉及相关的历史考察。

D. 陈北鱼是 N 大学的老师。

E. 赵若兮是 M 大学的老师。

28. 研究人员招募了300名体重超标的男性，将其分成餐前锻炼组和餐后锻炼组，进行每周三次相同强度和相同时段的晨练。餐前锻炼组晨练前摄入零卡路里安慰剂饮料，晨练后摄入200卡路里的奶昔；餐后锻炼组晨练前摄入200卡路里的奶昔，晨练后摄入零卡路里安慰剂饮料。三周后发现，餐前锻炼组燃烧的脂肪比餐后锻炼组多。该研究人员由此推断，肥胖者若持续这样的餐前锻炼，就能在不增加运动强度或时间的情况下改善代谢能力，从而达到减肥效果。

以下哪项如果为真，最能支持该研究人员的上述推断？

A. 餐前锻炼组额外的代谢与体内肌肉中的脂肪减少有关。

B. 餐前锻炼组觉得自己在锻炼中消耗的脂肪比餐后锻炼组多。

C. 餐前锻炼可以增强肌肉细胞对胰岛素的反应，促使它更有效地消耗体内的糖分和脂肪。

D. 肌肉参与运动所需要的营养，可能来自最近饮食中进入血液的葡萄糖和脂肪成分，也可能来自体内储存的糖和脂肪。

E. 有些餐前锻炼组的人知道他们摄入的是安慰剂，但并不影响他们锻炼的积极性。

29. 某企业董事会就建立健全企业管理制度与提高企业经济效益进行研讨。在研讨中，与会者发言如下：

甲：要提高企业经济效益，就必须建立健全企业管理制度。

乙：既要建立健全企业管理制度，又要提高企业经济效益，二者缺一不可。

丙：经济效益是基础和保障，只有提高企业经济效益，才能建立健全企业管理制度。

丁：如果不建立健全企业管理制度，就不能提高企业经济效益。

戊：不提高企业经济效益，就不能建立健全企业管理制度。

根据上述讨论，董事会最终做出了合理的决定，以下哪项是可能的？

A. 甲、乙的意见符合决定，丙的意见不符合决定。

B. 上述5人中只有1人的意见符合决定。

C. 上述5人中只有2人的意见符合决定。

D. 上述5人中只有3人的意见符合决定。

E. 上述5人的意见均不符合决定。

30. 气象台的实测气温与人实际的冷暖感受常常存在一定的差异。在同样的低温条件下，如果是阴雨天，人会感到特别冷，即通常说的“阴冷”；如果同时赶上刮大风，人会感到寒风刺骨。

以下哪项如果为真，最能解释上述现象？

A. 人的体感温度除了受气温的影响外，还受风速与空气湿度的影响。

B. 低温情况下，如果风力不大、阳光充足，人不会感到特别寒冷。

C. 即使天气寒冷，若进行适当锻炼，人也不会感到太冷。

D. 即使室内外温度一致，但是走到有阳光的室外，人会感到温暖。

E. 炎热的夏日，电风扇转动时，尽管不改变环境温度，但人依然感到凉快。

31. 某俱乐部共有甲、乙、丙、丁、戊、己、庚、辛、壬、癸 10 名职业运动员，来自 5 个不同的国家（不存在双重国籍的情况）。已知：

（1）该俱乐部的外援刚好占一半，他们是乙、戊、丁、庚、辛；

（2）乙、丁、辛 3 人来自两个国家。

根据以上信息，可以得出以下哪项？

A. 甲、丙来自不同国家。

B. 乙、辛来自不同国家。

C. 乙、庚来自不同国家。

D. 丁、辛来自相同国家。

E. 戊、庚来自相同国家。

32. 某高校的李教授在网上撰文指责另一高校张教授早年发表的一篇论文存在抄袭现象。张教授知晓后，立即在同一网站对李教授的指责做出反驳。

以下哪项作为张教授的反驳最为有力？

A. 自己投稿在先而发表在后，所谓论文抄袭其实是他人抄袭自己。

B. 李教授的指责纯属栽赃陷害、混淆视听，破坏了大学教授的整体形象。

C. 李教授的指责是对自己不久前批评李教授的学术观点所作出的打击报复。

D. 李教授的指责可能背后有人指使，不排除受到两校不正当竞争的影响。

E. 李教授早年的两篇论文其实也存在不同程度的抄袭现象。

33. 某电影节设有“最佳故事片”“最佳男主角”“最佳女主角”“最佳编剧”“最佳导演”等多个奖项，颁奖前，有专业人士预测如下：

（1）若甲或乙获得“最佳导演”，则“最佳女主角”和“最佳编剧”将在丙和丁中产生；

（2）只有影片 P 或影片 Q 获得“最佳故事片”，其片中的主角才能获得“最佳男主角”或“最佳女主角”；

（3）“最佳导演”和“最佳故事片”不会来自同一部影片。

以下哪项颁奖结果与上述预测不一致？

A. 乙没有获得“最佳导演”，“最佳男主角”来自影片 Q。

B. 丙获得“最佳女主角”，“最佳编剧”来自影片 P。

C. 丁获得“最佳编剧”，“最佳女主角”来自影片 P。

D. “最佳女主角”“最佳导演”均来自影片 P。

E. 甲获得“最佳导演”，“最佳编剧”来自影片 Q。

34. 黄瑞爱好书面收藏，他收藏的书画作品只有“真品”“精品”“名品”“稀品”“特品”“完品”，它们之间存在如下关系：

（1）若是“完品”或“真品”，则是“特品”；

（2）若是“稀品”或“名品”，则是“特品”。

32. 唐代韩愈在《师说》中指出："孔子曰：三人行，则必有我师。是故弟子不必不如师，师不必贤于弟子，闻道有先后，术业有专攻，如是而已。"

根据上述韩愈的观点，可以得出以下哪项？

A. 有的弟子必然不如师。

B. 有的弟子可能不如师。

C. 有的师可能不贤于弟子。

D. 有的师不可能贤于弟子。

E. 有的弟子可能不贤于师。

33. "二十四节气"是我国农耕社会生产生活的时间指南，反映了从春到冬一年四季的气温、降水、物候的周期性变化规律。已知各节气的名称具有如下特点：

（1）凡含"春""夏""秋""冬"字的节气各属春、夏、秋、冬季；

（2）凡含"雨""露""雪"字的节气各属春、秋、冬季；

（3）如果"清明"不在春季，则"霜降"不在秋季；

（4）如果"雨水"在春季，则"霜降"在秋季。

根据以上信息，如果从春至冬每季仅列两个节气，则以下哪项是不可能的？

A. 清明、谷雨、芒种、夏至、秋分、寒露、小雪、大寒。

B. 雨水、惊蛰、夏至、小暑、白露、霜降、大雪、冬至。

C. 立春、谷雨、清明、夏至、处暑、白露、立冬、小雪。

D. 惊蛰、春分、立夏、小满、白露、寒露、立冬、小雪。

E. 立春、清明、立夏、夏至、立秋、寒露、小雪、大寒。

34. 刀不磨要生锈，人不学要落后。所以，如果你不想落后，就应该多磨刀。

以下哪项与上述论证方式最为相似？

A. 金无足赤，人无完人。所以，如果你想做完人，就应该有真金。

B. 有志不在年高，无志空活百岁。所以，如果你不想空活百岁，就应该立志。

C. 妆未梳成不见客，不到火候不揭锅。所以，如果揭了锅，就应该是到了火候。

D. 兵在精而不在多，将在谋而不在勇。所以，如果想获胜，就应该兵精将勇。

E. 马无夜草不肥，人无横财不富。所以，如果你想富，就应该让马多吃夜草。

35. 某市已开通运营一、二、三、四号地铁线路，各条地铁线每一站运行加停靠所需时间均彼此相同。小张、小王、小李三人是同一单位的职工，单位附近有北口地铁站。某天早晨，3 人同时都在常青站乘一号线上班，但 3 人关于乘车路线的想法不尽相同。已知：

（1）如果一号线拥挤，小张就坐 2 站后转三号线，再坐 3 站到北口站；如果一号线不拥挤，小张就坐 3 站后转二号线，再坐 4 站到北口站。

（2）只有一号线拥挤，小王才坐 2 站后转三号线，再坐 3 站到北口站。

（3）如果一号线不拥挤，小李就坐 4 站后转四号线，坐 3 站之后再转三号线，坐 1 站到达北口站。

（4）该天早晨地铁一号线不拥挤。

假定三人换乘及步行总时间相同，则以下哪项最可能与上述信息不一致？

A. 小李比小张先到达单位。

B. 小王比小李先到达单位。

C. 小张比小王先到达单位。

D. 小王和小李同时到达单位。

E. 小张和小王同时到达单位。

36. 最近一项调研发现，某国30岁至45岁人群中，去医院治疗冠心病、骨质疏松等病症的人越来越多，而原来患有这些病症的大多是老年人。调研者由此认为，该国年轻人中"老年病"发病率有不断增加的趋势。

以下哪项如果为真，最能质疑上述调研结论？

A. 近年来，由于大量移民涌入，该国45岁以下的年轻人数量急剧增加。

B. 由于国家医疗保障水平的提高，相比以往，该国民众更有条件关注自己的身体健康。

C. 近几十年来，该国人口老龄化严重，但健康老龄人口的比重在不断增大。

D. "老年人"的最低年龄比以前提高了，"老年病"的患者范围也有所变化。

E. 尽管冠心病，骨质疏松等病症是常见的"老年病"，老年人患的病未必都是"老年病"。

37. 张教授：利益并非只是物质利益，应该把信用、声誉、情感甚至某种喜好等都归入利益的范畴。根据这种对"利益"的广义理解，如果每一个体在不损害他人利益的前提下，尽可能满足其自身的利益需求，那么由这些个体组成的社会就是一个良善的社会。

根据张教授的观点，可以得出以下哪项？

A. 尽可能满足每一个体的利益需求，就会损害社会的整体利益。

B. 如果一个社会不是良善的，那么其中肯定存在个体损害他人利益或自身利益需求没有尽可能得到满足的情况。

C. 如果有些个体通过损害他人利益来满足自身的利益需求，那么社会就是不良善的。

D. 如果某些个体的利益没有尽可能得到满足，那么社会就是不良善的。

E. 只有尽可能满足每一个体的利益需求，社会才可能是良善的。

38. 某学期学校新开设4门课程："《诗经》鉴赏""老子研究""唐诗鉴赏""宋词选读"。李晓明、陈文静、赵珊珊和庄志达4人各选修了其中一门课程。已知：

（1）他们4人选修的课程各不相同；

（2）喜爱诗词的赵珊珊选修的是诗词类课程；

（3）李晓明选修的不是"《诗经》鉴赏"就是"唐诗鉴赏"。

以下哪项如果为真，就能确定赵珊珊选修的是"宋词选读"？

A. 庄志达选修的是"老子研究"。

B. 庄志达选修的不是"老子研究"。

C. 庄志达选修的是“《诗经》鉴赏”。
D. 庄志达选修的不是“宋词选读”。
E. 庄志达选修的不是“《诗经》鉴赏”。

39. 我国中原地区如果降水量比往年低，该地区的河流水位会下降，流速会减缓。这有利于河流中的水草生长，河流中的水草总量通常也会随之增加。不过，去年该地区在经历了一次极端干旱之后，尽管该地区某河流的流速十分缓慢，但其中的水草总量并未随之增加，只是处于一个很低的水平。
以下哪项如果为真，最能解释上述看似矛盾的现象？
A. 该河流在经历了去年极端干旱之后干涸了一段时间，导致大量水生物死亡。
B. 如果河中水草数量达到一定程度就会对周边其他物种的生存产生危害。
C. 我国中原地区多平原，海拔差异小，其地表河水流速比较缓慢。
D. 河水流速越慢，其水温变化就越小，这有利于水草的生长和繁殖。
E. 经过极端干旱之后，该河流中以水草为食物的水生动物数量大量减少。

40~41 题基于以下题干：
某海军部队有甲、乙、丙、丁、戊、己、庚 7 艘舰艇，拟组成两个编队出航，第一编队编列 3 艘舰艇，第二编队编列 4 艘舰艇。编列需满足以下条件：
（1）舰艇己必须编列在第二编队；
（2）戊和丙至多有一艘编列在第一编队；
（3）甲和丙不在同一编队；
（4）如果乙编列在第一编队，则丁也必须编列在第一编队。

40. 如果甲在第二编队，则下列哪项中的舰艇一定也在第二编队？
A. 乙。
B. 丙。
C. 丁。
D. 戊。
E. 庚。

41. 如果丁和庚在同一编队，则可以得出以下哪项？
A. 甲在第一编队。
B. 乙在第一编队。
C. 丙在第一编队。
D. 戊在第二编队。
E. 庚在第二编队。

42. 甲：读书最重要的目的是增长知识、开拓视野。

乙：你只见其一，不见其二。读书最重要的是陶冶性情、提升境界。没有陶冶性情、提升境界，就不能达到读书的真正目的。

以下哪项与上述反驳方式最为相似？

A. 甲：文学创作最重要的是阅读优秀文学作品。

乙：你只见现象，不见本质。文学创作最重要的是观察生活、体验生活。任何优秀的文学作品都来源于火热的社会生活。

B. 甲：做人最重要的是要讲信用。

乙：你说得不全面。做人最重要的是要遵纪守法。如果不遵纪守法，就没法讲信用。

C. 甲：作为一部优秀的电视剧，最重要的是能得到广大观众的喜爱。

乙：你只见其表，不见其里。作为一部优秀的电视剧最重要的是具有深刻寓意与艺术魅力。没有深刻寓意与艺术魅力，就不能成为优秀的电视剧。

D. 甲：科学研究最重要的是研究内容的创新。

乙：你只见内容，不见方法。科学研究最重要的是研究方法的创新。只有实现研究方法的创新，才能真正实现研究内容的创新。

E. 甲：一年中最重要的季节是收获的秋天。

乙：你只看结果，不问原因。一年中最重要的季节是播种的春天。没有春天的播种，哪来秋天的收获？

43. 若要人不知，除非己莫为；若要人不闻，除非已莫言。为之而欲人不知，言之而欲人不闻，此犹捕雀而掩目，盗钟而掩耳者。

根据以上陈述，可以得出以下哪项？

A. 若己不言，则人不闻。

B. 若己为，则人会知；若己言，则人会闻。

C. 若能做到盗钟而掩耳，则可言之而人不闻。

D. 若己不为，则人不知。

E. 若能做到捕雀而掩目，则可为之而人不知。

44. 中国是全球最大的卷烟生产国和消费国，但近年来政府通过出台禁烟令、提高卷烟消费税等一系列公共政策努力改变这一形象。一项权威调查数据显示，在 2014 年同比上升 2.4%之后，中国卷烟消费量在 2015 年同比下降了 2.4%，这是 1995 年来首次下降。尽管如此，2015 年中国卷烟消费量仍占全球的 45%，但这一下降对全球卷烟总消费量产生巨大影响，使其同比下降了 2.1%。

根据以上信息，可以得出以下哪项？

A. 2015 年世界其他国家卷烟消费量同比下降比率低于中国。

B. 2015 年中国卷烟消费量恰好等于 2013 年。

C. 2015 年世界其他国家卷烟消费量同比下降比率高于中国。

D. 2015 年中国卷烟消费量大于 2013 年。

E. 2015 年发达国家卷烟消费量同比下降比率高于发展中国家。

45. 某校图书馆新购一批文科图书。为方便读者查阅，管理人员对这批图书在文科新书阅览室中摆放位置做出如下提示：

（1）前三排书橱均放有哲学类新书；

（2）法学类新书都放在第 5 排书橱，这排书橱的左侧也放有经济类新书；

（3）管理类新书放在最后一排书橱。

事实上，所有的图书都按照上述提示放置。根据提示，徐莉顺利找到了她想查阅的新书。根据上述信息，以下哪项是不可能的？

A. 徐莉在第 2 排书橱中找到哲学类新书。

B. 徐莉在第 3 排书橱中找到经济类新书。

C. 徐莉在第 4 排书橱中找到哲学类新书。

D. 徐莉在第 6 排书橱中找到法学类新书。

E. 徐莉在第 7 排书橱中找到管理类新书。

46. 某次学术会议的主办方发出会议通知：只有论文通过审核才能收到会议主办方发出的邀请函，本次学术会议只欢迎持有主办方邀请函的科研院所的学者参加。

根据以上通知，可以得出以下哪项？

A. 论文通过审核并持有主办方邀请函的学者，本次学术会议都欢迎其参加。

B. 论文通过审核的学者都可以参加本次学术会议。

C. 论文通过审核的学者有些不能参加本次学术会议。

D. 有些论文通过审核但未持有主办方邀请函的学者，本次学术会议欢迎其参加。

E. 本次学术会议不欢迎论文没有通过审核的学者参加。

47～48 题基于以下题干：

一江南园林拟建松、竹、梅、兰、菊 5 个园子。该园林拟设东、南、北 3 个门，分别位于其中的 3 个园子。这 5 个园子的布局满足如下条件：

（1）如果东门位于松园或菊园，那么南门不位于竹园；

（2）如果南门不位于竹园，那么北门不位于兰园；

（3）如果菊园在园林的中心，那么它与兰园不相邻；

（4）兰园与菊园相邻，中间连着一座美丽的廊桥。

47. 根据以上信息，可以得出以下哪项？

A. 菊园不在园林的中心。

B. 梅园不在园林的中心。

C. 兰园在园林的中心。

D. 菊园在园林的中心。

E. 兰园不在园林的中心。

48. 如果北门位于兰园，则可以得出以下哪项？

A. 东门位于梅园。

B. 南门位于菊园。
C. 东门位于竹园。
D. 东门位于松园。
E. 南门位于梅园。

49. 有研究发现，冬季在公路上撒盐除冰，会让本来要成为雌性的青蛙变成雄性，这是因为这些路盐中的钠元素会影响青蛙的受体细胞并改变原可能成为雌性青蛙的性别。有专家据此认为，这会导致相关区域青蛙数量的下降。
以下哪项如果为真，最能支持上述专家的观点？
A. 雌雄比例会影响一个动物种群的规模，雌性数量的充足对物种的繁衍生息至关重要。
B. 如果一个物种以雄性为主，该物种的个体数量就可能受到影响。
C. 在多个盐含量不同的水池中饲养青蛙，随着水池中盐含量的增加，雌性青蛙的数量不断减少。
D. 如果每年冬季在公路上撒很多盐，盐水流入池塘，就会影响青蛙的生长发育过程。
E. 大量的路盐流入池塘可能会给其他水生物造成危害，破坏青蛙的食物链。

50. 最终审定的项目或者意义重大或者关注度高，凡意义重大的项目均涉及民生问题，但是有些最终审定的项目并不涉及民生问题。
根据以上陈述，可以得出以下哪项？
A. 有些项目尽管关注度高但并非意义重大。
B. 有些不涉及民生问题的项目意义也非常重大。
C. 涉及民生问题的项目有些没有引起关注。
D. 意义重大的项目比较容易引起关注。
E. 有些项目意义重大但是关注度不高。

51. 甲：知难行易，知然后行。
乙：不对。知易行难，行然后知。
以下哪项与上述对话方式最为相似？
A. 甲：知人者智，自知者明。
乙：不对。知人不易，知己更难。
B. 甲：不破不立，先破后立。
乙：不对。不立不破，先立后破。
C. 甲：想想容易做起来难，做比想更重要。
乙：不对。想到就能做到，想比做更重要。
D. 甲：批评他人易，批评自己难；先批评他人后批评自己。
乙：不对。批评自己易，批评他人难；先批评自己后批评他人。
E. 甲：做人难做事易，先做人再做事。
乙：不对。做人易做事难，先做事再做人。

52. 所有值得拥有专利的产品或设计方案都是创新，但并不是每一项创新都值得拥有专利；所有的模仿都不是创新，但并非每一个模仿者都应该受到惩罚。

根据以上陈述，以下哪项是不可能的?

A. 有些创新者可能受到惩罚。

B. 没有模仿值得拥有专利。

C. 有些值得拥有专利的创新产品并没有申请专利。

D. 有些值得拥有专利的产品是模仿。

E. 所有的模仿者都受到了惩罚。

53. 某国拟在甲、乙、丙、丁、戊、己 6 种农作物中进口几种，用于该国庞大的动物饲料产业，考虑到一些农作物可能含有违禁成分，以及它们之间存在的互补或可替代等因素该国对进口这些农作物有如下要求：

(1) 它们当中不含违禁成分的都进口；

(2) 如果甲或乙含有违禁成分，就进口戊和己；

(3) 如果丙含有违禁成分，那么丁就不进口了；

(4) 如果进口戊，就进口乙和丁；

(5) 如果不进口丁，就进口丙；如果进口丙，就不进口丁。

根据上述要求，以下哪项所列的农作物是该国可以进口的?

A. 乙、丙、丁。

B. 甲、丁、己。

C. 丙、戊、己。

D. 甲、戊、己。

E. 甲、乙、丙。

54~55 题基于以下题干：

某校四位女生施琳、张芳、王玉、杨虹与四位男生范勇、吕伟、赵虎、李龙进行中国象棋比赛。他们被安排到四张桌上，每桌一男一女对弈，四张桌从左到右分别记为 1、2、3、4 号，每对选手需要进行四局比赛。比赛规定：选手每胜一局得 2 分，和一局得 1 分，负一局得 0 分。前三局结束时，按分差大小排列，四对选手的总积分分别是 6∶0、5∶1、4∶2、3∶3。已知：

(1) 张芳跟吕伟对弈，杨虹在 4 号桌比赛，王玉的比赛桌在李龙比赛桌的右边；

(2) 1 号桌的比赛至少有一局是和局，4 号桌双方的总积分不是 4∶2；

(3) 赵虎前三局总积分并不领先他的对手，他们也没有下成过和局；

(4) 李龙已连输三局，范勇在前三局总积分上领先他的对手。

54. 根据上述信息，前三局比赛结束时谁的总积分最高?

A. 杨虹。

B. 王玉。

C. 范勇。

D. 施琳。
E. 张芳。

55. 如果下列有位选手前三局均与对手下成和局，那么他（她）是谁？
A. 范勇。
B. 张芳。
C. 杨虹。
D. 施琳。
E. 王玉。

四、写作：第 56~57 小题共 65 分。其中论证有效性分析 30 分，论说文 35 分。请在答题纸上完成。

56. 论证有效性分析：分析下述论证中存在的缺陷和漏洞，选择若干要点，写一篇 600 字左右的文章，对论证的有效性进行分析和评论（论证有效性分析的一般要点是：概念特别是核心概念的界定和使用是否准确并前后一致，有无各种明显的逻辑错误，论证的论据是否成立并支持结论，结论成立的条件是否充分等）。

哈佛大学教授本杰明·史华慈（Benjamin I. Schwartz）在 20 世纪末指出，开始席卷一切的物质主义潮流将极大地冲击人类社会固有的价值观念，造成人类社会精神世界的空虚。这一论点值得商榷。

首先，按照唯物主义物质决定精神的基本原理，精神是物质在人类头脑中的反映。因此，物质丰富只会充实精神世界，物质主义潮流不可能造成人类精神世界的空虚。

其次，后物质主义理论认为：个人基本的物质生活条件一旦得到满足，就会把注意点转移到非物质方面。物质生活丰裕的人，往往会更注重精神生活，追求社会公平、个人尊严等。

还有，最近一项对某高校大学生的抽样调查表明，有 69% 的人认为物质生活丰富可以丰富人的精神生活，有 22% 的人认为物质生活和精神生活没有什么关系，只有 9% 的人认为物质生活丰富反而会降低人的精神追求。

总之，物质决定精神，社会物质生活水平的提高会促进人类精神世界的发展。担心物质生活的丰富会冲击人类的精神世界，只是杞人忧天罢了。

57. 论说文：根据下述材料，自拟题目，写一篇 700 字左右的论说文。

有人说，机器人的使命，应该是帮助人类做那些人类做不了的事，而不是取代人类。技术变革会夺取一些人低端烦琐的工作岗位，最终也会创造更高端更人性化的就业机会。例如，历史上铁路的出现抢去了很多挑夫的工作，但也增加了千百万的铁路工人。人工智能也是一种技术变革，人工智能也将会促进未来人类社会的发展。有人则不以为然。

2018年管理类综合能力试题解析

答案速查

1-5	BABAE	6-10	CCBCE	11-15	DACDE
16-20	ABDDD	21-25	ECDAD		
26-30	EBDBE	31-35	ECCEA	36-40	ABCAD
41-45	DCBAD	46-50	EAAAA	51-55	EDEDB

数学部分

1.【答案】B

【考点】应用题 比例问题 比与比例

【解析】已知一等奖人数：二等奖人数：三等奖人数=1：3：8，且一等奖获奖人数为10，由此可得出二等奖、三等奖获奖人数分别为30、80，则总的获奖人数为10+30+80=120.

这120人占总人数的30%，则参加竞赛的人数为$120 \div 30\% = 400$人.

2.【答案】A

【考点】数据描述 均值、方差

【解析】以32为标准，超过32岁的且与32的差记为正值，小于32岁的且与32的差记为负值，则男员工的平均年龄为$32 + \frac{(-9)+(-6)+(-4)+(-2)+0+2+4+6+9}{9} = 32$岁.

以27为标准，超过27岁的且与27的差记为正值，小于27岁的且与27的差记为负值，则女员工的平均年龄为$27 + \frac{(-4)+(-2)+0+0+2+4}{6} = 27$岁，

因此，全体员工的平均年龄为$\frac{32 \times 9 + 27 \times 6}{15} = 30$岁.

3.【答案】B

【考点】应用题 分段计费

【解析】根据题意，可知小王应交费$= 10 \times 1 + 10 \times 3 + 5 \times 5 = 65$元.

4.【答案】A

【考点】平面几何 三角形 面积计算

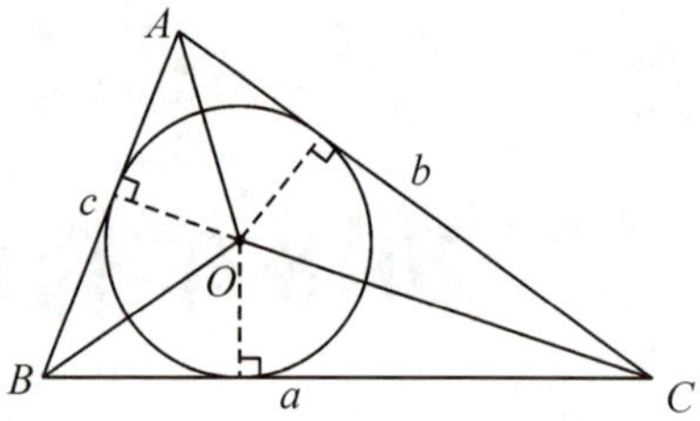

【解析】如图，令 $AB=c$，$AC=b$，$BC=a$，r 为内切圆 O 的半径，连接 AO，BO，CO，则

$$S_{\triangle ABC}=S_{\triangle BCO}+S_{\triangle ACO}+S_{\triangle ABO}=\frac{1}{2}\cdot a\cdot r+\frac{1}{2}\cdot b\cdot r+\frac{1}{2}\cdot c\cdot r$$

$$=\frac{1}{2}(a+b+c)\cdot r,$$

故 $\dfrac{S_{\triangle ABC}}{C_{\triangle ABC}}=\dfrac{\frac{1}{2}(a+b+c)\cdot r}{a+b+c}=\dfrac{r}{2}=\dfrac{1}{2}\Rightarrow r=1$，则 $S_{圆}=\pi\cdot r^2=\pi$.

【提示】任意三角形内切圆半径 $r=\dfrac{2S}{C}$.

5.【答案】E

【考点】整式与分式 乘法公式 立方差

【解析】设 $a>b>0$，由题意去掉绝对值，可得：

$$\begin{cases}|a^3-b^3|=(a-b)\cdot(a^2+ab+b^2)=26\\|a-b|=a-b=2\end{cases}\Rightarrow\begin{cases}a^2+ab+b^2=13\\a^2-2ab+b^2=4\end{cases}\Rightarrow\begin{cases}a^2+b^2=10\\ab=3\end{cases}.$$

【技巧点睛】特值令 $a=3$，$b=1$，满足条件，故 $a^2+b^2=10$.

6.【答案】C

【考点】应用题 容斥问题 三元素

【解析】如图，只购买甲、乙两种商品的顾客人数为 8-2=6，

只购买甲、丙两种商品的顾客人数为 12-2=10，

只购买乙、丙两种商品的顾客人数为 6-2=4.

则仅购买了一种商品的顾客人数 = 总人数 - 只购买两种商品的人数 - 购买三种商品的人数 = 96 - (6 + 10 + 4) = 74.

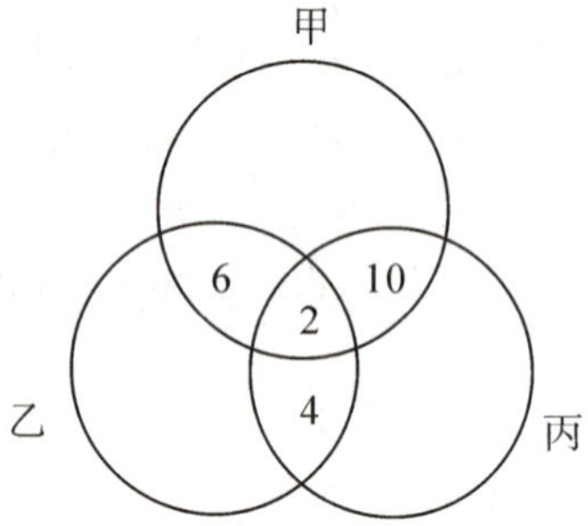

7.【答案】C

【考点】平面几何 四边形 面积计算

【解析】根据中位线的性质，可知平行四边形中，$S_2=\dfrac{1}{2}S_1$，$S_3=\dfrac{1}{2^2}S_1$，…，$S_n=\dfrac{1}{2^{n-1}}S_1$，

即 $\{S_n\}$ 是首项为 1，公比为 $\dfrac{1}{2}$ 的无穷递缩等比数列，则 $S_1+S_2+\cdots+S_n+\cdots=\dfrac{12}{1-\frac{1}{2}}=24$.

【提示】当 $|q|<1$ 时，无穷递缩等比数列所有项之和为 $S=\dfrac{a_1}{1-q}$.

8.【答案】B

【考点】排列组合 平均分组

【解析】先把指定的 2 张卡片放在一组，再把剩下的 4 张卡片平均分成 2 组，有 $\frac{C_4^2C_2^2}{2!}$ 种，最后将分好的三组放到甲、乙、丙 3 个袋中，有 3! 种，故有 $\frac{C_4^2C_2^2}{2!}\cdot 3! = 18$ 种装法.

9.【答案】C
【考点】概率 独立事件
【解析】第一盘已经确定乙取胜，故无须再考虑第一盘的情况.
甲要想赢得比赛，则第二、三盘都必须获胜，概率为 $0.6\times 0.6 = 0.36$.

10.【答案】E
【考点】解析几何 直线与圆的位置关系
【解析】切线过 (1，2)，(0，3) 两个点，故切线方程的斜率 $k_{切} = \frac{3-2}{0-1} = -1$.
圆心 $(0,a)$ 与切点 (1，2) 连线的斜率 $k = \frac{a-2}{0-1} = 2-a$，由 $k\cdot k_{切} = (2-a)\times(-1) = -1$ 得 $a = 1$.
又因点 (1，2) 在圆上，代入圆方程 $x^2+(y-1)^2 = b$ 得 $b = 2$，故 $ab = 2$.

11.【答案】D
【考点】排列组合 元素分配
【解析】选出两对选手参加混双比赛，即选出 2 男 2 女，且每对都是 1 男 1 女.
先从 4 男 3 女中选出 2 男 2 女，有 $C_4^2C_3^2 = 18$ 种，再把选出的两名男运动员分成两组，方法唯一.
最后将选出的两名女运动员分到这两组中，有 $2! = 2$ 种，则共有 $18\times 2 = 36$ 种选派方法.

12.【答案】A
【考点】概率 古典概型
【解析】从 10 张卡片中任取 2 张，有 $C_{10}^2 = 45$ 种. 其中标号之和为 5 的倍数，有三类:
① 标号之和等于 5: {1，4}，{2，3}， 有 2 种.
② 标号之和等于 10: {1，9}，{2，8}，{3，7}，{4，6}， 有 4 种.
③ 标号之和等于 15: {5，10}，{6，9}，{7，8}， 有 3 种.
故所求概率 $p = \frac{2+4+3}{45} = \frac{1}{5}$.

13.【答案】C
【考点】排列组合 错位排列
【解析】首先安排 3 个外聘人员，任意分配，有 3! 种，
然后安排 3 个部门主任，由于不能检查本部门的工作，即错位排列，有 2 种情况.
故不同的安排方式有 $3!\times 2 = 12$ 种.
【提示】错排结论：2 人错排情况数有 1 种；3 人错排情况数有 2 种；4 人错排情况数有 9 种.

14. 【答案】D

【考点】立体几何 柱体

【解析】图中截掉部分为一个底面为弓形的柱体，其体积=底面积×高.

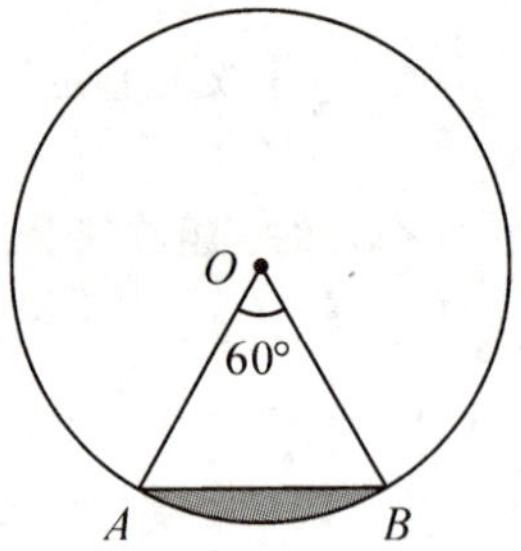

如图，先求底面弓形的面积：

$$S_{弓形AB}=S_{扇形AOB}-S_{正\triangle AOB}=\frac{1}{6}\pi\cdot 2^2-\frac{\sqrt{3}}{4}\cdot 2^2=\frac{2}{3}\pi-\sqrt{3},$$

故截掉部分的体积：$V=S_{弓形AB}\cdot h=\left(\frac{2}{3}\pi-\sqrt{3}\right)\times 3=2\pi-3\sqrt{3}$.

15. 【答案】E

【考点】函数方程不等式 二次函数 最值问题

【解析】图象法：分别画出 $y_1=x^2$，$y_2=-x^2+8$ 的图象，

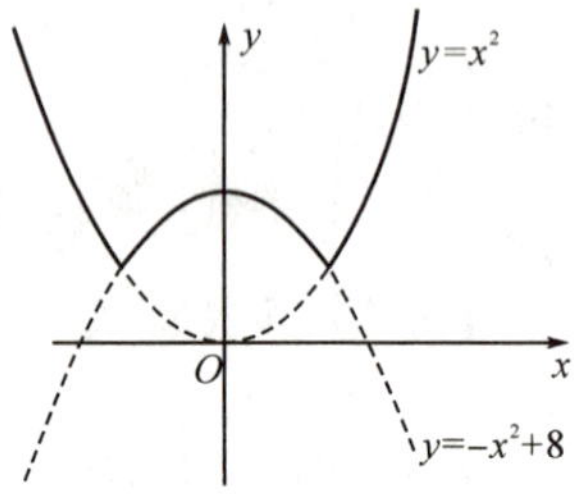

当两曲线相交时，即 $x^2=-x^2+8$，解得 $x^2=4$，

而 $f(x)=\max\{x^2,-x^2+8\}$ 表示取函数值大的，

则 $f(x)$ 在两曲线交点处取得最小值，此时 $x^2=-x^2+8=4$，故 $f(x)$ 的最小值为 4.

16. 【答案】A

【考点】解析几何 直线与圆的位置关系

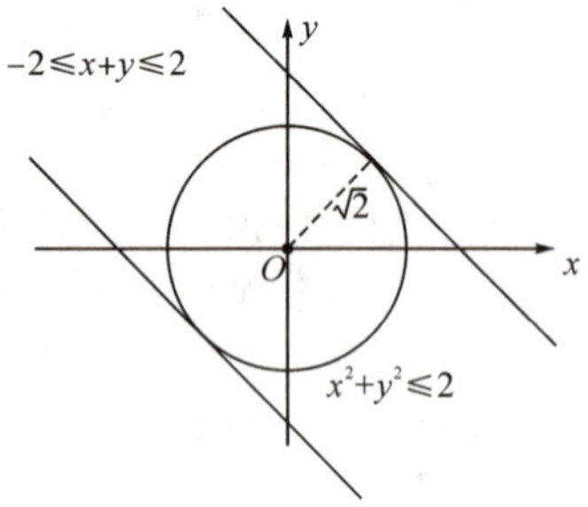

【解析】结论等价于 $-2\leqslant x+y\leqslant 2$，表示直线 $x+y=2$ 与直线 $x+y=-2$ 之间所有的点.

条件（1），表示以（0，0）为圆心，半径为 $\sqrt{2}$ 的圆上和圆内的点，而该圆与两条直线 $x+y=\pm 2$ 相切. 由图可知，圆上及圆内的点均在两条直线之间，故充分.

条件（2），特值证否，令 $x=2$，$y=\frac{1}{2}$，满足条件，但 $|x+y|=\left|2+\frac{1}{2}\right|=\frac{5}{2}>2$，因此不充分，故选 A.

17. 【答案】B

【考点】数列 等差数列 性质

【解析】$\{a_n\}$ 为等差数列，则 $a_1+a_2+\cdots+a_9=\frac{(a_1+a_9)\times 9}{2}=\frac{(2a_5)\times 9}{2}=9a_5$，

故只需已知 a_5 即可，因此条件（1）不充分，条件（2）充分，故选 B.

18. 【答案】D

【考点】整式与分式 因式分解

【解析】由条件（1），$\frac{1}{m}+\frac{3}{n}=1$ 等式两边同乘 mn，

$\Rightarrow n+3m=mn\Rightarrow mn-3m-n+3=3\Rightarrow(m-1)(n-3)=3$，已知 m，n 为正整数，则

$m-1$	$n-3$	m	n
1	3	2	6
3	1	4	4
-1	-3	\	\
-3	-1	\	2

符合条件的 m，n 有两组均满足 $m+n=8$，故充分.

由条件（2），由条件（1），$\frac{1}{m}+\frac{2}{n}=1$ 等式两边同乘 mn，

$\Rightarrow n+2m=mn\Rightarrow mn-2m-n+2=2\Rightarrow(m-1)(n-2)=2$，已知 m，n 为正整数，则

$m-1$	$n-2$	m	n
1	2	2	4
2	1	3	3
-1	-2	\	\
-2	-1	\	1

符合条件的 m，n 有两组均满足 $m+n=6$，充分，故选 D.

19.【答案】D

【考点】数列 数列的综合运用

【解析】设甲、乙、丙三人的年收入为 a，b，c（a，b，$c>0$），且满足 $b^2=ac$，结论要确定 b 的最大值.

条件（1），设 $a+c=M$（M 为已知定值），由 $a+c\geqslant 2\sqrt{ac}$ 得 $\sqrt{ac}\leqslant\frac{a+c}{2}$，

则 $b=\sqrt{ac}\leqslant\frac{a+c}{2}=\frac{M}{2}$，当 $a=c$ 时，b 存在最大值 $\frac{M}{2}$，故充分.

条件（2），设 $ac=N$（N 为已知定值），由 $b^2=ac=N$ 得 $b=\sqrt{N}$，

则 b 为常数 $\sqrt{N}$，此时 $\sqrt{N}$ 就是 b 的最大值，充分，故选 D.

20.【答案】D

【考点】平面几何 三角形 相似与全等

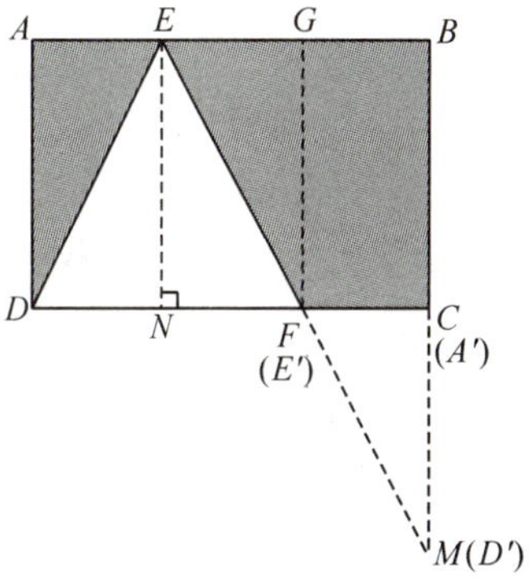

【解析】如图所示，要使 $\triangle ADE$ 与四边形 $BCFE$ 能拼成一个直角三角形，则必须要 $\triangle CFM\cong\triangle AED$，又 $\angle A=\angle MCF=90°$，$AE=CF$，只需要证明 $\angle AED=\angle CFM$ 即可.

又 $\angle AED=\angle EDF$，$\angle EFD=\angle CFM$，即 $\triangle EDF$ 为等腰三角形.

条件（1），如图分别过 E，F 作垂线 EN，FG，

则 $AE=DN=CF=BG$，$EG=NF$.

由 $EB=2FC=2BG\Rightarrow BG=EG\Rightarrow DN=FN$，即 EN 既是中线也是高，

则 $\triangle EDF$ 为等腰三角形，故充分.

条件（2），$ED=EF$，显然 $\triangle EDF$ 为等腰三角形，充分，故选 D.

21.【答案】E

【考点】应用题 一般方程

【解析】设甲购买 A 玩具的数量为 x 件，单价为 a；乙购买 B 玩具的数量为 y 件，单价为 b. 已知 $by-ax=100$，需要确定 x 的值.

条件（1），根据题意可得 $\begin{cases}by-ax=100\\x+y=50\end{cases}$，无法计算 x 值，不充分.

条件（2），根据题意可得 $\begin{cases}by-ax=100\\a=2b\end{cases}$，无法计算 x 值，也不充分.

故联立条件（1）（2），即 $\begin{cases}by-ax=100\\x+y=50\\a=2b\end{cases}\Rightarrow\begin{cases}by-2bx=100\\x+y=50\end{cases}$，

未知数的个数多于方程的个数，无法计算 x 的值，因此联立后仍不充分，故选 E.

22.【答案】C

【考点】解析几何 最值问题

【解析】把 $P(m,0)$，$A(1,3)$，$B(2,1)$ 三个点代入 $x-y$，得到三个结果 m，-2，1.
由题意，m，-2，1 这三个数中最大的是 -2，最小的是 1，则 $-2\leqslant m\leqslant 1$，
故只有联合充分，故选 C.

23.【答案】D

【考点】应用题 比例问题 比与比例

【解析】设甲公司的年终奖总额为 A，乙公司的年终奖总额为 B，根据题干已知信息可得

$A(1+25\%)=B(1-10\%)\Rightarrow\dfrac{A}{B}=\dfrac{18}{25}$.

要确定两公司的员工人数之比，可以设甲公司人数为 x，乙公司人数为 y.

条件（1），可知 $\dfrac{A}{x}=\dfrac{B}{y}\Rightarrow\dfrac{x}{y}=\dfrac{A}{B}=\dfrac{18}{25}$，故充分.

条件（2），可知 $\dfrac{x}{y}=\dfrac{A}{B}=\dfrac{18}{25}$，充分，故选 D.

24.【答案】A

【考点】解析几何 直线与圆的位置关系

【解析】圆的标准方程为 $x^2+(y-1)^2=1$，可知圆心为 $(0,1)$，半径为 1.
直线 $x+ay=b$ 的一般式为 $x+ay-b=0$. 已知直线与圆不相交，

故圆心到直线的距离大于半径，即 $d=\dfrac{|a-b|}{\sqrt{1^2+a^2}}>1\Rightarrow|a-b|>\sqrt{1^2+a^2}$.

故条件（1）充分，条件（2）不充分，故选 A.

25.【答案】D

【考点】函数方程不等式 二次函数 最值问题

【解析】先分析函数 $f(x)=x^2+ax$ 的对称轴为 $x=-\dfrac{a}{2}$，此时有最小值 $-\dfrac{a^2}{4}$.

再分析 $f(f(x))$，设 $t=f(x)$，则 $f(f(x))=f(t)=t^2+at$，当 $t=-\frac{a}{2}$，有最小值 $-\frac{a^2}{4}$.

由题意只需保证 $t=-\frac{a}{2}$ 存在，即存在 x 满足 $t=f(x)=x^2+ax=-\frac{a}{2}$，

等价于方程 $x^2+ax+\frac{a}{2}=0$ 有实根. 此时 $\Delta=a^2-2a\geqslant 0\Rightarrow a\geqslant 2$ 或 $a\leqslant 0$.

故条件（1）、（2）单独都充分，故选 D.

逻辑部分

26.【答案】E

【考点】形式逻辑 假言命题 求真

【解析】题干逻辑如下：

①人民→创造者∧见证者；

②人民→“剧中人”∧“剧作者”；

③离开人民→无根浮萍⋯；

④传久远→心愿、心声⋯。

A 创造者→见证者，不符合推理，排除。

B 创造者→非“剧中人”，不符合推理，排除。

C“剧中人”→“剧作者”，不符合推理，排除。

D 心愿、心声→传久远，不符合推理，排除。

E¬ 无根浮萍→¬ 离开人民，条件③的逆否命题，正确。

故选 E 选项。

27.【答案】B

【考点】非形式逻辑 推论

【解析】题干分析如下：

题干中所列的城市及其天气情况，不能代表所有的情况，所以应该是个可能的推断。

A、C、D、E 都含有“一定”这个词，是一个必然性的推断，都不符合条件。

B“不一定”“可能不是”是一个或然性的推断，符合条件。

故选 B 选项。

28.【答案】D

【考点】非形式逻辑 推论

【解析】题干论证如下：

论据：晚睡现象介绍。

论点：晚睡的人其实有烦恼。

A 仅仅说明了人们会晚睡，并没有说明晚睡会造成不好的后果。

B、C、E 表达了晚睡有好处。

D“存在着不满的问题”体现出了烦恼，说明晚睡有烦恼，直接支持了专家的结论。

故选 D 选项。

29.【答案】B

【考点】非形式逻辑 支持 因果支持

【解析】题干论证如下：

论据：分心驾驶行为介绍。

论点：分心驾驶是我国道路交通事故的罪魁祸首。

A、E说明使用手机可能会引发事故，但使用手机只是分心驾驶的一种情况，支持力度弱。

B“我国由分心驾驶导致的交通事故占比最高”，直接肯定题干观点。

C题干仅涉及“我国”，与“美国”无关，无关选项。

D仅说明分心驾驶比较普遍，不涉及是否引发事故，无关选项。

故选B选项。

30.【答案】E

【考点】分析推理 匹配

【解析】题干条件如下：

（1）乙二∨乙六；

（2）甲一→丙三∧戊五；

（3）非甲一→己四∧庚五；

（4）乙二→己六。

根据补充条件“丙周日值日”+（2）可得：非甲一；

结合（3）可得：己四且庚五；

己四，则己肯定非六，结合（4）可得：非乙二；

再根据（1）可知乙六。

故选E选项。

31.【答案】E

【考点】分析推理 匹配

【解析】题干结构同上题。

注意：问以下哪项一定为假。

根据补充条件“庚周四值日”+（3）可得：甲一；

结合（2）可得：丙三且戊五；

因为戊五，所以戊不可能在周日，所以一定假的是E。

故选E选项。

32.【答案】C

【考点】形式逻辑 模态命题 模态命题等价转换

【解析】题干逻辑词涉及“不必不”“不必”等模态词，可进行等价转换。

①弟子不必不如师=弟子可能如师；

②师不必贤于弟子=师可能不贤于弟子。

故选C选项。

（1）完品∨真品→特品（等价逆否＝非特品→非完品∧非真品）。
（2）稀品∨名品→特品（等价逆否＝非特品→非稀品∧非名品）。
根据问法补充信息非特品，可知该画也非完品、非真品、非稀品也非名品，所以只能是精品，所以选 B。

35.【答案】B
【考点】分析推理 综合推理
【解析】题干分析如下：
求前 3 个景点，可将前 3 个和后 3 个分成两组；
在前 3 个中三人没有任何一处是相同的，所以前面 9 个答案中最多对 3 个，所以后面 3 个至少要对 6 个；
而后 3 个中每个位置都有两人相同，则可知后面 3 个位置一定是，4 甲、5 戊、6 丙；
所以前 3 个不可能有甲、戊、丙，排除 A、C、D、E，带入 B 验证满足题干条件。
故选 B 选项。

36.【答案】A
【考点】分析推理 综合推理
【解析】本题可使用归谬法。
关于“施米特”的描述信息比较多，同时有比较确定的信息，可以此为突破口；
根据条件（1）可知："施米特"是阿根廷或卢森堡常见姓氏；
假设，施米特为阿根廷姓氏，结合条件（2）则刚萨雷斯是爱尔兰姓氏；
结合条件（3）逆否可得："埃尔南德斯"和"墨菲"都不是卢森堡，那么卢森堡就没有姓氏可以安排了，所以假设被推翻，即施米特不是阿根廷姓氏，所以施米特是卢森堡姓氏。
故选 A 选项。

37.【答案】E
【考点】分析推理 匹配
【解析】题干条件如下：
每个人选 1 个导师，每个导师选 1~2 人，则
（1）陆>张；
（2）丙张∨丁张→乙陈；
（3）甲陆∨丙陆∨丁陆→仅戊陈。
根据条件（1）可得，张带 1 名学生，陆和陈各带 2 名学生。
由于陈要带 2 名学生，因此（3）后件不成立，逆否可得：
非仅戊陈→非甲陆∧非丙陆∧非丁非陆，则陆带乙和戊；
结合条件（2）逆否可得：非乙陈→非丙张∧非丁张，则张带甲；
则陈带丙和丁；
故选 E 选项。

38.【答案】B
【考点】非形式逻辑 假设 搭桥假设
【解析】题干论证如下：
论据：创造性劳动中，审美需求和情感表达很重要；但人工智能没有自我意识。
结论：人工智能不能取代艺术家的创造性劳动。

应该搭桥，没有自我意识，就没有审美需求和情感表达。
故选 B 选项。

39.【答案】B
【考点】非形式逻辑 支持 论证支持
【解析】题干中存在的论证：
论据：太阳风可能会导致太阳磁场反转，目前我们知之甚少。
结论：为了更好的保护地球免受太阳风影响，必须更新模式研究太阳风。
A 与论证无关。
B 说明目前的模式有误差，确实需要更新。
C "对太阳风的深入研究"，和"更新研究" 意义不同。
D 与论证无关。
E 与论证无关。
故选 B 选项。

40.【答案】E
【考点】分析推理 综合条件推理
【解析】题干条件如下：
（1）张→刘；
（2）庄→孙；
（3）刘∨孙→李。
根据题干信息，5 选 3，可以使用归谬法：假设李没有去，结合（3）可得刘和孙都没去，不符合 5 人中去 3 人，所以假设被推翻，李一定去了。
故选 E 选项。

41.【答案】C
【考点】分析推理 综合推理
【解析】题干分析如下：
根据上题已知李一定去，剩下的 4 个人中选 2 人；
再添加条件：刘→庄；
结合条件（1）和（2）可得：张→刘→庄→孙；
可得张和刘不可能去（超出了 5 人中去 3 人），所以剩下两个人是庄和孙。
故选 C 选项。

42.【答案】D
【考点】非形式逻辑 支持 论证支持
【解析】题干分析如下：
专家观点：饭后喝酸奶其实并不能帮助消化。
A 酸奶维生素 B1 含量不丰富不代表没有，支持力度有限。
B 描述的只是益生菌的功能有限，不代表别的功能不能帮助消化。
C 提到的"加重肠胃负担""额外营养"等导致肥胖与题干"不帮助消化"无关。
D 消化需要的两大因素，酸奶都没有，补充了论据，力度很强的支持。
E 酸奶对食物消化起到间接帮助作用，间接作用也说明有作用，削弱题干。
故选 D 选项。

43.【答案】E

【考点】分析推理 综合推理

【解析】题干条件如下：

（1）$2 \to 9 \land \neg 12$；

（2）$3 \lor 4 \to \neg 11$。

根据（1）如果有 2，则要有 9，排除 A、B；

根据（2）如果有 $3 \lor 4$，则不能有 11，排除 C、D。

故选 E 选项。

44.【答案】D

【考点】非形式逻辑 支持 论证支持

【解析】题干论证如下：

论据：今天的教育质量将决定明天的经济实力。根据 2019 年最新的测试结果，中国学生的总体表现远超其他国家学生。

论点：中国有一支优秀的后备力量以保障未来经济的发展。

A 说明了学生的潜力很好，看似对论点的支持，但是与教育质量无关，也无法肯定推出学生的潜力就一定能保障经济发展，支持力度很弱，且支持仅在结论处，没有在论证关系上。

B 提到创新的概念，与论证无关。

C 提到其他测试，与论证无关。

D 说明了测试的重点是阅读可以很好的反映教育质量，教育质量又决定了经济实力，即证明中国有后备力量保证经济增长，建立了论据和论点之间的联系，力度最强。

E 与论证无关。

故选 D 选项。

45.【答案】A

【考点】分析推理 匹配

【解析】由于不能重复也不能遗漏，因此可以补全几个空格。

①	②	③	④	自信
文化	自信	道路	理论	制度
理论				道路
制度		自信		理论
				文化

A 符合，正确选项。

B④理论不行，排除。

C①文化不行，排除。

D①理论不行，排除。

E①制度不行，排除。

故选 A 选项。

46.【答案】B

【考点】非形式逻辑 支持 论证支持

【解析】题干论证如下：
论据：脂肪含量相比，畜肉肥肉>畜肉瘦肉>禽肉>水产品。
论点：在肉类选择上，应该优先选择水产品，其次是禽肉，这样对身体更重要。
A 本文未提“心血管疾病”，无关选项。
B 搭桥，建立了脂肪含量与人体健康的正比关系，可以支持。
C 不符合本文意思，不选。
D 本文未提到“脂肪”与“满足身体需要”的关系，无关选项。
E 题干中只提到“水产品的脂肪含量相对较低，而且含有较多不饱和脂肪酸”，并没表达“脂肪含量越低，不饱和脂肪酸含量越高”，也无法支持与人体健康的关系，不选。
故选 B 选项。

47.【答案】B
【考点】分析推理 匹配
【解析】题干条件如下：
（1）¬ 甲沛→乙项王；
（2）丙张 ∨ 己张→丁范；
（3）¬ 乙项王→丙张；
（4）¬ 丁樊→庚沛 ∨ 戊沛；
每人只能扮演其中一个，且每个角色只能由其中一人扮演。
本题可使用归谬假设法，根据从多原则，可以优先假设¬ 乙项王成立进行推理，可以推出丙张，丙张可以代入（2）推出丁范，丁范推出¬ 丁樊，可以代入（4）推出庚沛 ∨ 戊沛，庚沛 ∨ 戊沛可以代入（1）推出乙项王，因此由¬ 乙项王推出了乙项王的矛盾结果，故归谬确定乙项王为真，故选 B 选项。

48.【答案】D
【考点】分析推理 匹配
【解析】题干条件如上题：
现已知：乙项王、甲沛、庚项庄；
根据（4）甲沛→¬ 庚沛 ∧ ¬ 戊沛→丁樊；
现有乙项王、甲沛、庚项庄、丁樊；
根据（2）丁樊→¬ 丁范→¬ 丙张 ∧ ¬ 己张→戊张（已知 4 个，还剩 3 个未知，张不是丙演也不是己演，那只能是戊演）；
故选 D 选项。

49.【答案】E
【考点】非形式逻辑 削弱 论证削弱
【解析】题干论证如下：
论据：正常情况下，应该看到两个指甲床之间有一个菱形的空间；如果看不到这个空间，则说明手指出现了杵状改变，这是患有某种心脏或肺部疾病的迹象。
论点：人们通过手指自我检测能快速判断自己是否患有心脏或肺部疾病。
要质疑专家的论断，正确的选项需要说明这种检测方法不一定能快速判断自己是否患有心脏或肺部疾病。
A 首先含有“可能”，力度弱，其次在说由多种肺部疾病引起，说明的确是肺病，属于支持。
B 本文未提到“癌症”，无关选项。
C 通过本文可知，并不需要替代专业的医学判断，能作为参考就行，不能削弱。

D 该选项将杵状改变分为了两个阶段，并表示第一个阶段不足以判断，但是第二个阶段如何未做说明，属于不确定信息。
E 该选项明确表示了杵状改变形成的原理是积液造成，与其他病变无关，能够明确说明该方法不可行。
故选 E 选项。

50.【答案】C
【考点】非形式逻辑 支持 论证支持
【解析】题干分析如下：
科学家的观点：快速阅读是不可能的。
题干直接给出了论点，未做论据说明，因此要支持，即需要补充一个论据对结论进行解释说明。
A 没有直接说明快速阅读无法实现，不能支持。
B 科学界持怀疑态度，有诉诸权威的嫌疑，不能支持。
C 说明人不可能快速阅读，直接支持结论。
D“有些”人“可能”能快速阅读，不能支持。
E 也不能说明快速阅读不可能，排除。
故选 C 选项。

51.【答案】C
【考点】形式逻辑 复言命题 综合推理
【解析】题干逻辑如下：
（1）优秀论文→逻辑清晰∧论据详实；
（2）经典论文→主题鲜明∧语言准确；
（3）（论据详实∧¬ 主题鲜明）∨（语言准确∧¬ 逻辑清晰）→非优秀论文
=优秀论文→（¬ 论据详实∨主题鲜明）∧（¬ 语言准确∨逻辑清晰）。
A 语言准确不能倒推经典论文。
B 论据不详实，结合条件（1），得出，不是优秀作文，但推不出主题不鲜明。
C 根据条件（1）和条件（3），优秀论文→论据详实，优秀论文→¬ 论据详实∨主题鲜明，可以得出：优秀论文→主题鲜明，正确。
D 根据（1）逻辑不清晰只能推出不是优秀论文，无法推出是不是经典论文。
E 根据条件（2）可知，E 不正确。
故选 C 选项。

52.【答案】C
【考点】非形式逻辑 推论
【解析】根据题干可得：
A Ⅲ属于融冰速度较慢，但污染水体风险中等的，排除。
B Ⅰ属于融冰速度快，且三项都高的，排除。
C 符合至少两个方面风险低的是Ⅲ和Ⅳ，融冰速度均是较慢，符合。
D Ⅳ三个风险都不高，但融冰速度很快，排除。
E Ⅱ和Ⅳ都为破坏道路设施和污染土壤方面的风险都不高，但融冰速度不是较慢，排除。
故选 C 选项。

53.【答案】D
【考点】非形式逻辑 支持 论证支持

【解析】题干论证如下：
论据：孩子的好奇心越来越少。
论点：这是由于孩子受到外在的不当激励所造成的。
要支持选项，重点在于“外在的不当激励”。
A 没提到“外在的不当激励”，无关选项。
B 属于“正当的激励”，不选。
C“外部压力”属于中性词，无法确定是否属于“外在的不当激励”，不选。
D“老师、家长只看到考试成绩”和“只知道死记硬背”充分且语气强烈的体现了“外在的不当激励”，可支持。
E 没提到“外在的不当激励”，无关选项。
故选 D 选项。

54.【答案】A
【考点】分析推理　匹配
【解析】题干条件如下：
（1）乙北∨丙北→乙东∧丙东；
（2）丁北→丙中∧丁中∧戊中；
（3）甲、乙和丙车中至少有 2 趟车在“东沟”停靠→甲西∧乙西∧丙西。
每站均恰好有 3 趟车停靠；甲车和乙车停靠的站均不相同。
已知“甲车和乙车停靠的站均不相同”，根据（3）逆否得：
非甲西∨非乙西∨非丙西→甲、乙和丙车中有 0 趟或 1 趟车在东沟停靠；
又因每站恰好有 3 车停靠，则甲、乙和丙不可能都没有停靠东沟，所以只有其中一辆停靠东；
则结合以上根据（1）逆否得：非乙东∨非丙东→非乙北∧非丙北→甲北∧丁北∧戊北；
则结合以上根据（2）可得：丁北→丙中∧丁中∧戊中，故，甲不在中丘正确。
故选 A 选项。

55.【答案】C
【考点】分析推理 匹配
【解析】题干分析如下：
又附加条件：没有车在每站都停靠。
根据 54 题我们得到的确定信息有：丙丁戊在中丘停靠，甲丁戊在北阳停靠，丁戊在东沟停靠。
若要保证没有车在每站都停留，则需保证丁戊不同时停留在西山、南镇即可；
如果丁戊都不停靠西山、南镇，就只有甲乙丙停靠，这与“甲和乙停靠的站均不相同”矛盾；
所以，西山要在丁戊中选一站停靠；南镇同样也要在丁戊中选另外一站停靠；
又结合甲乙不在同一站，西山和南镇同样只能选其中的一站停靠；
要满足有三趟车停靠，则西山、南镇必须选丙站停靠。
故选 C 选项。

	甲	乙	丙	丁	戊
东沟				√	√
西山					
南镇					
北阳	√	×	×	√	√
中丘	×	×	√	√	√

写作部分

56. 论证有效性分析

眼见为实

常言道：“耳听为虚，眼见为实”。其实，“眼所见者未必实”。

①从哲学意义上来说，事物的表象不等于事物的真相。②我们亲眼看到的，显然只是事物的表象而不是真相。③只有将看到的表象加以分析，透过现象看本质，才能看到真相。④换言之，我们亲眼看到的未必是真实的东西，即“眼所见者未必实”。

精析

中心论点：眼见未必为实。

谬误点一：概念混淆（①→②）、（①+③→④）

“表象‘不等于’真相”是指的二者层次不同，而并不矛盾；作者由此推出“看到的表象‘不是’真相”显然误解成了“前者的存在则否定后者”，可能误解成了矛盾关系。

“真相”在哲学上是指“本质（内在规律）”，不同于作者所说的“真实的东西”。

谬误点二：自相矛盾（②+③）

作者引用哲学术语表明“我们能透过现象看到真相”，而前面又推出我们“看不到真相”。

⑤举例来说，人们都看到旭日东升，夕阳西下，也就是说，太阳环绕地球转。⑥但是，这只是人们站在地球上看到的表象而已，其实这是地球自转造成。由此可见，眼所见者未必实。

精析

谬误点三：概念界定不清（⑤→⑥）

根据前面作者将“实”理解为“真实的东西”，从自然科学的角度说，人们所看到的就是“实”；人们没有正确认识到自然科学规律，不代表看到的不是“真实的东西”。

⑦我国古代哲学家老子早就看到了这一点。他说过，人们只看到了房子的“有”（有形的结构），但人们没看到的“无”（房子中无形的空间）才有实际效用。⑧这也说明眼所见者未必实，未见者为实。

精析

谬误点四：论据存疑（或诉诸权威）（⑦）

老子的思想未必正确，比如：“‘无’才有实际效用”的说法过于绝对。

谬误点五：概念界定不清、以偏概全（⑦→⑧）

文中老子的“实”指的是“实用性”，也不同于前面所定义的“真实的东西”。

仅通过老子举的例子未必就能归纳出“未见者为实”这样的普遍规律。

⑨老子还说，讲究表面的礼节是“忠信之薄”的表现。韩非解释时举例说，父母和子女因为感情深厚而不讲究礼节，可见讲究礼节是感情不深的表现。现在人们把那种客气的行为称作“见外”，也是这个道理。⑩这其实也是一种“眼所见者未必实”的现象。因此，如果你看到有人对你很客气，就认为他对你好，那就错了。

精析

谬误点六：论据存疑（或诉诸权威）、以偏概全（⑨）

韩非的思想未必正确，比如：就算“父母和子女因感情深而不讲究礼节”；况且也无法仅通过父母子女之间的关系推到“讲究礼节是感情不深的表现”这样的普遍关系。

谬误点七：概念界定不清（⑨→⑩）

文中韩非的“实”指的是“主观真实意图”，也不同于前面所定义的“真实的东西”。

参考范文

值得商榷的论证

上述材料通过哲学角度以及三个例子，试图得出“眼见未必为实”的结论。论证过程看似严密，但仔细推敲存在诸多漏洞：

首先，哲学用语“表象‘不等于’真相”是指的二者层次不同，作者由此推出“看到的表象‘不是’真相”可能误解成了二者矛盾；此外，“真相”有其哲学上的确定含义，即“本质（内在规律）”，作者所谓的“真实的东西”，并非哲学上的“真相”，而是指“事物的真实性”。

	其次，“人们都看到旭日东升，夕阳西下”，从自然科学的角度说，人们所看到的就是客观存在的，如果按上一段所定义的，“实”指的是“事物的真实性”，那么这个例子恰恰说明眼见就是为实的；“其实这是地球自转造成的”只是说人们没有正确认识到自然科学规律，不代表看到的不是真实的，作者将这两个概念混为一谈。 再次，文中引用老子思想中的“实”指的是“实用性”，引用韩非思想中的“实”指的是“主观真实意图”，都不同于前面作者所定义的“真实的客观存在”。可见，全文对“实”这个概念界定不清，在没有统一概念的情况下，从哲学角度和自然科学角度、老子和韩非思想的角度均难以作为推出“眼见未必为实”的有力论据。 最后，就算作者所说的“实”指的是“实用”，仅通过老子举的例子未必就能归纳出“未见者为实”这样的普遍规律，最多只能得到“未见者可能为实”；此外，就算“父母和子女因感情深而不讲究礼节”，也无法仅通过父母子女之间的关系推到“讲究礼节是感情不深的表现”这样的普遍关系，这两处有以偏概全之嫌。 可见，上文的论证过程尚不严谨，结论不能让人完全信服。

57. 论说文

道德教育和科学教育	
审题立意	作为实业界中坚人物，道德教育和科学教育缺一不可，由此可引申到各个领域皆是如此。
参考框架	范文框架（辩证统一）：甲重要；乙重要；甲、乙并重。
参考范文	**德才并举** 道德教育和科学教育是教育体系中最为重要的两个方面。我们要想培养出实业界的中坚人物，需要道德教育和科学教育并重。 德者，才之帅也。不仅是实业界之中坚，任何领域的出类拔萃者首先都要经历良好的道德教育，具备出众的德行，我们也常常以“德高望重”这四个字来称赞他们。想必大家都听过“宰相肚里能撑船”这句话吧，这位蜀国的宰相，在面对性格孤僻的属下对其的置之不理，又面对旁人的煽风点火，他竟给出气量如此之大的回应：“当面赞扬我并非他的本性；当众指责我也会让我难堪。这才是他不理睬我的真实原因和可贵之处。”正是其非凡的德行使他日后终成宰相。可见，道德教育需为本。 才者，德之资也。当我们接受了良好的道德教育之后，显然要以科学教育的不断提升为最终目标。我们每个人小到解决自己的温饱，大到为家庭与社会做贡献，无不需要以一定的科学文化水平作支撑。科学既是人类智慧的最高成果，又是最有希望的物质福利的源泉。人类归根结底要回归现实生活中来，是科学给予了我们明天的希望，有了科学教育，我们对明天更加向往，或许这正是诺贝尔所说的“科学研究的进展及其日益扩充的领域将唤起我们的希望。”所以，科学教育要跟上。 此时此刻，或许又有人疑惑了：“道德教育和科学教育究竟哪个更重要呢？是否具备其一就足够了？”其实，二者不仅缺一不可，而且是同等重要的。自古以来，众多的仁人志士都发现了此规律，例如曾国藩就主张“德才不可偏废”；司马光还按才、德的不同构成将人分成四类，并极力主张“才德全尽”的人生境界……德胜才者，在有生之年错过了许多人类智慧的结晶，未免有些遗憾；才胜德者，终将被人们所唾弃。因此，德要靠才来发挥，才要靠德来统帅。 道德教育与科学教育两手抓，实业界乃至各界中坚人物必将遍地开花。

2019年全国硕士研究生招生考试
管理类综合能力试题

考生注意事项

1. 答题前，考生须在试题册指定位置上填写考生编号和考生姓名。在答题卡上填报“报考单位”“考生姓名”“考生编号”等信息。

2. 考生须把试题册上的“试卷条形码”粘贴于答题卡的“试卷条形码粘贴位置”框中。不按规定粘贴条码而影响试卷结果的，责任由考生自负。

3. 选择题的答案必须填涂在答题卡相应题号的选项上，非选择题的答案必须书写在答题卡指定位置的边框区域内。超出答题区域书写的答案无效；在草稿纸、试题册上答题无效。

4. 涂写部分要求用2B铅笔完成。如要改动，必须用橡皮擦干净。填（书）写部分必须使用黑色字迹钢笔、圆珠笔或签字笔在答题卡上作答，字迹工整、笔迹清楚。

5. 考试结束，将试题、答题卡一并装入试题袋中交回。

（以下信息考生必须认真填写）

考生编号															
考生姓名															

2019 年全国硕士研究生招生考试
管理类综合能力试题

一、问题求解： 第 1~15 小题，每小题 3 分，共 45 分. 下列每题给出的 A、B、C、D、E 五个选项中，只有一项是符合试题要求的. 请在答题卡上将所选选项的字母涂黑.

1. 某车间计划 10 天完成一项工作，工作 3 天后因故停工 2 天. 若要按原计划完成任务，则工作效率需要提高（　　）.

A. 20%　　B. 30%　　C. 40%　　D. 50%　　E. 60%

2. 设函数 $f(x)=2x+\frac{a}{x^2}(a>0)$ 在 $(0,\ +\infty)$ 内的最小值为 $f(x_0)=12$，则 $x_0=$（　　）.

A. 5　　B. 4　　C. 3　　D. 2　　E. 1

3. 某影城统计了一季度的观众人数，如图，则一季度的男、女观众人数之比为（　　）.

A. 3 : 4　　B. 5 : 6　　C. 12 : 13

D. 13 : 12　　E. 4 : 3

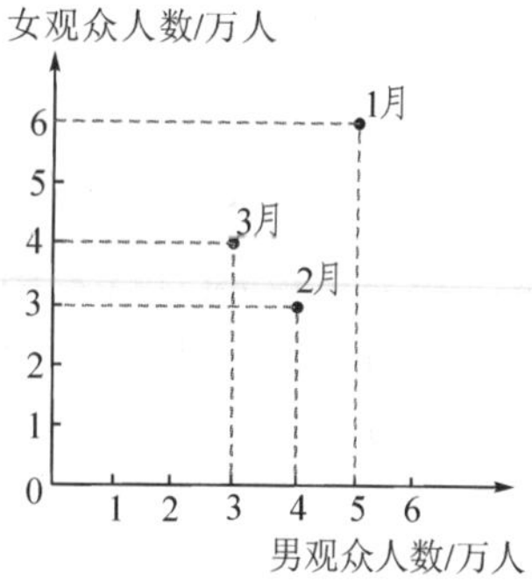

4. 设实数 a，b 满足 $ab=6$，$|a+b|+|a-b|=6$，则 $a^2+b^2=$（　　）.

A. 10　　B. 11　　C. 12

D. 13　　E. 14

5. 设圆 C 与圆 $(x-5)^2+y^2=2$ 关于 $y=2x$ 对称，则圆 C 的方程为（　　）.

A. $(x-3)^2+(y-4)^2=2$　　B. $(x+4)^2+(y-3)^2=2$

C. $(x-3)^2+(y+4)^2=2$　　D. $(x+3)^2+(y+4)^2=2$

E. $(x+3)^2+(y-4)^2=2$

6. 将一批树苗种在一个正方形花园边上，四角都种. 如果每隔 3 米种一棵，那么剩下 10 棵树苗；如果每隔 2 米种一棵，那么恰好种满正方形的 3 条边，则这批树苗有（　　）棵.

A. 54　　B. 60　　C. 70　　D. 82　　E. 94

7. 在分别标记 1，2，3，4，5，6 的 6 张卡片，甲随机抽取 1 张后，乙从余下的卡片中再抽取 2 张. 乙的卡片数字之和大于甲的卡片数字的概率为（　　）.

A. $\frac{11}{60}$　　B. $\frac{13}{60}$　　C. $\frac{43}{60}$　　D. $\frac{47}{60}$　　E. $\frac{49}{60}$

8. 10 名同学的语文和数学成绩如表：

语文成绩	90	92	94	88	86	95	87	89	91	93
数学成绩	94	88	96	93	90	85	84	80	82	98

语文和数学成绩的均值分别为 E_1 和 E_2，标准差分别为 σ_1 和 σ_2，则（　　）.

A. $E_1 > E_2$，$\sigma_1 > \sigma_2$　　B. $E_1 > E_2$，$\sigma_1 < \sigma_2$　　C. $E_1 > E_2$，$\sigma_1 = \sigma_2$

D. $E_1 < E_2$，$\sigma_1 > \sigma_2$　　E. $E_1 < E_2$，$\sigma_1 < \sigma_2$

9. 如图，正方体位于半径为 3 的球内，且一面位于球的大圆上，则正方体表面积最大为（　　）.

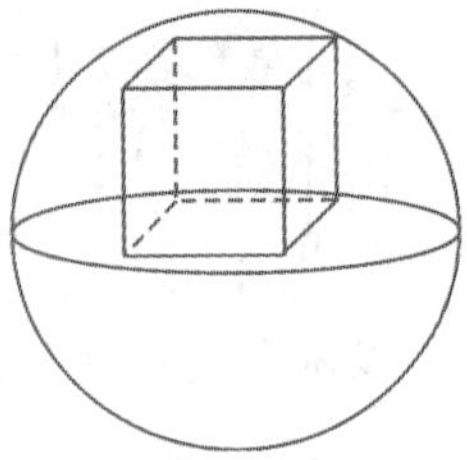

A. 12　　B. 18　　C. 24

D. 30　　E. 36

10. 在三角形 ABC 中，$AB = 4$，$AC = 6$，$BC = 8$，D 为 BC 的中点，则 $AD =$（　　）.

A. $\sqrt{11}$　　B. $\sqrt{10}$　　C. 3　　D. $2\sqrt{2}$　　E. $\sqrt{7}$

11. 某单位要铺设草坪，若甲、乙两公司合作需 6 天完成，工时费共计 2.4 万元. 若甲公司单独做 4 天后由乙公司接着做 9 天完成，工时费共计 2.35 万元. 若由甲公司单独完成该项目，则工时费共计（　　）万元.

A. 2.25　　B. 2.35　　C. 2.4　　D. 2.45　　E. 2.5

12. 如图，六边形 $ABCDEF$ 是平面与棱长为 2 的正方体所截得到的. 若 A，B，D，E 分别为相应棱的中点，则六边形 $ABCDEF$ 的面积为（　　）.

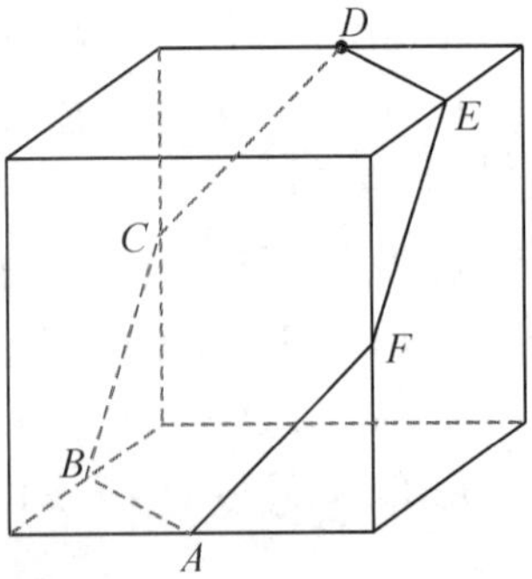

A. $\frac{\sqrt{3}}{2}$　　B. $\sqrt{3}$　　C. $2\sqrt{3}$

D. $3\sqrt{3}$　　E. $4\sqrt{3}$

13. 货车行驶 72km 用时 1 小时，速度 V 与行驶时间 t 的关系如图所示，则 $V_0=$（　　）.

A. 72　　B. 80　　C. 90

D. 85　　E. 100

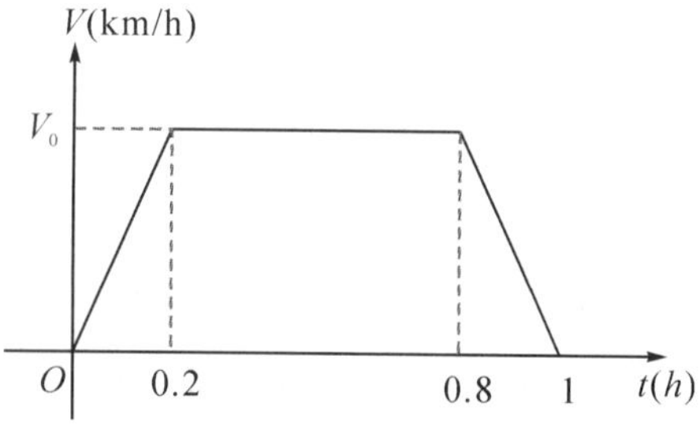

14. 某中学的 5 个学科各推荐 2 名教师作为支教候选人，若从中选出来自不同学科的 2 人参加支教工作，则不同的选派方式有（　　）种.

A. 20　　B. 24　　C. 30　　D. 40　　E. 45

15. 设数列 $\{a_n\}$ 满足 $a_1=0$，$a_{n+1}-2a_n=1$，则 $a_{100}=$（　　）.

A. $2^{99}-1$　　B. 2^{99}　　C. $2^{99}+1$　　D. $2^{100}-1$　　E. $2^{100}+1$

二、条件充分性判断：第 16~25 题，每小题 3 分，共 30 分. 要求判断每题给出的条件（1）和条件（2）能否充分支持题干所陈述的结论. A、B、C、D、E 五个选项为判断结果，请选择一项符合试题要求的判断. 在答题卡上将所选选项的字母涂黑.

（A）条件（1）充分，但条件（2）不充分.

（B）条件（2）充分，但条件（1）不充分.

（C）条件（1）和（2）单独都不充分，但条件（1）和（2）联合起来充分.

（D）条件（1）充分，条件（2）也充分.

（E）条件（1）和（2）单独都不充分，条件（1）和（2）联合起来也不充分.

16. 甲、乙、丙三人各自拥有不超过 10 本图书，甲购入 2 本图书后，他们拥有的图书数量构成等比数列. 则能确定甲拥有图书的数量.

（1）已知乙拥有的图书数量.

（2）已知丙拥有的图书数量.

17. 有甲、乙两袋奖券，获奖率分别为 p 和 q，某人从两袋中各随机抽取 1 张奖券. 则此人获奖的概率不小于 $\frac{3}{4}$.

（1）已知 $p+q=1$.

（2）已知 $pq=\frac{1}{4}$.

18. 直线 $y=kx$ 与圆 $x^2+y^2-4x+3=0$ 有两个交点.

（1）$-\frac{\sqrt{3}}{3}<k<0$.

（2）$0 < k < \dfrac{\sqrt{2}}{2}$.

19. 能确定小明年龄.

（1） 小明年龄是完全平方数.

（2） 20 年后小明年龄是完全平方数.

20. 关于 x 的方程 $x^2 + ax + b = 1$ 有实根.

（1）$a + b = 0$.

（2）$a - b = 0$.

21. 如图，已知正方形 $ABCD$ 面积，O 为 BC 上一点，P 为 AO 的中点，Q 为 DO 上一点. 则能确定三角形 PQD 的面积.

（1）O 为 BC 的三等分点.

（2）Q 为 DO 的三等分点.

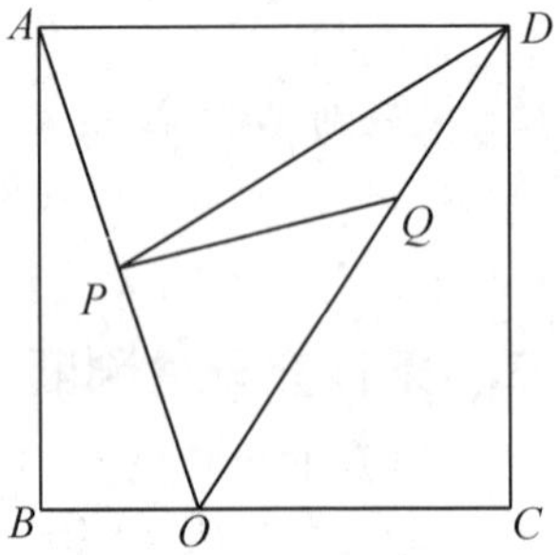

22. 设 n 为正整数，则能确定 n 除以 5 的余数.

（1） 已知 n 除以 2 的余数.

（2） 已知 n 除以 3 的余数.

23. 某校理学院五个系每年录取人数如下表：

系别	数学系	物理系	化学系	生物系	地学系
录取人数	60	120	90	60	30

今年与去年相比，物理系平均分没变. 则理学院录取平均分升高了.

（1） 数学系录取平均分升高了 3 分，生物系录取平均分降低了 2 分.

（2） 化学系录取平均分升高了 1 分，地学系录取平均分降低了 4 分.

24. 设三角区域 D 由直线 $x + 8y - 56 = 0$，$x - 6y + 42 = 0$ 与 $kx - y + 8 - 6k = 0(k < 0)$ 围成. 则对任意的 (x, y)，有 $\lg(x^2 + y^2) \leqslant 2$.

（1）$k \in (-\infty, -1]$.

（2）$k \in \left[-1, -\dfrac{1}{8}\right)$.

25. 设数列 $\{a_n\}$ 的前 n 项和为 S_n，则 $\{a_n\}$ 为等差数列.

（1）$S_n = n^2 + 2n$，$n = 1, 2, 3, \cdots$.

（2）$S_n = n^2 + 2n + 1$，$n = 1, 2, 3, \cdots$.

三、逻辑推理：第 26～55 小题，每小题 2 分，共 60 分。下列每题给出的 A、B、C、D、E 五个选项中，只有一个选项符合题目要求。请在答题卡上将所选字母涂黑。

26. 新常态下，消费需求发生深刻变化，消费拉开档次，个性化、多样化消费渐成主流。在相当一部分消费者那里，对产品质量的追求，压倒了对价格的考虑。供给侧结构性改革，说到底是满足需求。低质量的产能必然会过剩，而顺应市场需求不断更新换代的产能不会过剩。

根据以上信息，可以推出以下哪项？

A. 顺应市场需求不断更新换代的产能不是低质量的产能。

B. 低质量的产能不能满足个性化需求。

C. 新常态下必须进行供给侧结构性改革。

D. 只有不断更新换代的产品才能满足个性化、多样化消费的需求。

E. 只有优质高价的产品才能满足需求。

27. 据碳十四检测，卡皮瓦拉山岩画的创作时间最早追溯到 3 万年前，在文字尚未出现的时代，岩画是人类沟通交流、传递信息、记录日常生活的主要方式，于是今天的我们可以在这些岩画中看到：一位母亲将孩子举起嬉戏，一家人在仰望并试图碰触头上的星空……动物是岩画的另一个主角，比如巨型犰狳、马鹿、螃蟹等。在许多画面中，人们手持长矛，追逐着前方的猎物，由此可以推断，此时的人类已经居于食物链的顶端。

以下哪项如果为真，最能支持上述推断？

A. 能够使用工具使人类可以猎杀其他动物，而不是相反。

B. 对星空的敬畏是人类脱离动物，产生宗教的动因之一。

C. 岩画中出现的动物一般是当时人类捕猎的对象。

D. 3 万年前人类需要避免自己被虎豹等大型食肉动物猎杀。

E. 有了岩画，人类可以将生活经验保留下来，供后代学习，这极大地提高了人类的生存能力。

28. 李诗、王悦、杜舒、刘默是唐诗宋词的爱好者，在唐朝诗人李白、杜甫、王维、刘禹锡中 4 人各喜欢其中一位，且每人喜爱的唐诗作者不与自己同姓，关于他们 4 人，已知：

（1）如果爱好王维的诗，那么也爱好辛弃疾的词；

（2）如果爱好刘禹锡的诗，那么也爱好岳飞的词；

（3）如果爱好杜甫的诗，那么也爱好苏轼的词。

如果李诗不爱好苏轼和辛弃疾的词，则可以得出以下哪项？

A. 王悦爱好苏轼的词。

B. 刘默爱好苏轼的词。

C. 杜舒爱好岳飞的词。

D. 杜舒爱好辛弃疾的词。

E. 李诗爱好岳飞的词。

29. 人们一直在争论猫与狗谁更聪明。最近，有些科学家不仅研究了动物脑容量的大小，还研究其大脑皮层神经细胞的数量，他们发现猫平常似乎总摆出一副智力占优的神态，但猫的大脑皮层神经细胞的数量只有普通金毛犬的一半。由此，他们得出结论：狗比猫更聪明。

以下哪项最可能是上述科学家得出结论的假设？

A. 狗可能继承了狼结群捕猎的特点，为了互相配合，它们需要做出一些复杂行为。

B. 狗善于与人类合作，可以充当导盲犬、陪护犬、搜救犬、警犬等，就对人类的贡献而言，狗能做的似乎比猫多。

C. 动物大脑皮层神经细胞的数量与动物的聪明程度呈正相关。

D. 棕熊的脑容量是金毛犬的3倍，但其脑神经细胞的数量却少于金毛犬，与猫很接近，而棕熊的脑容量却是猫的10倍。

E. 猫的脑神经细胞数量比狗少，是因为猫不像狗那样“爱交际”。

30~31题基于以下题干：

某单位拟派遣3名德才兼备的干部到西部地区进行精准扶贫。报名者踊跃，经过考察，最终确定了陈甲、傅乙、赵丙、邓丁、刘戊、张己6名候选人。根据工作需要，派遣还需满足以下条件：

（1）若派遣陈甲，则派遣邓丁但不派遣张己；

（2）若傅乙、赵丙至少派遣1人，则不派遣刘戊。

30. 以下哪项的派遣人选和上述条件不矛盾？

A. 赵丙、邓丁、刘戊。

B. 陈甲、傅乙、赵丙。

C. 傅乙、邓丁、刘戊。

D. 邓丁、刘戊、张己。

E. 陈甲、赵丙、刘戊。

31. 如果陈甲、刘戊至少派遣1人，则可以得出以下哪项？

A. 派遣刘戊。

B. 派遣邓丁。

C. 派遣赵丙。

D. 派遣傅乙。

E. 派遣陈甲。

32. 近年来，手机、电脑的使用，导致工作与生活界限日益模糊，人们的平均睡眠时间一直在减少，熬夜已成为现代人生活的常态。科学研究表明，熬夜有损身体健康，睡眠不足不仅仅是多打几个哈欠那么简单。有科学家据此建议，人们应该遵守作息规律。

以下哪项如果为真，最能支持上述科学家所作的建议？

A. 缺乏睡眠会降低体内脂肪，调节瘦素激素的水平，同时增加饥饿激素，容易导致暴饮暴食，体重增加。

B. 熬夜会让人的反应变慢，认知退步，思维能力下降，还会引发情绪失控，影响与他人的交流。

C. 所有的生命形式，都需要休息与睡眠。在人类进化过程中，睡眠这个让人短暂失去自我意识、变得极其脆弱的过程并未被大自然淘汰。

D. 睡眠是身体的自然美容师，与那些睡眠充足的人相比，睡眠不足的人看上去面容憔悴，缺乏魅力。

E. 长期睡眠不足会导致高血压、糖尿病、肥胖症、抑郁症等多种疾病，严重时更会造成意外伤害或死亡。

33. 有一论证（相关语句用序号表示）如下：

①今天，我们仍然要提倡勤俭节约。

②节约可以增加社会保障资源。

③我国尚有不少地区的人民生活贫困，亟需更多社会保障资源，但也有一些人浪费严重。

④节约可以减少资源消耗。

⑤因为被浪费的任何粮食或者物品都是消耗一定的资源得来的。

如果用“甲→乙”表示甲支持（或证明）乙，则以下哪项对上述论证基本结构的表示最为准确？

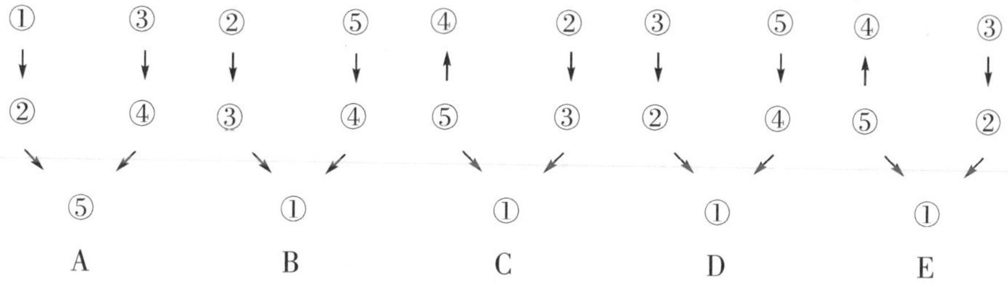

34. 研究人员用脑电图技术研究了母亲给婴儿唱童谣时两人的大脑活动发现：当母亲与婴儿对视时，双方脑电波趋于同步，此时婴儿也会发出更多的声音尝试与母亲交流。他们据此认为母亲与婴儿对视有助于婴儿的学习与交流。

以下哪项如果为真，最能支持上述研究人员的观点？

A. 在两个成年人交流时，如果把他们的脑电波同步，交流就会更顺畅。

B. 当父母与孩子互动时，双方的情绪与心率可能也会同步。

C. 当部分学生对某学科感兴趣时，他们的脑电波会趋于同步，学习效果也会随之提升。

D. 当母亲与婴儿对视时，他们都在发出信号表明自己可以且愿意与对方交流。

E. 脑电波同步可优化双方对话状态，使交流更加默契，增进彼此了解。

35. 本保险柜所有密码都是由 4 个阿拉伯数字和 4 个英文字母组合。已知：

（1）若 4 个英文字母不连续排列，则密码组合中的数字之和大于 15；

（2）若 4 个英文字母连续排列，则密码组合中的数字之和等于 15；

（3）密码组合中的数字之和或者等于 18，或者小于 15。

根据上述信息以下哪项是可能的密码组合？

A. 1adbe356。

B. 37ab26dc。

C. 2acgf716。

D. 58bcde32。

E. 18ac42de。

36. 有一个 6×6 的方阵，它所包含的每个小方格中可填入一个汉字。已有部分汉字填入。现要求该方阵中的每行每列均含有礼、乐、射、御、书、数 6 个汉字，不能重复，不能遗漏。

	乐		御	书	
			乐		
射	御	书		礼	
	射			数	礼
御		数			射
					书

根据上述要求，以下哪项是方阵底行 5 个空格从左至右应填入的汉字？

A. 数、礼、乐、射、御。

B. 乐、数、御、射、礼。

C. 数、礼、乐、御、射。

D. 乐、礼、射、数、御。

E. 数、御、乐、射、礼。

37. 某市青年节设立了流行、民谣、摇滚、民族、电音、说唱、爵士这 7 类的奖项评选。在入围名单中，已知：

（1）至少有 6 类入围；

（2）流行、民谣、摇滚中至多有 2 类入围；

（3）如果摇滚和民族类都入围，则电音和说唱中至少有 1 类没有入围。

根据上述信息，可以得出以下哪项？

A. 流行类没有入围。

B. 民谣类没有入围。

C. 摇滚类没有入围。

D. 爵士类没有入围。

E. 电音类没有入围。

38. 某大学有位女教师默默资助一偏远山区的贫困家庭长达15年。记者多方打听，发现做好事的是该大学传媒学院甲、乙、丙、丁、戊5位老师中的一位。在接受采访时，5位老师都很谦虚，他们对记者这么说的：

甲：这件事是乙做的；

乙：我没有做，是丙做了这件事；

丙：我没有做这件事；

丁：我也没有做这件事，是甲做的；

戊：如果甲没有做，则丁也不会做。

记者后来得知，上述5位老师，只有1人说的话符合真实情况。

根据上述信息，可以得出做这件好事的人是？

A. 甲。

B. 乙。

C. 丙。

D. 丁。

E. 戊。

39. 作为一名环保爱好者，赵博士提倡低碳生活，积极宣传节能减排。但我不赞同他的做法，因为，作为一名大学老师，他这样做，占用了大量科研时间，到现在连副教授都没评上。他的观点怎么能令人信服呢？

以下哪项论证中的错误和上述最为相似？

A. 张某提出要同工同酬，主张在质量相同的情况下，不分年龄、级别，一律按件计酬，她这样说话不就是因为她年轻、级别低吗？其实，她是在为自己谋利益。

B. 公司的绩效奖励制度是为了充分调动广大员工的积极性，它对所有员工都是公平的。如果有人对此有不同意见，则说明他反对公平。

C. 最近听说你对单位的管理制度提了不少意见，这真是令人难以置信！单位领导对你差吗？这么做分明是和单位领导过不去。

D. 单位任命李某担任信息科科长，听说你对此有意见。大家都没有提意见，只有你一个人有意见，看来你是有问题的。

E. 有一种观点认为，只有直接看到的事物才能确信其存在。但是没有人可以看到质子、电子。而这些都被科学证明是客观存在的。所以该观点是错误的。

40. 下面6张卡片，一面印的是汉字（动物或者花卉），一面印的是数字（奇数或者偶数）。

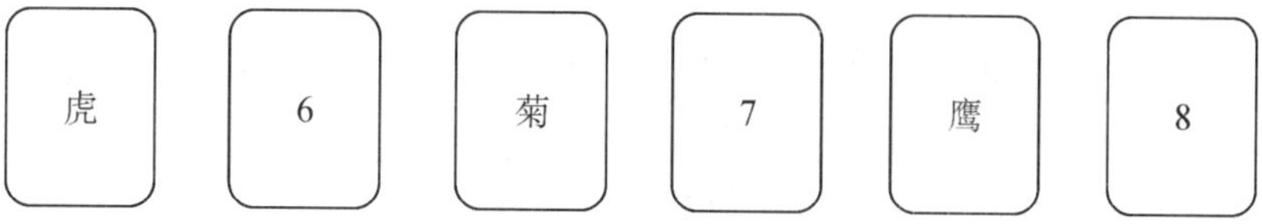

对于上述6张卡片，如果要验证“每张至少有一面印的是偶数或者花卉”，至少需要翻看几张卡片?

A. 2。

B. 3。

C. 4。

D. 5。

E. 6。

41. 某地人才市场招聘保洁、物业、网管、销售等4种岗位的从业者，有甲、乙、丙、丁4位年轻人前来应聘。事后所知，每人只选择一种岗位应聘，且每种岗位都有其中一人应聘。另外，还知道：

(1) 如果丁应聘网管，那么甲应聘物业；

(2) 如果乙不应聘保洁，那么甲应聘保洁且丙应聘销售；

(3) 如果乙应聘保洁，那么丙应聘销售，丁也应聘保洁。

根据以上陈述，可以得出以下哪项?

A. 甲应聘物业岗位。

B. 丁应聘销售岗位。

C. 丙应聘保洁岗位。

D. 甲应聘网管岗位。

E. 乙应聘网管岗位。

42. 旅游是一种独特的文化体验。游客可以跟团游，也可以自由行。自由行游客虽避免了跟团游的集体束缚，但也放弃了人工导游的全程讲解，而近年来他们了解旅游景点的文化需求却有增无减。为适应这一市场需求，基于手机平台的多款智能导游APP被开发出来。它们可定位用户位置，自动提供景点讲解、游览问答等功能。有专家就此提出，未来智能导游必然会取代人工导游，传统的导游职业将消亡。

以下哪项如果为真，最能质疑上述专家的论断?

A. 目前发展较好的智能导游APP用户量在百万级左右，这与当前中国旅游人数总量相比还只是一个很小的比例，市场还没有培养出用户的普遍消费习惯。

B. 旅行中才会使用的智能导游APP，如何保持用户黏性、未来又如何取得商业价值等都是待解问题。

C. 好的人工导游可以根据游客需求进行不同类型的讲解，不仅关注景点，还可表达观点，个性化很强，这是智能导游APP难以企及的。

D. 国内景区配备的人工导游需要收费，大部分导游讲解的内容都是事先背好的标准化内容。但是，即便人工导游没有特色，其退出市场也需要一定的时间。

E. 至少有95%的国外景点所配备的导游讲解器没有中文语音，中国出境游客因为语言和文化上的差异，对智能导游APP的需求比较强烈。

43. 甲：上周去医院，给我看病的医生竟然还在抽烟。

乙：所有抽烟的医生都不关心自己的健康，而不关心自己健康的人也不会关心他人的健康。

甲：是的，不关心他人健康的医生没有医德。我今后再也不会让没有医德的医生给我看病了。

根据上述信息，以下除了哪项，其余各项均可得出？

A. 乙认为上周给甲看病的医生不会关心乙的健康。

B. 甲认为他不会再找抽烟的医生看病。

C. 甲认为上周给他看病的医生不会关心甲的健康。

D. 甲认为上周给他看病的医生不会关心医生自己的健康。

E. 乙认为上周给甲看病的医生没有医德。

44. 得道者多助，失道者寡助。寡助之至，亲戚畔之；多助之至，天下顺之。以天下之所顺，攻亲戚之所畔，故君子有不战，战必胜矣。

以下哪项是上述论证所隐含的前提？

A. 得道者必胜失道者。

B. 失道者必定得不到帮助。

C. 君子是得道者。

D. 失道者亲戚畔之。

E. 得道者多，则天下太平。

45. 如今，孩子写作业不仅仅是他们自己的事，大多数中小学生的家长都要面临陪孩子写作业的任务，包括给孩子听写、检查作业、签字等。一项针对 3 000 余名家长进行的调查显示，84%的家长每天都会陪孩子写作业，而 67%的受访家长会因陪孩子写作业而烦恼。有专家对此指出，家长陪孩子写作业，相当于充当学校老师的助理，让家庭成为课堂的延伸，会对孩子的成长产生不利影响。

以下哪项如果为真，最能支持上述专家的论断？

A. 大多数家长在孩子教育上并不是行家，他们或者早已遗忘了自己曾经学过的知识，或者根本不知道如何将自己拥有的知识传授给孩子。

B. 家长陪孩子写作业，会使得孩子在学习中缺乏独立性和主动性，整天处于老师和家长的双重压力下，既难生发学习兴趣，又难养成独立人格。

C. 家长是最好的老师，家长辅导孩子获得各种知识本来就是家庭教育的应有之义，对于中低年级的孩子，学习过程中的父母陪伴尤为重要。

D. 家长通常有自己的本职工作，有的晚上要加班，有的即使晚上回家也需要研究工作、操持家务，一般难有精力认真完成学校老师布置的“家长作业”。

E. 家长辅导孩子，不应围绕老师布置的作业，而应着重激发孩子的学习兴趣，培养孩子良好的学习习惯，让孩子在成长中感到新奇、快乐。

46. 我国天山是垂直地带性的典范。已知天山的植被形态分布具有如下特点：

(1) 从低到高有荒漠、森林带、冰雪带等；

(2) 只有经过山地草原，荒漠才能演变成森林带；

(3) 如果不经过森林带，山地草原就不会过渡到山地草甸；

(4) 山地草甸的海拔不比山地草甸草原的低，也不比高寒草甸高。

根据以上信息，关于天山植被形态，按照由低到高排列，以下哪项是不可能的？

A. 荒漠、山地草原、山地草甸草原、森林带、山地草甸、高寒草甸、冰雪带。

B. 荒漠、山地草原、山地草甸草原、高寒草甸、森林带、山地草甸、冰雪带。

C. 荒漠、山地草甸草原、山地草原、森林带、山地草甸、高寒草甸、冰雪带。

D. 荒漠、山地草原、山地草甸草原、森林带、山地草甸、冰雪带、高寒草甸。

E. 荒漠、山地草原、森林带、山地草甸草原、山地草甸、高寒草甸、冰雪带。

47. 某大学读书会开展“一月一书”活动。读书会成员甲、乙、丙、丁、戊 5 人在《论语》《史记》《唐诗三百首》《奥德赛》《资本论》中各选一种阅读，互不重复。已知：

(1) 甲爱读历史，会在《史记》和《奥德赛》中挑一本；

(2) 乙和丁只爱读中国古代经典，但现在都没有读诗的心情；

(3) 如果乙选《论语》，则戊选《史记》。

事实上，各人都选了自己喜爱的书目。根据上述信息，可以得出以下哪项？

A. 乙选《奥德赛》。

B. 戊选《资本论》。

C. 丙选《唐诗三百首》。

D. 甲选《史记》。

E. 丁选《论语》。

48. 如果一个人只为自己劳动，他也许能够成为著名学者、大哲人、卓越诗人，然而他永远不能成为完美无暇的伟大人物。如果我们选择了最能为人类福利而劳动的职业，那么，重担就不能把我们压倒，因为这是为大家而献身；那时我们所感到的就不是可怜的、有限的、自私的乐趣，我们的幸福将属于千百万人，我们的事业将默默地、但是永恒发挥作用地存在下去，而面对我们的骨灰，高尚的人们将洒下热泪。

根据以上陈述，可以得出以下哪项？

A. 如果我们只为自己劳动，我们的事业就不会默默地、但是永恒发挥作用地存在下去。

B. 如果我们为大家而献身，我们的幸福将属于千百万人，面对我们的骨灰，高尚的人们将洒下热泪。

C. 如果我们没有选择最能为人类福利而劳动的职业，我们所感到的就是可怜的、有限的、自私的乐趣。

D. 如果一个人只为自己劳动，不是为大家而献身，那么重担就能将他压倒。

E. 如果选择了最能为人类福利而劳动的职业，我们就不但能够成为著名学者、大哲人、卓越诗人，而且还能够成为完美无瑕的伟大人物。

49~50 基于以下题干：

某食堂采购 4 类（各种蔬菜名称的后一个字相同，即为一类）共 12 种蔬菜：芹菜、菠菜、韭菜、青椒、红椒、黄椒、黄瓜、冬瓜、丝瓜、扁豆、毛豆、豇豆，并根据若干条件将其分成 3 组，准备在早、中、晚三餐中分别使用。已知条件如下：

（1）同一类别的蔬菜不在一组；

（2）芹菜不能在黄椒那一组，冬瓜不能在扁豆那一组；

（3）毛豆必须与红椒或韭菜同一组；

（4）黄椒必须与豇豆同一组。

49. 根据以上信息，可以得出以下哪项？

A. 冬瓜与青椒不在同一组。

B. 丝瓜与韭菜不在同一组。

C. 芹菜与毛豆不在同一组。

D. 芹菜与豇豆不在同一组。

E. 菠菜与扁豆不在同一组。

50. 如果韭菜、青椒与黄瓜在同一组，则可以得出以下哪项？

A. 菠菜、冬瓜与豇豆在同一组。

B. 韭菜、黄瓜与毛豆在同一组。

C. 芹菜、红椒与丝瓜在同一组。

D. 菠菜、黄椒与豇豆在同一组。

E. 芹菜、红椒与扁豆在同一组。

51.《淮南子·齐俗训》中有曰："今屠牛而烹其肉，或以为酸，或以为甘，煎熬燎炙，齐味万方，其本一牛之体。"其中的"熬"便是熬牛制汤的意思。这是考证牛肉汤做法的最早文献资料，某民俗专家由此推测，牛肉汤的起源不会晚于春秋战国时期。

以下哪项如果为真，最能支持上述推测？

A.《淮南子》的作者中有来自齐国故地的人。

B. 早在春秋战国时期，我国已经开始使用耕牛。

C.《淮南子·齐俗训》记述的是春秋战国时期齐国的风俗习惯。

D.《淮南子·齐俗训》完成于西汉时期。

E. 春秋战国时期我国已经有熬汤的鼎器。

52. 某研究机构以约 2 万名 65 岁以上的老人为对象，调查了笑的频率与健康的关系。结果显示，在不苟言笑的老人中，认为自身现在的健康状态"不怎么好"和"不好"的比例分别是几乎每天都笑的老人的 1.5 倍和 1.8 倍。爱笑的老人对自我健康状态的评价往往较高。他们由此认为，爱笑的老人更健康。

以下哪项如果为真，最能质疑上述调查者的观点？

A. 病痛的折磨使得部分老人对自我健康状态的评价不高。

B. 良好的家庭氛围使得老年人生活更乐观，身体更健康。

C. 身体健康的老年人中，女性爱笑的比例比男性高 10 个百分点。

D. 老年人的自我健康评价往往和他们实际的健康状况之间存在一定的差距。

E. 乐观的老年人比悲观的老年人更长寿。

53. 阔叶树的降尘优势明显，吸附 PM2.5 的效果最好。一棵阔叶树一年的平均滞尘量达 3.16 公斤。针叶树叶面积小，吸附 PM2.5 功能较弱。全年平均下来，阔叶林的吸尘效果要比针叶林强不少，阔叶林也比灌木和草的吸尘效果好得多。以北京常见的针叶树国槐为例，成片的国槐吸尘效果比同等面积的普通草地约高 30%。有些人据此认为，为了降尘，北京应大力推广阔叶林，并尽量减少针叶林面积。

以下哪项如果为真，最能削弱上述有关人员的观点？

A. 植树造林既要治理 PM2.5，也要治理其他污染物，需要合理布局。

B. 阔叶林与针叶林比例失调，不仅极易暴发病虫害、火灾等，还会影响林木的生长和健康。

C. 建造通风走廊，能把城市和郊区的森林连接起来，让清新的空气吹入，降低城区的 PM2.5。

D. 阔叶树冬天落叶，在寒冷的冬季，其养护成本远高于针叶树。

E. 针叶树冬天虽然不落叶，但基本处于“休眠”状态，生物活性差。

54~55 题基于以下题干：

某园艺公司打算在如下形状的花圃中栽种玫瑰、兰花、菊花三个品种的花卉，该花圃的形状如下所示：

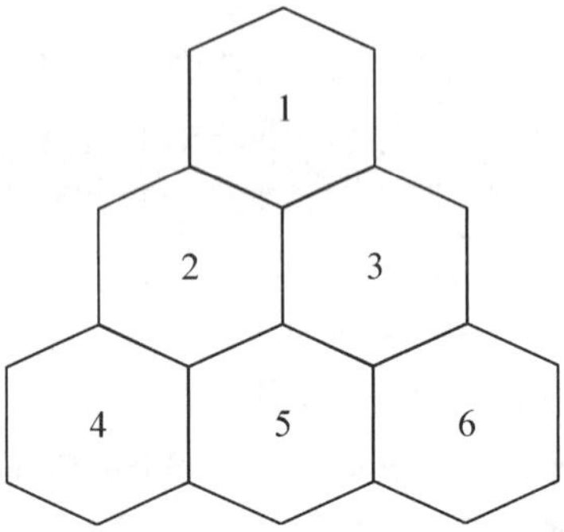

拟栽种的玫瑰有紫、红、白 3 种颜色，兰花有红、白、黄 3 种颜色，菊花有白、黄、蓝 3 种颜色，栽种需满足如下要求：

(1) 每个六边形格子中仅栽种一个品种、一个颜色的花；

(2) 每个品种只栽种两种颜色的花；

(3) 相邻格子的花，其品种与颜色均不相同。

54. 若格子 5 中是红色的花，则以下哪项是不可能的？

A. 格子 2 中是紫色的玫瑰。

B. 格子 1 中是白色的兰花。

C. 格子 1 中是白色的菊花。

D. 格子 4 中是白色的兰花。
E. 格子 6 中是蓝色的菊花。

55. 若格子 5 中是红色的玫瑰，且格子 3 中是黄色的花，则可以得出以下哪项？
A. 格子 1 中是紫色的玫瑰。
B. 格子 4 中是白色的菊花。
C. 格子 2 中是白色的菊花。
D. 格子 4 中是白色的兰花。
E. 格子 6 中是蓝色的菊花。

四、写作：第 56~57 小题共 65 分。其中论证有效性分析 30 分，论说文 35 分。请在答题纸上完成。

56. 论证有效性分析：分析下述论证中存在的缺陷和漏洞，选择若干要点，写一篇 600 字左右的文章，对论证的有效性进行分析和评论（论证有效性分析的一般要点是：概念特别是核心概念的界定和使用是否准确并前后一致，有无各种明显的逻辑错误，论证的论据是否成立并支持结论，结论成立的条件是否充分等）。

有人认为选择越多越快乐，其理由是：人的选择越多就越自由，其自主性就越高，就越感到幸福和满足，所以就越快乐。其实，选择越多可能会越痛苦。

常言道："知足常乐。"一个人知足了才会感到快乐。世界上的事物是无穷的，所以选择也是无穷的。所谓"选择越多越快乐"，意味着只有无穷的选择才能使人感到最快乐。而追求无穷的选择就是不知足，不知足者就不会感到快乐，那就只会感到痛苦。

再说，在做出每一选择时，我们首先需要对各个选项进行考察分析，然后再进行判断决策。选择越多，我们在考察分析选项时势必付出更多的精力，也就势必带来更多的烦恼和痛苦。事实也正是如此。我们在做考卷中的选择题时，选项越多选择起来就越麻烦，也就越感到痛苦。

还有，选择越多，选择时产生失误的概率就越高，由于失误而产生的后悔就越多，因而产生的痛苦也就越多。有人因为飞机晚点而后悔没选坐高铁，就是可选交通工具多样而造成的。如果没有高铁可选，就不会有这种后悔和痛苦。

退一步说，即使其选择没有绝对的对错之分，也肯定有优劣之分。人们做出某一选择后，可能会觉得自己的选择并非最优而产生懊悔。从这种意义上说，选择越多，懊悔的概率就越大，也就越痛苦。很多股民懊悔自己没有选好股票而未赚到更多的钱，从而痛苦不已，无疑是因为可选购的股票太多而造成的。

57. 论说文：根据下述材料，自拟题目，写一篇 700 字左右的论说文。

知识的真理性只有经过检验才能得到证明。论辩是纠正错误的重要途径之一，不同观点的冲突会暴露错误而发现真理。

2019年管理类综合能力试题解析

答案速查

1-5	CBCDE	6-10	DDBEB	11-15	EDCDA
16-20	CDACD	21-25	BECAA		
26-30	AAECD	31-35	BEDEB	36-40	ACDAB
41-45	ECECB	46-50	BEBDD	51-55	CDBCD

数学部分

1.【答案】C

【考点】应用题 工程问题

【解析】设工作总量为10，则原来工作效率为1.

由题意，工作3天后剩余的工作量为7，需要在5天完成，则后5天的工作效率为 $\frac{7}{5}=1.4$，即工作效率需要提高 $\frac{1.4-1}{1}\times 100\%=40\%$.

2.【答案】B

【考点】实数 均值不等式

【解析】由均值不等式可得，$f(x)=2x+\frac{a}{x^2}=x+x+\frac{a}{x^2}\geqslant 3\sqrt[3]{x\cdot x\cdot\frac{a}{x^2}}=3\sqrt[3]{a}$，即最小值 $f(x_0)=3\sqrt[3]{a}=12\Rightarrow a=64$，当且仅当 $x_0=\frac{a}{x_0^2}$ 时取得最小值，即 $x_0^3=a=64\Rightarrow x_0=4$.

3.【答案】C

【考点】数据描述 图表类

【解析】由图可知：男观众一、二、三月份的人数分别为5、4、3，女观众一、二、三月份的人数分别为6、3、4，则一季度男、女观众人数之比为 $(5+4+3):(6+3+4)=12:13$.

4.【答案】D

【考点】实数 绝对值 定义

【解析】设 $a>b>0$，则 $|a+b|+|a-b|=a+b+a-b=2a=6\Rightarrow a=3$，由 $ab=6$，可得 $b=2$.

将 $a=3$，$b=2$ 代入得：$a^2+b^2=3^2+2^2=13$.

【技巧点睛】取特值：$a=3$，$b=2$，满足条件，故 $a^2+b^2=3^2+2^2=13$.

5.【答案】E

【考点】解析几何 对称问题

【解析】两圆关于直线对称，则两圆的半径相同，且圆心关于直线对称.

圆 $(x-5)^2+y^2=2$ 的半径为 $\sqrt{2}$，而五个选项中圆半径都是 $\sqrt{2}$，故只需要找到圆心 $(5,0)$ 关于直线 $y=2x$ 的对称点，这就是圆 C 的圆心. 设圆 C 的圆心坐标为 (a,b)，根据对称关系得

$$\begin{cases}\dfrac{b+0}{2}=2\times\dfrac{a+5}{2}\\ \dfrac{b-0}{a-5}\times 2=-1\end{cases}，解得 \begin{cases}a=-3\\ b=4\end{cases}，故圆 C 的圆心为 (-3,4).$$

【技巧点睛】直接画草图，圆 C 的圆心应该在第二象限，排除 A、C、D，然后只验证 B、E.

6.【答案】D

【考点】应用题 植树问题

【解析】设正方形的边长为 a，树苗有 x 棵.

若每隔 3 米种一棵树，余 10 棵，则 4 条边共种了 $x-10$ 棵，有 $x-10$ 段，故 $3\times(x-10)=4a$.

若每隔 2 米种一棵树，则 3 条边共种了 x 棵树，有 $x-1$ 段，故 $2\times(x-1)=3a$.

联解两个方程得 $a=\dfrac{3\times(x-10)}{4}=\dfrac{2\times(x-1)}{3}$，解得 $x=82$.

【提示】环形种树，树的棵数=段数；直线种树，树的棵数=段数+1.

7.【答案】D

【考点】概率 古典概型

【解析】甲任取 1 张，乙从剩下的 5 张中任取 2 张有 $C_6^1\cdot C_5^2=60$ 种.

因为正面求解较为繁琐，故考虑从反面求解，即求“乙的卡片数字之和≤甲的卡片数字”，可用穷举法.

①当甲取 6 时，则乙可以取 1+2、1+3、1+4、1+5、2+3、2+4，此时有 6 种.

②当甲取 5 时，则乙可以取 1+2、1+3、1+4、2+3，此时有 4 种.

③当甲取 4 时，则乙可以取 1+2、1+3，此时有 2 种.

④当甲取 3 时，则乙可以取 1+2，此时有 1 种，

共有 $6+4+2+1=13$ 种，故所求概率 $p=1-\dfrac{13}{60}=\dfrac{47}{60}$.

8.【答案】B

【考点】数据描述 均值、方差

【解析】语文成绩以 90 为基数，则语文成绩（大于基数 90 的差为正值，小于 90 的差为负值）可

记为 0，2，4，-2，-4，5，-3，-1，1，3.

因此语文的平均成绩为 $E_1 = 90 + \frac{0+2+4-2-4+5-3-1+1+3}{10} = 90 + \frac{5}{10} = 90.5$.

同理，数学的平均成绩为 $E_2 = 89$，故 $E_1 > E_2$.

通过观察可知，语文成绩的离散程度小于数学成绩的离散程度，故有 $\sigma_1 < \sigma_2$.

9.【答案】E

【考点】立体几何 切割、拼接、组合体 组合体

【解析】当正方体顶部 4 个顶点，都顶在球面上，成为上半球的内接正方体，此时正方体棱长最大. 在下半球再作一个相同的正方体，即可看成“球为上下两个相同正方体组成的长方体的外接球”. 由长方体的体对角线等于球的直径，可得 $\sqrt{a^2+a^2+(2a)^2} = 2\times 3$（其中 a 为正方体的棱长），得 $a^2 = 6$. 此时正方体的表面积为 $S = 6a^2 = 36$.

10.【答案】B

【考点】平面几何 三角形 性质

【解析】如图，延长 AD 到 E，使 $AD = DE$，连接 BE，CE，则 $ABEC$ 是平行四边形.

方法一：平行四边形对角线定理

有 $AE^2 + BC^2 = AB^2 + BE^2 + EC^2 + CA^2 = 2AB^2 + 2AC^2$，则

$AE^2 = 2AB^2 + 2AC^2 - BC^2 = 2\times 4^2 + 2\times 6^2 - 8^2 = 40$，得 $AD = \frac{1}{2}AE = \sqrt{10}$.

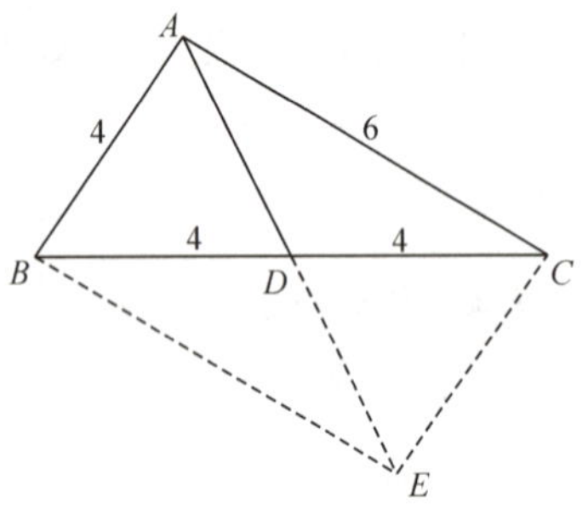

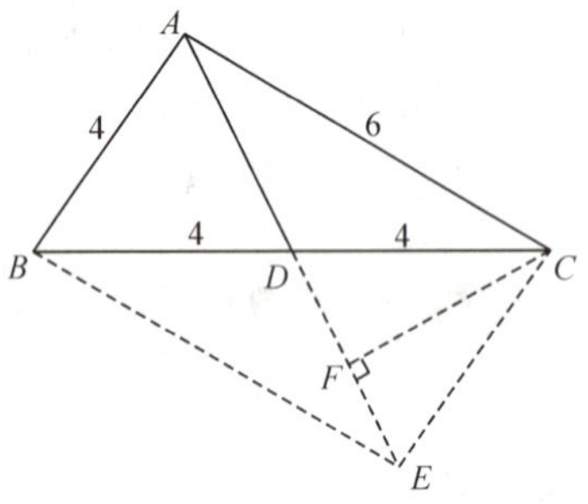

方法二：如图作 $CF \perp DE$，由 $CD = CE = 4$ 得 F 为 DE 的中点，设 $DF = FE = x$，则 $AD = 2x$.

在直角 $\triangle AFC$ 中，$CF^2 = AC^2 - AF^2 = 6^2 - (3x)^2$，

在直角 $\triangle EFC$ 中，$CF^2 = CE^2 - EF^2 = 4^2 - x^2$，

故 $6^2 - (3x)^2 = 4^2 - x^2$，解得 $x = \frac{\sqrt{10}}{2}$，则 $AD = 2x = \sqrt{10}$.

方法三：如图作 $AE \perp BC$，由 $CD = BD = 4$，设 $DE = x$.

在直角 $\triangle AEB$ 中，$AE^2 = AB^2 - BE^2 = 4^2 - (4-x)^2$，

在直角 $\triangle AEC$ 中，$AE^2 = AC^2 - EC^2 = 6^2 - (4+x)^2$，

故 $4^2 - (4-x)^2 = 6^2 - (4+x)^2$，解得 $x = \frac{5}{4}$，$AE^2 = AB^2 - BE^2 = 4^2 - (4-x)^2 = \frac{135}{16}$，

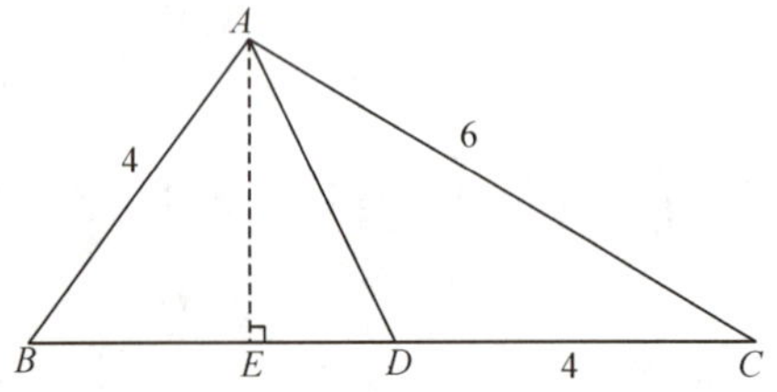

在直角 $\triangle AED$ 中，$AD^2=AE^2+ED^2=\frac{135}{16}+\left(\frac{5}{4}\right)^2=10$，则 $AD=\sqrt{10}$.

11. 【答案】E

【考点】应用题 工程问题

【解析】设工作总量为1，甲、乙工效分别为 x，y，每天的费用分别为 a，b 万元，则

工作总量 $\begin{cases}6x+6y=1\\4x+9y=1\end{cases}\Rightarrow\begin{cases}x=\frac{1}{10}\\y=\frac{1}{15}\end{cases}$，工作费用 $\begin{cases}6a+6b=2.4\\4a+9b=2.35\end{cases}\Rightarrow\begin{cases}a=0.25\\b=0.15\end{cases}$，

因此，甲单独完成该项目需要10天，费用为 $0.25\times10=2.5$.

12. 【答案】D

【考点】立体几何 切割、拼接、组合体 切割

【解析】由题意，六边形 $ABCDEF$ 为正六边形，且边长为 $\sqrt{2}$，可转化为6个边长为 $\sqrt{2}$ 的等边三角形，则该正六边形的面积为 $S=6\times\frac{\sqrt{3}}{4}\times(\sqrt{2})^2=3\sqrt{3}$.

13. 【答案】C

【考点】应用题 行程问题 一般行程

【解析】路程即为图中梯形面积：$S=\frac{1}{2}[(0.8-0.2)+1]\cdot V_0=72\Rightarrow V_0=90$.

14. 【答案】D

【考点】排列组合 两大原理

【解析】**方法一（正面分类）**：先从5个学科选出2个学科，再从选出的2个学科中各选一人，有 $C_5^2C_2^1C_2^1=10\times2\times2=40$ 种.

方法二（反面求解）：全部的情况数减去来自同一学科的情况数，即 $C_{10}^2-5=40$ 种.

15. 【答案】A

【考点】数列 递推数列

【解析】**方法一（穷举找规律）**：$a_1=0=2^0-1$，$a_2=1=2^1-1$，$a_3=3=2^2-1$，…，易知 $a_{100}=2^{99}-1$.

方法二：已知 $a_{n+1}-2a_n=1$，得 $a_{n+1}+1=2(a_n+1)$，则数列 $\{a_n+1\}$ 是首项为 $a_1+1=1$，公比为2的等比数列，则数列 $\{a_n+1\}$ 的通项公式为 $a_n+1=1\times2^{n-1}\Rightarrow a_n=2^{n-1}-1$，故 $a_{100}=2^{99}-1$.

16. 【答案】C

【考点】应用题 不定方程

【解析】设甲、乙、丙的图书数量分别为 x，y，z（$x\leqslant10$，$y\leqslant10$，$z\leqslant10$）.

由题意 $x+2$，y，z 成等比数列，则 $y^2=(x+2)\times z$.

条件（1），特值证否，当 $y=3$，满足条件的等比数列有3，3，3和9，3，1，即 x 的值可为1或

7，不唯一，故不充分.

条件（2），特值证否，当 $z=1$，满足条件的等比数列有4，2，1和9，3，1，即 x 的值可为2或7，不唯一，故不充分.

联合条件（1）（2），若已知 y，z 的值，则解方程 $y^2=(x+2)\times z$，得 $x=\frac{y^2}{z}-2$，是唯一解，故联合充分，故选 C.

17.【答案】D

【考点】概率 独立事件

【解析】至少有1张中奖即可，故反面考虑，获奖的概率 $P=1-(1-p)(1-q)=p+q-pq$.

条件（1），由均值不等式有 $1=p+q\geqslant 2\sqrt{pq}\Rightarrow pq\leqslant\frac{1}{4}$，则 $P=p+q-pq=1-pq\geqslant\frac{3}{4}$，充分.

条件（2），由均值不等式有 $p+q\geqslant 2\sqrt{pq}=2\sqrt{\frac{1}{4}}=1$，则 $P=p+q-pq\geqslant 1-\frac{1}{4}=\frac{3}{4}$，充分，故选 D.

18.【答案】A

【考点】解析几何 直线与圆的位置关系

【解析】圆的标准方程为 $(x-2)^2+y^2=1$，圆心为 $(2,0)$，半径 $r=1$，直线的一般方程为 $kx-y=0$. 直线与圆有两个交点，则圆心到直线的距离小于半径，即 $d=\frac{|2k-0|}{\sqrt{k^2+(-1)^2}}<r=1$，解得 $-\frac{\sqrt{3}}{3}<k<\frac{\sqrt{3}}{3}$. 条件（1）为上述结论的子集，充分.

条件（2）不是上述结论的子集，不充分，故选 A.

【技巧点睛】临界值法：直接画图，求直线与圆相切时其斜率 k 的值.

19.【答案】C

【考点】应用题 不定方程

【解析】两条件单独均无法唯一确定小明的年龄，故需联合.

方法一（穷举法）：由题意，小明的年龄只可能为：1，4，9，16，25，36，49，64，81，100，这10个数中相差20的只有16和36，故小明的年龄唯一确定为16岁，充分.

方法二：设小明今年年龄为 a^2，20年后年龄为 b^2，则 $b^2-a^2=20$（a，b 均为正整数），整理可得 $(b-a)(b+a)=20$. 则 $\begin{cases}b-a=1\\b+a=20\end{cases}$ 或 $\begin{cases}b-a=2\\b+a=10\end{cases}$ 或 $\begin{cases}b-a=4\\b+a=5\end{cases}$，再由 $b-a$ 与 $b+a$ 的奇偶性一致，只有 $\begin{cases}b-a=2\\b+a=10\end{cases}$ 成立，解得 $\begin{cases}a=4\\b=6\end{cases}$，则小明的年龄唯一确定为 $a^2=16$，故选 C.

20.【答案】D

【考点】函数方程不等式 二次方程 根的判别式

【解析】方程 $x^2+ax+b-1=0$ 根的判别式为 $\Delta=a^2-4(b-1)=a^2-4b+4$.

条件（1），$a+b=0\Rightarrow b=-a$，$\Delta=a^2+4a+4=(a+2)^2\geqslant 0$，方程有实根，充分.

条件（2），$a-b=0 \Rightarrow b=a$，$\Delta=a^2-4a+4=(a-2)^2 \geqslant 0$，方程有实根，充分，故选 D.

21.【答案】B

【考点】平面几何 三角形 等底等高

【解析】由图形可知，无论 O 在线段 BC 上哪个位置，$\triangle AOD$ 的面积都等于正方形 $ABCD$ 面积的一半. 又 P 为 AO 的中点，则 $S_{\triangle POD}=S_{\triangle PAD}$，即 $S_{\triangle POD}=\frac{1}{2}S_{\triangle AOD}=\frac{1}{4}S_{正ABCD}$.

条件（1），O 在 BC 不影响 $\triangle PQD$ 的面积，故不充分.

条件（2），由题意，$OQ:QD=2:1$，故 $S_{\triangle PQD}=\frac{1}{3}S_{\triangle POD}=\frac{1}{12}S_{正ABCD}$，能确定面积，充分，故选 B.

22.【答案】E

【考点】实数 带余除法

【解析】条件（1），特值证否，假设已知 n 除以 2 的余数为 1，则 n 可以取 7，9，除以 5 的余数分别为 2，4，不唯一，故不充分.

条件（2），特值证否，假设已知 n 除以 3 的余数为 1，则 n 可以取 7，10，除以 5 的余数分别为 2，0，不唯一，故不充分.

联合（1）（2），特值证否，假设已知 n 除以 2，3 的余数都是 0，则 n 可以取 6，12，除以 5 的余数分别为 1，2，不唯一，不充分，故选 E.

23.【答案】C

【考点】数据描述 均值、方差

【解析】要想确定理学院平均分的变化情况，则必须要知道所有系录取平均分的变化情况.

单独看条件（1）和（2）都只知道两个系平均分的变化情况，变量不足，单独都不充分.

联合（1）（2），总分变化为：$60\times3+120\times0+90\times1-60\times2-30\times4=30>0$，即总分提高 30 分，而人数不变，因此理学院录取平均分升高了，联合充分，故选 C.

24.【答案】A

【考点】解析几何 最值问题

【解析】$\lg(x^2+y^2)=2 \Leftrightarrow x^2+y^2=10^2$，表示以原点为圆心，10 为半径的圆. 则结论 $\lg(x^2+y^2) \leqslant 2$ 表示区域 D 在圆 $x^2+y^2=10^2$ 圆周及圆的内部.

画图分析，已知两条直线 $x+8y-56=0$ 和 $x-6y+42=0$ 的交点为 $A(0,7)$，而第三条直线 $kx-y+8-6k=0(k<0)$ 为变化直线，等价于 $k(x-6)+(8-y)=0$，表示过定点 $B(6,8)$ 的直线簇.

而点 $B(6,8)$ 正好在直线 $x-6y+42=0$ 和圆 $x^2+y^2=10^2$ 上.

观察条件（1）（2），$k=-1$ 是一个分界点，此时 $kx-y+8-6k=0(k<0)$ 为 $x+y=14$，联立 $\begin{cases}x+8y-56=0\\x+y=14\end{cases}$，解得 $\begin{cases}x=8\\y=6\end{cases}$，即两直线交点为 $C(8,6)$，也正好在圆 $x^2+y^2=10^2$ 上.

作图如下：

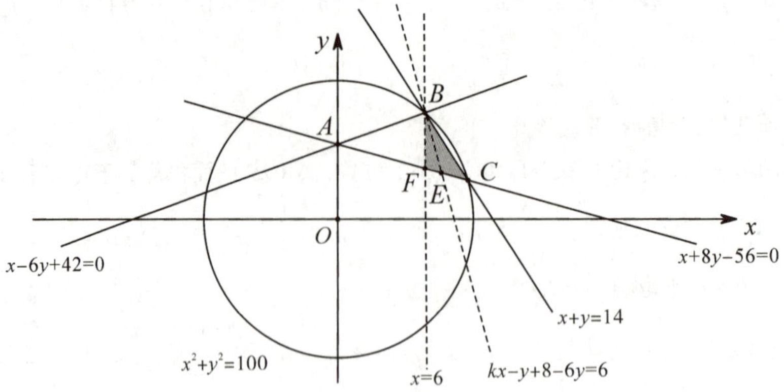

直线 $kx-y+8-6k=0$ 等价于 $y=kx+(8-6k)$，即 k 为直线簇的斜率，由于 $k<0$，则区域 D 为图中 $\triangle BFE$，在圆 $x^2+y^2=10^2$ 的内部. 因此当直线 $kx-y+8-6k=0$ 绕定点 $B(6,8)$ 旋转时，E 必在 C、F 之间，此时 $k\leqslant-1$，故选 A.

25.【答案】A

【考点】数列 等差数列 判定

【解析】等差数列的前 n 项和公式 $S_n=na_1+\frac{n(n-1)}{2}d=\frac{d}{2}n^2+\left(a_1-\frac{d}{2}\right)n$，可知等差数列的前 n 项和公式特征为：关于项数 n 的一元二次函数，且无常数项.

因此条件（1）充分，条件（2）不充分，故选 A.

逻辑部分

26.【答案】A

【考点】形式逻辑 假言命题 求真

【解析】题干条件如下：

①低质量→过剩；

②更新→非过剩；

②+①更新→非过剩→非低质量。

A 更新→非低质量，正确。

B、C、D、E 无法确定。

故选 A 选项。

27.【答案】A

【考点】非形式逻辑 支持 论证支持

【解析】题干论证如下：

论据：人们手持长矛，追赶猎物。

论点：人类已经居于食物链的顶端。

A 说明使用工具代表着人类可以猎杀其他动物，而不是其他动物追杀人类，建立了论据和论点之间的联系，可以支持。
B 宗教没有提及过，无关选项。
C 并不代表人类处于食物链顶端，无关选项。
D 人类需要避免被猎杀不代表就处于食物链顶端，无关选项。
E 题干讨论的是居于食物链顶端，和提高生存能力无关。
故选 A 选项。

28. 【答案】E
【考点】分析推理 综合推理
【解析】题干条件如下：
（1）王维→辛弃疾；
（2）刘禹锡→岳飞；
（3）杜甫→苏轼。
问题部分出现了确定性条件，已知李诗不爱好苏轼和辛弃疾。
根据条件（1）逆否命题，非辛弃疾→非王维，李诗不爱好王维；
根据条件（3）逆否命题，非苏轼→非杜甫，李诗不爱好杜甫；
根据题干中“每人喜爱的唐诗作者和自己不同姓”可知，李诗不爱好李白；
所以李诗喜爱刘禹锡。根据条件（2），刘禹锡→岳飞。
故选 E 选项。

29. 【答案】C
【考点】非形式逻辑 假设 搭桥假设
【解析】题干论证如下：
论据：猫的大脑皮层神经细胞的数量只有普通金毛犬的一半。
论点：狗比猫更聪明。
只需建立大脑皮层神经细胞多少和聪明之间的联系。
故选 C 选项。

30. 【答案】D
【考点】分析推理 综合推理
【解析】题干条件如下：
（1）陈甲→邓丁∧非张己；
（2）傅乙∨赵丙→非刘戊。
找出不矛盾的选项，用排除的方式。
A 根据（2）有赵丙就不能有刘戊，排除。
B 根据（1）有陈甲时，必须有邓丁，排除。
C 根据（2）有傅乙就不能有刘戊，排除。
D 不矛盾，这种情况可以成立。
E 根据（2）有赵丙就不能有刘戊，排除。
故选 D 选项。

31.【答案】B

【考点】分析推理 综合推理

【解析】题干条件如下：

（1）陈甲→邓丁∧非张己；

（2）傅乙∨赵丙→非刘戊。

问法中附加条件：陈甲∨刘戊，则会有三种情况存在

只选陈甲	根据（1）推出：邓丁∧非张己
只选刘戊	根据（2）逆否推出：非傅乙∧非赵丙，共选3人没有选陈甲，则一定选邓丁
陈甲、刘戊	结合以上两种情况必定有邓丁

故选B选项。

32.【答案】E

【考点】非形式逻辑 支持 目的措施支持

【解析】题干论证如下：

论据：科学研究表明，熬夜有损身体健康。

论点：科学家建议，人们应该遵守作息规律。

（目的：身体健康；措施：遵守作息规律）

A 睡眠少会让体重增加，支持力度有限。

B 熬夜会让人思维下降、情绪失控，支持力度有限。

C 无关选项。

D 睡眠不足缺乏魅力，支持力度有限。

E 缺乏睡眠可以导致各种疾病，甚至意外伤害和死亡，相较于A、B、D而言，对身体危害最大，力度最强，因而当选。

故选E选项。

33.【答案】D

【考点】非形式逻辑 支持 论证支持

【解析】根据观察可以发现，②、④结构一致，应该为并列关系，可以以此排除B、E。

通过逻辑关系发现，③是②的原因，⑤是④的原因。①是主论点。

故选D选项。

34.【答案】E

【考点】非形式逻辑 支持 论证支持

【解析】题干论证如下：

论据：母亲与婴儿对视，双方脑电波趋于同步。

论点：母亲与婴儿对视有助于婴儿的学习与交流。

论据和论点之间明显有跳跃，建立论据和论点之间联系即可支持。

A 讨论的是两个成年人，主体不一致，无关选项。

B 讨论的是情绪和心率同步，话题不一致。同时，有“可能”，通常不选。

C 讨论的是学生与学科，主体不一致，无关选项。

D 只是简单地重复，两者愿意与对方进行交流。支持力度较弱。

E 脑电波同步，交流更加默契。建立了论据和论点之间的联系，支持。

故选 E 选项。

35. 【答案】 B

【考点】 分析推理 综合推理

【解析】 题干条件如下：

（1） 若字母不连续，则数字和>15；

（2） 若字母连续，则数学和＝15；

（3） 数字和＝18 或<15。

问法中提到可能，通常可以用排除的方法。

A. 1adbe356。字母连续，1+3+5+6＝15，符合条件（2）但不符合条件（3），排除。

B. 37ab26dc。字母不连续，3+7+2+6＝18，符合条件（1）和（3），可能。

C. 2acgf716。字母连续，2+7+1+6＝16，符合条件（1）但不符合条件（3），排除。

D. 58bcde32。字母连续，5+8+3+2＝18，符合条件（3）但不符合条件（2），排除。

E. 18ac42de。字母不连续，1+8+4+2＝15，不符合条件（1）和（3），排除。

故选 B 选项。

36. 【答案】 A

【考点】 分析推理 综合推理

【解析】 题干逻辑如下：

	乐		御	书	
			乐		
射	御	书	①	礼	②
	射			数	礼
御		数			射
					书

题干是一个 6×6 数独。要求每一行，每一列均有 6 个汉字。所以本题应该采用排除法。

第二列 有“乐、御、射”，则第二个字不能为“乐、御、射”，可排除 E；

第四列 有“御、乐”，则第四个字不能为“御、乐”，可排除 C；

第五列 有“书、礼、数”，同理排除 B；

找到提示信息比较多的行做推理，第三行，已经有“射、御、书、礼”四个字了，剩下两个位置应该是“乐、数”。又知，第四列已经有“乐”了，所以位置①应为“数”。因而最后一行第四个字不可能是“数”，排除 D。

故选 A 选项。

37. 【答案】 C

【考点】 分析推理 综合推理

【解析】 题干条件如下：

（1）至少入围6类；
（2）流行、民谣、摇滚至多有两类入围；
（1）+（2）可以分析出，在流行、民谣、摇滚中有一个没有入围；那么，民族、电音、说唱、爵士确定入围；
（3）摇滚∧民族→非电音∨非说唱；
已知电音和说唱要入围了，所以（3）逆否得：电音∧说唱→非摇滚∨非民族；
已知民族已确定入围，那么摇滚没有入围。
故选C选项。

38.【答案】D
【考点】分析推理 真假话
【解析】题干逻辑如下：（1T4F）。
甲：乙；
乙：非乙∧丙；
丙：非丙；
丁：非丁∧甲；
戊：非甲→非丁=甲∨非丁。
将选项代入判断真假，符合1T4F的情况，即为正确选项。

	A. 甲	B. 乙	C. 丙	D. 丁	E. 戊
甲：乙	F	T	F	F	F
乙：非乙∧丙	F	F	T	F	F
丙：非丙	T	T	F	T	T
丁：非丁∧甲	T	F	F	F	F
戊：甲∨非丁	T	T	T	F	T
	3T2F	3T2F	2T3F	1T4F	2T3F

故选D选项。

39.【答案】A
【考点】非形式逻辑 相似 谬误相似
【解析】题干逻辑如下：
题干中赵博士连副教授都没有评上，推出他的观点不能令人信服。犯了“诉诸人身”的错误。
A张某年轻、级别低、提出观点对自己有利，进一步推出她的观点不正确，也是“诉诸人身”。
B、C、D、E都没有“诉诸人身”。
故选A选项。

40.【答案】B
【考点】分析推理 综合推理
【解析】6张卡片，一面汉字（动物或者花卉），一面数字（奇数或偶数）。
验证“每张至少有一面是偶数或者花卉”。对于已经是偶数或花卉的卡片就不需要验证了，只需要验证第1、4、5张，故选B选项。

41.【答案】E

【考点】分析推理　综合推理

【解析】题干条件如下：

（1）丁网管→甲物业；

（2）非乙保洁→甲保洁∧丙销售；

（3）乙保洁→丙销售∧丁保洁。

题干中提到每人只应聘一个岗，每个岗位一个人应聘。

根据（3）如果乙是保洁，那么丁也是保洁，保洁出现了两个人，不成立。因此，乙不是保洁。

根据条件（2），乙不是保洁，那么甲是保洁，丙是销售。

根据（1）的逆否，非甲物业→非丁网管；可以画图：

	保洁	物业	网管	销售
甲	√	×	×	×
乙	×	×	√	×
丙	×	×	×	√
丁	×	√	×	×

四个人的情况，全都判断完毕。

故选 E 选项。

42.【答案】C

【考点】非形式逻辑　削弱　论证削弱

【解析】题干论证如下：

论据：手机智能导游 APP 出现。

论点：未来智能导游必然会取代人工导游，传统的导游职业将消亡。

A 目前比例小，之后是否会比例依旧很小，未知，不能削弱。

B 智能 APP 存在问题，无法判定以后会不会解决并取代人工导游，不能削弱。

C 人工导游个性化强，智能导游 APP 难以替代。说明传统导游不会消亡，可削弱。

D 人工导游有缺点，退出需要时间。但是仍然可能退出市场，不能削弱。

E 智能导游 APP 需求强烈，说明智能导游比人工更好，支持。

故选 C 选项。

43.【答案】E

【考点】非形式逻辑　推论

【解析】题干逻辑如下：

甲：医生吸烟；

乙：吸烟→不关心自己健康→不关心他人健康；

甲：吸烟→不关心自己健康→不关心他人健康→没有医德→不找其看病。

题目要求“除了哪项，其余均可推出”，即选择不能由题干条件推出的选项。

A 乙认为，抽烟→不关心自己的健康，与题干条件一致。

B 甲认为，抽烟→不找其看病。与题干条件一致。
C 甲认为，抽烟→不关心他人健康，与题干条件一致。
D 甲认为，抽烟→不关心自己的健康，与题干条件一致。
E 乙并没有谈到关于医德的问题，因此 E 不对。当选。
故选 E 选项。

44.【答案】C
【考点】非形式逻辑 假设 搭桥假设
【解析】题干论证如下：
论据：得道者→多助；失道者→寡助；寡助之至→亲戚畔之；多助之至→天下顺之。
论点：君子若战必胜。
论据在陈述的都是得道者和失道者，论点却讨论的是君子，所以要将论点和论据之间的隐含假设（也就是找到他们之间的联系）。
C 君子→得道者，得道者→多助，多助→天下顺之，因此，君子若战必胜。
故选 C 选项。

45.【答案】B
【考点】非形式逻辑 支持 论证支持
【解析】题干论证如下：
专家观点：家长陪孩子写作业会对孩子的成长产生不利影响。
若要支持专家观点，则须证明家长陪孩子写作业不利于其成长即可。
A 家长能力有限，不能完成任务，但是没有提及对孩子的成长产生不良影响。
B 家长陪孩子写作业使得孩子缺乏学习兴趣，也不能养成独立的人格，解释了为什么陪孩子学习不利于其成长。支持。
C 说明不会对孩子产生不利影响，削弱。
D 家长不能完成任务，但是没有提及对孩子的成长产生不良影响。
E 家长辅导孩子的重点，无关。
故选 B 选项。

46.【答案】B
【考点】分析推理 排序
【解析】题干条件如下：
（1）按照从低到高，荒漠、森林带、冰雪带；
（2）按照从低到高，荒漠、山地草原、森林带；
（3）按照从低到高，山地草原、森林带、山地草甸；
（4）按照从低到高，山地草甸草原、山地草甸、高寒草甸。
按照上述的要求，符合条件（1）~（4）有多种组合，所以本题应该采用排除法。找出不正确的。
B 选项中山地草甸比高寒草甸高，违背了条件（4），当选。
故选 B 选项。

47.【答案】E

【考点】分析推理 匹配

【解析】题干条件如下（人和书之间一对一的关系）：

（1）甲：《史记》《奥德赛》选一本；

（2）乙和丁：选中国古代经典，而且不是诗。那么应该在《论语》《史记》中每人挑一本；

（3）乙《论语》→戊《史记》。

本题没有可以入手的确定性条件，但是存在约束条件。

根据（2），乙和丁应该在是《论语》和《史记》中每人挑一本。则戊也不会选《史记》。

根据（3），非戊《史记》→非乙《论语》，所以乙不选《论语》。

根据（2），乙不选论语，那么乙选《史记》，丁选《论语》。

故选 E 选项。

48.【答案】B

【考点】形式逻辑 假言命题 求真

【解析】题干条件如下：

①只为自己劳动→学者、大哲人、卓越诗人/非伟大人物；

②为人类福利劳动（为大家献身）→非重担压倒/非可怜的、有限的、自私的乐趣/事业永恒/对骨灰洒下热泪。

A 只为自己劳动→不能永恒发挥，无法确定。

B 为大家献身→对骨灰洒下热泪，符合条件②。

C 非为人类福利劳动→可怜、有限、自私的乐趣，与条件关系不一致。

D 非大家献身→重担压倒，与条件关系不一致。

E 为人类福利而劳动→不是学者、大哲人、卓越的人，无法得出。

故选 B 选项。

49.【答案】D

【考点】分析推理 分组分类

【解析】题干存在条件如下：

12 种蔬菜分成三组：

（1）同类蔬菜不在一组；

（2）芹菜和黄椒不在一组，冬瓜和扁豆不在一组；

（3）毛豆和红椒或韭菜同一组；

（4）黄椒必须和豇豆一组。

条件（4）为确定性条件，可以作为突破口，黄椒和豇豆一组。

再根据条件（2），芹菜不能在黄椒那一组，那么芹菜就不能和豇豆一组。

故选 D 选项。

50.【答案】D

【考点】分析推理 分组分类

【解析】题干条件如下：

12 种蔬菜分成三组，三餐使用；

（1）同类蔬菜不在一组；
（2）芹菜和黄椒不在一组，冬瓜和扁豆不在一组；
（3）毛豆和红椒或韭菜同一组；
（4）黄椒必须和豇豆一组；
韭菜、青椒、黄瓜同一组。设为第 1 组。
根据（1）同类蔬菜不在一组，那么红椒、黄椒不在同一组。
根据（4）和（2）可知，芹菜不在黄椒那一组，那么芹菜和红椒一组。可以列表：

	菜	椒	瓜	豆
1	韭菜	青椒	黄瓜	
2	芹菜	红椒		
3	①菠菜	黄椒		豇豆

列表后发现，第 3 组的菜，应该是①菠菜。
故选 D 选项。

51.【答案】C
【考点】非形式逻辑 支持 论证支持
【解析】题干论证如下：
论据：《淮南子・齐俗训》有最早的“熬”牛肉汤的记载。
论点：牛肉汤的起源不会晚于春秋战国时期。
A 有来自齐国故地的人，不代表书中内容写的是春秋战国时期，不能支持。
B 论证讨论的是牛肉汤，B 选项讨论的是耕牛，无关选项。
C 指出《淮南子・齐俗训》记述的是春秋战国时期齐国的风俗习惯，建立了论据与论点的联系。
D 与书籍完成的时期无关。
E 熬汤的鼎器，跟论证的内容无关。
故选 C 选项。

52.【答案】D
【考点】非形式逻辑 削弱 因果削弱
【解析】题干论证如下：
论据：爱笑的老人对自我健康状态的评价往往较高。
论点：爱笑的老人更健康。
A 部分老人，范围不确定，无法削弱。
B 家庭氛围使老人健康不影响爱笑使老人健康，无法削弱。
C 和性别比例没有关系，无法削弱。
D 老人自我评价的健康，和真实情况有差别。切断了原有论据和论点之间的联系。可以削弱。
E 题干没有对比乐观和悲观谁更长寿，无法削弱。
故选 D 选项。

53.【答案】B

【考点】非形式逻辑 削弱 目的措施削弱

【解析】题干论证如下：

论据：阔叶树的降尘优势明显，吸附 PM2.5 的效果最好。

论点：为了降尘，北京应大力推广阔叶林，并尽量减少针叶林面积。

（目的：降尘；措施：大力推广落叶林，减少针叶林面积）

A 论证未提及治理其他污染物，无关选项。

B 措施不可行。削弱。

C 论证讨论的是降尘，但是 C 选项讨论的是降低 PM2.5。无关选项。

D 目的措施类，与费用无关。

E 题干论证在讨论的是阔叶林，与针叶树无关。

故选 B 选项。

54.【答案】C

【考点】分析推理 综合推理

【解析】题干条件如下：

玫瑰：紫红白；兰花：红白黄；菊花：白黄蓝；

（1）一个格子一种颜色一种花；

（2）每个品种只栽两种颜色；

（3）相邻格子，颜色和品种均不同。

问题部分给出确定条件：5 是红色玫瑰、3 是黄花。找不可能的选项。

根据（3）相邻格子，颜色品种均不同。那么说明，格子 2、格子 3 和格子 5 品种应该完全不同。格子 1、格子 2、格子 3 品种完全不同。那么可以得出格子 1 和格子 5 的品种应该是相同的。

又知格子 5 是红色的花，那么应该是玫瑰或兰花，肯定不是菊花；所以格子 1 也应该是玫瑰或兰花，不会是菊花。

故选 C 选项。

55.【答案】D

【考点】分析推理 综合推理

【解析】题干条件如下：

（1）一个格子一种颜色一种花；

（2）每个品种只栽两种颜色；

（3）相邻格子，颜色和品种均不同。

问题部分给出确定条件：5 是红色玫瑰、3 是黄花。

根据（3）相邻格子，颜色品种均不同，那么与格子 5 相邻的黄色 3 存在 2 种可能：

一、格子 3 是黄色的菊花；

二、格子 3 是黄色的兰花。

当格子 3 是黄色的菊花时，2 只能是白色的兰花，6 也只能时白色的兰花，与题干条件冲突。

当格子 3 是黄色的兰花时，根据相邻格子，颜色品种各不相同可得：4 为白色的兰花。

故选 D 选项。

写作部分

56. 论证有效性分析

<table>
<tr><th colspan="2">选择</th></tr>
<tr><td colspan="2">有人认为选择越多越快乐，其理由是：人的选择越多就越自由，其自主性就越高，就越感到幸福和满足，所以就越快乐。其实，选择越多可能会越痛苦。
①常言道："知足常乐。"一个人知足了才会感到快乐。②世界上的事物是无穷的，③所以选择也是无穷的。④所谓"选择越多越快乐"，意味着只有无穷的选择才能使人感到最快乐。而追求无穷的选择就是不知足，⑤不知足者就不会感到快乐，⑥那就只会感到痛苦。</td></tr>
<tr><td rowspan="2">精析</td><td>中心论点：选择越多可能会越痛苦。</td></tr>
<tr><td>谬误点一：混淆充分必要条件（①）、（④）
"知足常乐"的意思很可能是指"一个人知足了就会感到快乐"，而作者理解为"一个人知足了才会感到快乐"。因此，也推不出后面的"不知足者就不会感到快乐。"<br>"选择越多越快乐"的意思很可能是指"选择越多就越快乐"，而推出"只有无穷的选择才能使人感到最快乐"，是基于可能理解成了"选择越多才越快乐"。
谬误点二：过度推理（②→③）
前者是指的客观存在的无限性，后者是基于有限主体对无限世界的选择角度。人的生命、条件及精力有限，自然选择也有限。因此，致使后面"追求无穷的选择"的前提不成立。
谬误点三：非黑即白（⑤→⑥）
不快乐未必就只会痛苦，快乐和痛苦并非绝对的矛盾关系。</td></tr>
<tr><td colspan="2">再说，在做出每一选择时，我们首先需要对各个选项进行考察分析，然后再进行判断决策。⑦选择越多，我们在考察分析选项时势必付出更多的精力，也就势必带来更多的烦恼和痛苦。⑧事实也正是如此。我们在做考卷中的选择题时，选项越多选择起来就越麻烦，也就越感到痛苦。</td></tr>
<tr><td>精析</td><td>谬误点四：以偏概全（⑧→⑦）
仅凭"做选择题"的例子推不出一般性的结论。
谬误点五：因果无关（或论据存疑）（⑧）
做选择题的选项再多也是有限的，是否痛苦取决于对知识掌握的熟练程度。</td></tr>
<tr><td colspan="2">⑨还有，选择越多，选择时产生失误的概率就越高，由于失误而产生的后悔就越多，因而产生的痛苦也就越多。⑩有人因为飞机晚点而后悔没选坐高铁，就是可选交通工具多样而造成的。如果没有高铁可选，就不会有这种后悔和痛苦。</td></tr>
<tr><td>精析</td><td>谬误点六：以偏概全、自相矛盾（⑨→⑩）
飞机晚点的例子在这里也只是二选一的情形，无法说明选择越多越如何，因此仅凭该例子推出前面一般性的结论不恰当；而且事实上，随着交通工具的增加，选到晚点的飞机的概率反而更低，与推出的"选择越多，选择时产生失误的概率就越高"的结论矛盾。
谬误点七：概念混淆（⑨）
失误的概率越高最多只能得到后悔的概率越大，"后悔概率"不同于"后悔数量"；
同理，也最多只能得到痛苦的概率越大，"痛苦概率"不同于"痛苦数量"。</td></tr>
</table>

<table>
<tr><td colspan="2">退一步说，即使其选择没有绝对的对错之分，也肯定有优劣之分。人们做出某一选择后，可能会觉得自己的选择并非最优而产生懊悔。⑪从这种意义上说，选择越多，懊悔的概率就越大，也就越痛苦。⑫很多股民懊悔自己没有选好股票而未赚到更多的钱，从而痛苦不已，无疑是因为可选购的股票太多而造成的。</td></tr>
<tr><td>精析</td><td>谬误点八：不当归因（或以偏概全）（⑫）
即便存在因可选购的股票太多而造成的懊悔与痛苦，也不代表普遍都是该原因。
谬误点九：概念混淆（⑪）
同⑨，懊悔的概率越大最多只能得到痛苦的概率越大，“痛苦概率”不同于“痛苦程度”。</td></tr>
<tr><td>参考范文</td><td>缺乏说服力的论证
上述材料通过对三个事例的分析得出结论：选择越多可能会越痛苦。论证过程看似有理有据，实则存在诸多问题：
首先，“知足常乐”的意思很可能是指“一个人知足了就会感到快乐”，而作者理解成“一个人知足了才会感到快乐”，因此也推不出后面“不知足者就不会感到快乐”的结论；同样，“选择越多越快乐”的意思很可能是指“选择越多就越快乐”，而作者推出“只有无穷的选择才能使人感到最快乐”，是基于可能理解成了“选择越多才越快乐”。原文在这两处存在对命题的理解偏差。
其次，以做选择题、飞机晚点、股票作为“选择”的例子，本身就具有特殊性，选择题的选择是有正确答案的，选择数量也是相对有限固定的；飞机晚点也是限制在了二选一的条件下进行选择；股票的选择存在一定运气成分，不完全依赖于主观判断。因此，仅凭这三个事例的情况未必能说明选择与痛苦之间的普遍规律。
再次，做选择题的选项再多也是有限的，是否痛苦取决于对知识掌握的熟练程度，对于学霸而言，未必会因选项的增加而痛苦，不只是做选择题，许多人甚至更享受难度增加带来的挑战；飞机晚点的例子中，作者也不当地假设了只有二选一的情形，随着交通工具的增加，选到晚点的飞机的概率反而更低，与推出的“选择越多，选择时产生失误的概率就越高”的结论矛盾。
最后，作者在论证的过程中多次出现概念混淆：失误的概率越高最多只能得到后悔的概率越大及痛苦的概率越大，“后悔概率”不同于“后悔数量”，“痛苦概率”也不同于“痛苦数量”；同理，懊悔的概率越大最多只能得到痛苦的概率越大，“痛苦概率”不同于“痛苦程度”。
综上所述，上述论证还有诸多不严密的地方，结论值得商榷。</td></tr>
</table>

57. 论说文

<table>
<tr><td colspan="2">论辩</td></tr>
<tr><td>审题立意</td><td>材料强调论辩对于发现真理的重要性。</td></tr>
<tr><td>参考框架</td><td>范文框架（并列）：优点 A；优点 B；优点 C；打消疑虑。
其他框架（正反）：重视的必要 A；重视的必要 B；忽视的后果。
其他框架（逻辑递进）：本质（是什么）；为什么 A；为什么 B；怎么做。</td></tr>
</table>

参考范文	**论辩出真理** 古往今来，人类追求真理的脚步从未停止。真理并不是凭空出现就让人类唾手可得的，它需要人类孜孜不倦地探寻，通过大量的实践总结出来再经反复检验，而论辩则是善于纠错并能最终捕获真理的强大工具。 首先，论辩之前势必付出充分准备。论辩的目的是为了力求结论的正确性，而非自己主观认为是真理就是真理，这就需要大量的准备，如实验、实地调查、抽样统计、各类资料翻阅等，而这个不断学习的途径其实也是逐渐发现真理的重要步骤。没有量的积累，哪来质的飞跃？没有自身的充分准备与积累，更谈不上与他人论辩了——其说服力不但苍白无力，甚至终被反驳得无话可说。 其次，论辩之中无意获得灵感启发。不论是中国史上的百家争鸣、新文化运动，还是西方史上的文艺复兴、启蒙运动，我们都可看出，论辩并不意味着单纯的冲突，而是思想上一次又一次的碰撞，带来社会的进步；论辩也不意味着不同的派别之间相互排斥与全盘否定，而是“取其精华、去其糟粕”基础上的不断交流与融合，所有的参与者与倾听者在论辩之中参透新的道理，总能获益匪浅。 最后，论辩之后迫使不断总结优化。论辩并不像我们日常吵架一般争个胜负输赢，而是一个不断更新迭代知识的过程——生物学家们对自然发生说的驳斥，日心说推翻地心说，量子理论代替以太理论……每个人的知识面、认知都是有局限的，在一个阶段的论辩结束后，人们对事物的理解往往能上升至一个新的高度，这又为下一次的论辩提高了起点。经过一次次不断优化、论辩、再优化、再论辩的过程，直到检验出真理。 或许，仍有人质疑论辩的效率甚至有效性，为何人类论辩至今仍有众多的知识盲区尚未触及呢？显然，论辩并不意味着一蹴而就，更多的真理由于其特殊性与复杂性，人们无法急于求成，甚至有些真理历经人类数千年的论辩至今也没一个准确定论，毕竟相对于茫茫宇宙，人类智慧是有限的，但这并不意味着论辩无用，我们的论辩始终是走在不断地接近真理的路途中。 正所谓“真理越辩越明，道理越讲越清”。经常辩一辩，真理终呈现。

2020年全国硕士研究生招生考试
管理类综合能力试题

考生注意事项

1. 答题前，考生须在试题册指定位置上填写考生编号和考生姓名。在答题卡上填报“报考单位”“考生姓名”“考生编号”等信息。

2. 考生须把试题册上的“试卷条形码”粘贴于答题卡的“试卷条形码粘贴位置”框中。不按规定粘贴条码而影响试卷结果的，责任由考生自负。

3. 选择题的答案必须填涂在答题卡相应题号的选项上，非选择题的答案必须书写在答题卡指定位置的边框区域内。超出答题区域书写的答案无效；在草稿纸、试题册上答题无效。

4. 涂写部分要求用2B铅笔完成。如要改动，必须用橡皮擦干净。填（书）写部分必须使用黑色字迹钢笔、圆珠笔或签字笔在答题卡上作答，字迹工整、笔迹清楚。

5. 考试结束，将试题、答题卡一并装入试题袋中交回。

（以下信息考生必须认真填写）

考生编号															
考生姓名															

2020 年全国硕士研究生招生考试
管理类综合能力试题

一、问题求解： 第 1~15 小题，每小题 3 分，共 45 分. 下列每题给出的 A、B、C、D、E 五个选项中，只有一项是符合试题要求的. 请在答题卡上将所选选项的字母涂黑.

1. 某产品去年涨价 10%，今年涨价 20%，则该产品这两年涨价（　　）.

A. 15%　　B. 16%　　C. 30%　　D. 32%　　E. 33%

2. 设集合 $A=\{x \mid |x-a|<1, x\in R\}$，$B=\{x \mid |x-b|<2, x\in R\}$，则 $A\subset B$ 的充分必要条件是（　　）.

A. $|a-b|\leqslant 1$　　B. $|a-b|\geqslant 1$　　C. $|a-b|<1$　　D. $|a-b|>1$　　E. $|a-b|=1$

3. 一项考试的总成绩由甲、乙、丙三部分组成：

总成绩=甲成绩×30%+乙成绩×20%+丙成绩×50%.

考试通过的标准是：每部分成绩≥50 分，且总成绩≥60 分. 已知某人甲成绩 70 分，乙成绩 75 分，且通过了这项考试，则此人丙成绩的分数至少是（　　）分.

A. 48　　B. 50　　C. 55　　D. 60　　E. 62

4. 从 1~10 这 10 个整数中任取 3 个数，恰有 1 个质数的概率是（　　）.

A. $\frac{2}{3}$　　B. $\frac{1}{2}$　　C. $\frac{5}{12}$　　D. $\frac{2}{5}$　　E. $\frac{1}{120}$

5. 若等差数列 $\{a_n\}$ 满足 $a_1=8$，且 $a_2+a_4=a_1$，则 $\{a_n\}$ 的前 n 项和的最大值为（　　）.

A. 16　　B. 17　　C. 18　　D. 19　　E. 20

6. 已知实数 x 满足 $x^2+\frac{1}{x^2}-3x-\frac{3}{x}+2=0$，则 $x^3+\frac{1}{x^3}=$（　　）.

A. 12　　B. 15　　C. 18　　D. 24　　E. 27

7. 设实数 x，y 满足 $|x-2|+|y-2|\leqslant 2$，则 x^2+y^2 的取值范围是（　　）.

A. [2，18]　　B. [2，20]　　C. [2，36]　　D. [4，18]　　E. [4，20]

8. 某网店对单价为55元、75元、80元的三种商品进行促销，促销策略是每单满200元减 m 元，如果每单减 m 元后实际售价均不低于原价的8折，那么 m 的最大值为（　　）.

A. 40　　B. 41　　C. 43　　D. 44　　E. 48

9. 某人在同一观众群体中调查了对五部电影的看法，得到如下数据：

电影	第一部	第二部	第三部	第四部	第五部
好评率	0.25	0.5	0.3	0.8	0.4
差评率	0.75	0.5	0.7	0.2	0.6

据此数据，观众意见分歧最大的前两部电影依次是（　　）.

A. 第一部、第三部　　B. 第二部、第三部　　C. 第二部、第五部

D. 第四部、第一部　　E. 第四部、第二部

10. 如图，在 $\triangle ABC$ 中，$\angle ABC = 30°$，将线段 AB 绕点 B 旋转至 DB，使 $\angle DBC = 60°$，则 $\triangle DBC$ 与 $\triangle ABC$ 的面积之比为（　　）.

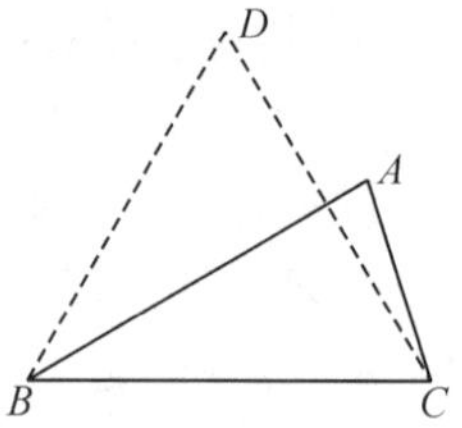

A. 1　　B. $\sqrt{2}$　　C. 2

D. $\frac{\sqrt{3}}{2}$　　E. $\sqrt{3}$

11. 已知数列 $\{a_n\}$ 满足 $a_1 = 1$，$a_2 = 2$，且 $a_{n+2} = a_{n+1} - a_n$ $(n=1,2,3,\cdots)$，则 $a_{100} =$（　　）.

A. 1　　B. −1　　C. 2　　D. −2　　E. 0

12. 如图，圆 O 的内接 $\triangle ABC$ 是等腰三角形，底边 $BC = 6$，顶角为 $\frac{\pi}{4}$，则圆 O 的面积为（　　）.

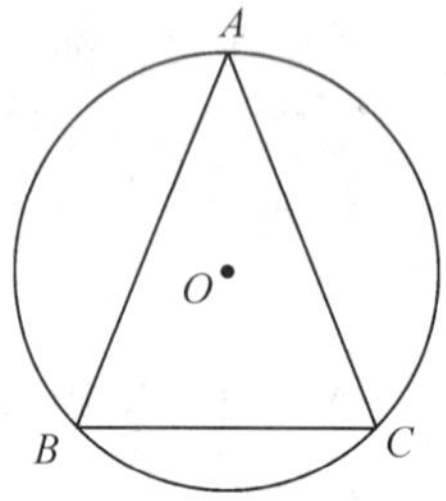

A. 12π　　B. 16π　　C. 18π

D. 32π　　E. 36π

13. 甲、乙两人从一条长为1 800米的道路两端同时出发，往返行走. 甲的速度为100米/分钟，乙的速度为80米/分钟，则两人第三次相遇时，甲距离其出发点（　　）米.

A. 600　　B. 900　　C. 1 000　　D. 1 400　　E. 1 600

14. 如图，节点 A，B，C，D 两两相连，从一个节点沿线段到另一个节点当做1步，若机器人从节点 A 出发，随机走了3步，则机器人未到达过节点 C 的概率为（　　）.

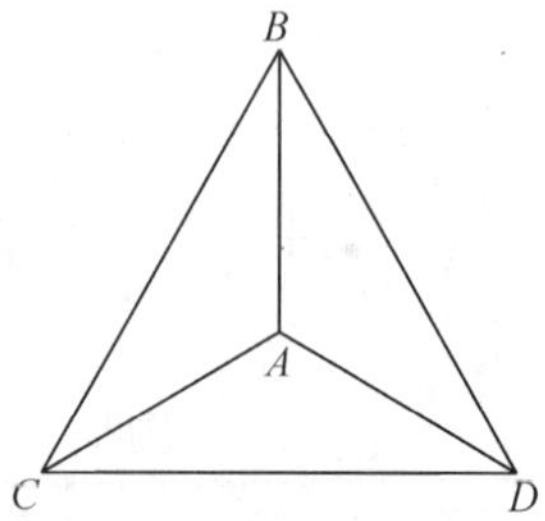

A. $\frac{4}{9}$　　B. $\frac{11}{27}$　　C. $\frac{10}{27}$

D. $\frac{19}{27}$　　E. $\frac{8}{27}$

15. 某科室有 4 名男职员，2 名女职员，若将这 6 名职员分成 3 组，每组 2 人，且女职员不同组，则不同的分组方式有（　　）种.

A. 4　　B. 6　　C. 9　　D. 12　　E. 15

二、条件充分性判断：第 16~25 题，每小题 3 分，共 30 分. 要求判断每题给出的条件（1）和条件（2）能否充分支持题干所陈述的结论. A、B、C、D、E 五个选项为判断结果，请选择一项符合试题要求的判断. 在答题卡上将所选选项的字母涂黑.

（A）条件（1）充分，但条件（2）不充分.

（B）条件（2）充分，但条件（1）不充分.

（C）条件（1）和（2）单独都不充分，但条件（1）和（2）联合起来充分.

（D）条件（1）充分，条件（2）也充分.

（E）条件（1）和（2）单独都不充分，条件（1）和（2）联合起来也不充分.

16. 在 $\triangle ABC$ 中，$\angle B = 60°$，则 $\frac{c}{a} > 2$.

（1）$\angle C < 90°$.

（2）$\angle C > 90°$.

17. 圆 $x^2 + y^2 = 2x + 2y$ 上的点到 $ax + by + \sqrt{2} = 0$ 的距离最小值大于 1.

（1）$a^2 + b^2 = 1$.

（2）$a > 0$，$b > 0$.

18. 若 a、b、c 是实数，则能确定 a、b、c 的最大值.

（1）已知 a、b、c 的平均值.

（2）已知 a、b、c 的最小值.

19. 某商店甲、乙两种品牌的手机共 20 部，从中任选 2 部，则恰有 1 部甲品牌的概率为 $p > \frac{1}{2}$.

（1）甲品牌手机不少于 8 部.

（2）乙品牌手机大于 7 部.

20. 某公司计划租 n 辆车外出郊游，则能确定郊游人数.

（1）若租每辆 20 座的车，只有 1 车未满.

（2）若租每辆 12 座的车，则少 10 个座位.

21. 则能确定长方体的体对角线.

（1）已知长方体一个顶点的三个面的面积.

（2）已知长方体一个顶点的三个面的面对角线.

22. 已知甲、乙、丙三人共捐款 3 500 元，则能确定每人的捐款金额.
（1）三人的捐款金额各不相同.
（2）三人的捐款金额都是 500 的倍数.

23. 设函数 $f(x)=(ax-1)(x-4)$，则在 $x=4$ 左侧附近有 $f(x)<0$.
（1）$a>\frac{1}{4}$.
（2）$a<4$.

24. 设 a，b 是正实数，则 $\frac{1}{a}+\frac{1}{b}$ 存在最小值.
（1）已知 ab 的值.
（2）已知 a，b 是方程 $x^2-(a+b)x+2=0$ 的不同实根.

25. 设 a，b，c，d 是正实数，则 $\sqrt{a}+\sqrt{d}\leqslant\sqrt{2(b+c)}$.
（1）$a+d=b+c$.
（2）$ad=bc$.

三、逻辑推理：第 26~55 小题，每小题 2 分，共 60 分。下列每题给出的 A、B、C、D、E 五个选项中，只有一个选项符合题目要求。请在答题卡上将所选字母涂黑。

26. 领导干部对于各种批评意见应采取有则改之、无则加勉的态度，营造言者无罪、闻者足戒的氛围。只有这样，人们才能知无不言、言无不尽。领导干部只有从谏如流并为说真话者撑腰，才能做到“兼听则明”或作出科学决策；只有乐于和善于听取各种不同意见，才能营造风清气正的政治生态。
根据以上信息，可以得出以下哪项？
A. 领导干部必须善待批评、从谏如流，为说真话者撑腰。
B. 大多数领导干部对于批评意见能够采取有则改之、无则加勉的态度。
C. 领导干部如果不能从谏如流，就不能作出科学决策。
D. 只有营造言者无罪、闻者足戒的氛围，才能形成风清气正的政治生态。
E. 领导干部只有乐于和善于听取各种不同意见，人们才能知无不言、言无不尽。

27. 某教授组织了 120 名年轻的参试者，先让他们熟悉电脑上的一个虚拟城市，然后让他们以最快速度寻找由指定地点到达关键地标的最短路线，最后再让他们识别茴香、花椒等 40 种芳香植物的气味。结果发现，寻路任务中得分最高者其嗅觉也比较灵敏。该教授由此推测，一个人空间记忆力好、方向感强，就会使其嗅觉更为灵敏。

以下哪项如果为真，最能质疑该教授的上述推测？

A. 大多数动物主要靠嗅觉寻找食物、躲避天敌，其嗅觉进化有助于“导航”。

B. 有些参试者是美食家，经常被邀请到城市各处的特色餐馆品尝美食。

C. 部分参试者是马拉松运动员，他们经常参加一些城市举办的马拉松比赛。

D. 在同样的测试中，该教授本人在嗅觉灵敏度和空间方向感方面都不如年轻人。

E. 有的年轻人喜欢玩方向感要求较高的电脑游戏，因过分投入而食不知味。

28. 有学校提出，将效仿免费师范生制度，提供减免学费等优惠条件以吸引成绩优秀的调剂生，提高医学人才培养质量。有专家对此提出反对意见：医生是既崇高又辛苦的职业，要有足够的爱心和兴趣才能做好。因此，宁可招不满，也不要招收调剂生。

以下哪项最可能是上述专家论断的假设？

A. 没有奉献精神，就无法学好医学。

B. 如果缺乏爱心，就不能从事医生这一崇高的职业。

C. 调剂生往往对医学缺乏兴趣。

D. 因优惠条件而报考医学的学生往往缺乏奉献精神。

E. 有爱心并对医学有兴趣的学生不会在意是否收费。

29. 某公司为员工免费提供菊花、绿茶、红茶、咖啡和大麦茶 5 种饮品。现有甲、乙、丙、丁、戊 5 位员工，他们每人都只喜欢其中的 2 种饮品，且每种饮品都只有 2 人喜欢。已知：

（1）甲和乙喜欢菊花，且分别喜欢绿茶和红茶的一种。

（2）丙和戊分别喜欢咖啡和大麦茶中的一种。

根据上述信息，可以得出以下哪项？

A. 甲喜欢菊花和绿茶。

B. 乙喜欢菊花和红茶。

C. 丙喜欢红茶和咖啡。

D. 丁喜欢咖啡和大麦茶。

E. 戊喜欢绿茶和大麦茶。

30. 考生若考试通过并且体检合格，则将被录取。因此，如果李铭考试通过，但未被录取，那么他一定体检不合格。

以下哪项与上述论证方式最为相似？

A. 若明天是节假日并且天气晴朗，则小吴将去爬山。因此，如果小吴未去爬山，那么第二天一定不是节假日或者天气不好。

B. 一个数若能被 3 整除且能被 5 整除，则这个数能被 15 整除。因此这一个数若能被 3 整除但不能被 5 整除，则这个数一定不能被 15 整除。

C. 甲单位员工若去广州出差并且是单人前往，则均乘坐高铁。因此，甲单位小吴如果去广州出差，但未乘坐高铁，那么他一定不是单人前往。

D. 若现在是春天并且雨水充沛，则这里野草丰美。因此，如果这里野草丰美，但雨水不充沛，那么现在一定不是春天。

E. 一壶茶若水质良好且温度适中，则一定茶香四溢。因此，如果这壶茶水质良好且茶香四溢，那么一定温度适中。

31~32 题基于以下题干：

“立春”“春分”“立夏”“夏至”“立秋”“秋分”“立冬”“冬至”是我国二十四节气中的八个节气，“凉风”“广莫风”“明庶风”“条风”“清明风”“景风”“阊阖风”“不周风”是八种节风。上述八个节气和八种节风之间一一对应。已知：

（1）“立秋”对“凉风”；

（2）“冬至”对应“不周风”“广莫风”之一；

（3）若“立夏”对应“清明风”，则“夏至”对应“条风”或者“立冬”对应“不周风”；

（4）若“立夏”不对应“清明风”或者“立春”不对应“条风”，则“冬至”对应“明庶风”。

31. 根据上述信息，可以得出以下哪项？

A.“秋分”不对应“明庶风”。

B.“立冬”不对应“广莫风”。

C.“夏至”不对应“景风”。

D.“立夏”不对应“清明风”。

E.“春分”不对用“阊阖风”。

32. 若“春分”和“秋分”两节气对应的节风在“明庶风”和“阊阖风”之中，得出以下哪项？

A.“春风”对应“阊阖风”。

B.“秋风”对应“明庶风”。

C.“立春”对应“清明风”。

D.“冬至”对应“不周风”。

E.“夏至”对应“景风”。

33. 小王：在这次年终考评中，女员工的绩效都比男员工高。

小李：这么说，新入职员工中绩效最好的还不如绩效最差的女员工。

以下哪项如果为真，最能支持小李的上述论断？

A. 男员工都是新入职的。

B. 新入职的员工有些是女性。

C. 新入职的员工都是男性。

D. 部分新入职的女员工没有参与绩效考评。

E. 女员工更乐意加班，而加班绩效翻倍计算。

34. 某市2018年的人口发展报告显示，该市常住人口1 170万，其中常住外来人口440万，户籍人口730万。从区级人口分布情况来看，该市G区常住人口240万，居各区之首；H区常住人口200万，位居第二；同时，这两个区也是吸纳外来人口较多的区域，两个区常住外来人口200万，占全市常住外来人口的45%以上。

根据以上陈述，可以得出以下哪项？

A. 该市G区的户籍人口比H区的常住外来人口多。

B. 该市H区的户籍人口比G区的常住外来人口多。

C. 该市H区的户籍人口比H区的常住外来人口多。

D. 该市G区的户籍人口比G区的常住外来人口多。

E. 该市其他各区的常住外来人口都没有G区或H区多。

35. 移动支付如今正在北京、上海等大中城市迅速普及。但是，并非所有中国人都熟悉这种新的支付方式，很多老年人仍然习惯传统的现金交易，有专家因此断言，移动支付的迅速普及会将老年人阻挡在消费经济之外，从而影响他们晚年的生活质量。

以下哪项如果为真，最能质疑上述专家的论断？

A. 到2030年，中国60岁以上人口将增至3.2亿，老年人的生活质量将进一步引起社会关注。

B. 有许多老年人因年事已高，基本不直接进行购物消费，所需商品一般由儿女或社会提供，他们晚年生活很幸福。

C. 国家有关部门近年来出台多项政策指出，消费者在使用现金支付被拒时可以投诉，但仍有不少商家我行我素。

D. 许多老年人已在家中或社区活动中心学会移动支付的方法以及防范网络诈骗的技巧。

E. 有些老年人视力不好，看不清手机屏幕；有些老年人记忆力不好，记不住手机支付密码。

36. 下表显示了某城市过去一周的天气情况：

星期一	星期二	星期三	星期四	星期五	星期六	星期日
东南风 1~2级 小雨	南风 4~5级 晴	无风 小雪	北风 1~2级 阵雨	无风 晴	西风 3~4级 阴	东风 2~3级 中雨

以下哪项对该城市这一周天气情况的概括最为准确？

A. 每日或者刮风，或者下雨。

B. 每日或者刮风，或者晴天。

C. 每日或者无风，或者无雨。

D. 如有风且风力超过3级，则该日是晴天。

E. 若有风且风力不超过3级，则该日不是晴天。

37~38 题基于以下题干：

放假 3 天，小李夫妇除安排一天休息之外，其他两天准备做 6 件事：①购物（这件事编号为①，其他依次类推）；②看望双方父母；③郊游；④带孩子去游乐场；⑤去市内公园；⑥去影院看电影。他们商定：

（1）每件事均做一次，且在 1 天内做完，每天至少做两件事；

（2）④和⑤安排在同一天内完成；

（3）②在③之前 1 天完成。

37. 如果③和④安排在假期的第 2 天，则以下哪项是可能的？

A. ①安排在第 2 天。

B. ②安排在第 2 天。

C. 休息安排在第 1 天。

D. ⑥安排在最后 1 天。

E. ⑤安排在第 1 天。

38. 如果假期第 2 天只做⑥等 3 件事，则可以得出以下哪项？

A. ②安排在①的前 1 天。

B. ①安排在休息一天之后。

C. ①和⑥安排在同一天。

D. ②和④安排在同一天。

E. ③和④安排在同一天。

39. 因业务需要，某公司欲将甲、乙、丙、丁、戊、己、庚 7 个部门合并到丑、寅、卯 3 个子公司。已知：

（1）一个部门只能合并到一个子公司；

（2）若丁和丙中至少有一个未合并到丑公司，则戊和甲均合并到丑公司；

（3）若甲、乙、庚中至少有一个未合并到卯公司，则戊合并到寅公司且丙合并到卯公司。

根据上述信息，可以得出以下哪项？

A. 甲丁均合并到丑公司。

B. 乙戊均合并到寅公司。

C. 乙丙均合并到寅公司。

D. 丁丙均合并到丑公司。

E. 庚戊均合并到卯公司。

40. 王研究员：吃早餐对身体有害，因为吃早餐会导致皮质醇峰值更高，进而导致体内胰岛素异常，这可能引发Ⅱ型糖尿病。

李教授：事实并非如此，因为上午皮质醇水平高只是人体生理节律的表现，而不吃早餐会增加Ⅱ型糖尿病的风险，还会增加患其他疾病的风险。

以下哪项如果为真，最能支持李教授的观点？

A. 一日之际在于晨，吃早餐可以补充人体消耗，同时为一天的工作准备能量。
B. 糖尿病患者在 9 点至 15 点之间摄入一天所需的卡路里，血糖水平就能保持基本稳定。
C. 经常不吃早餐，上午工作处于饥饿状态，不利于血糖调节，容易患上胃溃疡、胆结石等疾病。
D. 如今，人们工作繁忙，晚睡晚起现象非常普遍，很难按时吃早餐，身体常常处于亚健康状态。
E. 不吃早餐的人通常缺乏营养和健康方面的知识，容易形成不良生活习惯。

41. 某语言爱好者欲基于无涵义语词、有涵义语词构造合法的语句，已知：
(1) 无涵义语词有 a、b、c、d、e、f，有涵义语词有 W、Z、X；
(2) 如果两个无涵义语词通过一个有涵义语词连接，则它们构成一个有涵义语词；
(3) 如果两个有涵义语词直接连接，则它们构成一个有涵义语词；
(4) 如果两个有涵义语词通过一个无涵义语词连接，则它们构成一个合法的语句。
根据上述信息，以下哪项是合法的语句？
A. aWbcdXeZ。
B. aWbcdaZe。
C. fXaZbZWb。
D. aZdacdfX。
E. XWbaZdWc。

42. 某单位拟在椿树、枣树、楝树、雪松、银杏、桃树中选择 4 种栽种在庭院中。已知：
(1) 椿树、枣树至少种植一种；
(2) 如果种植椿树，则种植楝树但不种植雪松；
(3) 如果种植枣树，则种植雪松但不种植银杏。
如果庭院中种植银杏，则以下哪项是不可能的？
A. 种植椿树。
B. 种植桃树。
C. 不种植枣树。
D. 不种植雪松。
E. 不种植桃树。

43. 披毛犀化石多分布在欧亚大陆北部，我国东北平原、华北平原、西藏等地区也偶有发现。披毛犀有一个独特的构造——鼻中隔，简单地说就是鼻子中间的骨头。研究发现，西藏披毛犀化石的鼻中隔只是一块不完全的硬骨，早先在亚洲北部、西伯利亚等地发现的披毛犀化石的鼻中隔要比西藏披毛犀的“完全”，这说明西藏披毛犀具有更原始的形态。
以下哪项如果为真，最能支持以上论述？

A. 一个物种不可能有两个起源地。
B. 西藏披毛犀化石是目前已知最早的披毛犀化石。
C. 为了在冰雪环境中生存，披毛犀的鼻中隔经历了由软到硬的进化过程，并最终形成一块完整的骨头。
D. 冬季的青藏高原犹如冰期动物的“训练基地”，披毛犀在这里受到耐寒训练。
E. 随着冰期的到来，有了适应寒冷能力的西藏披毛犀走出西藏，往北迁移。

44. 黄土高原以前植被丰富，长满大树，而现在千沟万壑，不见树木，这是植被遭破坏后水流冲刷大地造成的惨痛结果。有专家进一步分析认为，现在黄土高原不长植物，是因为这里的黄土其实都是生土。
以下哪项最可能是上述专家推断的假设？
A. 生土不长庄稼，只有通过土壤改造等手段才适宜种植粮食作物。
B. 因缺少应有的投入，生土无人愿意耕种，无人耕种的土地贫瘠。
C. 生土是水土流失造成的恶果，缺乏植物生长所需要的营养成分。
D. 东北的黑土地中含有较厚的腐殖层，这种腐殖层适合植物的生长。
E. 植物的生长依赖熟土，而熟土的存续依赖人类对植被的保护。

45. 日前，科学家发明了一项技术，可以把二氧化碳等物质“电成”有营养价值的蛋白粉，这项技术不像种庄稼那样需要具备合适的气温、湿度和土壤条件。他们由此认为，这项技术开辟了未来新型食物生产的新路，有助于解决全球饥饿问题。
以下各项如果为真，则除了哪项均能支持上述科学家的观点？
A. 让二氧化碳、水和微生物一起接受电流电击，可以产生出有营养价值的食物。
B. 粮食问题是全球性重大问题，联合国估计到2050年将有20亿人缺乏基本营养。
C. 把二氧化碳等物质“电成”蛋白粉的技术将彻底改变农业，还能避免对环境造成不利影响。
D. 由二氧化碳等物质“电成”的蛋白粉，约含50%的蛋白质、25%的碳水化合物、核酸及脂肪。
E. 未来这项技术将被引入沙漠或其他面临饥荒的地区，为解决那里的饥饿问题提供重要帮助。

46~47题基于以下题干：

某公司甲、乙、丙、丁、戊5人爱好出国旅游，去年，在日本、韩国、英国和法国4国中，他们每人都去了其中的两个国家旅游，且每个国家总有他们中的2~3人去旅游。已知：
（1）如果甲去韩国，则丁不去英国；
（2）丙与戊去年总是结伴出国旅游；
（3）丁和乙只去欧洲国家旅游。

46. 根据以上信息，可以得出以下哪项？
A. 甲去了韩国和日本。

B. 乙去了英国和日本。
C. 丙去了韩国和英国。
D. 丁去了日本和法国。
E. 戊去了韩国和日本。

47. 如果 5 人去欧洲国家旅游的总人数与去亚洲国家的一样多，则可以得出以下哪项？
A. 甲去了日本。
B. 甲去了英国。
C. 甲去了法国。
D. 戊去了英国。
E. 戊去了法国。

48. 1818 年前纽约市规定，所有买卖的鱼油都需要经过检查同时缴纳每桶 25 美元的检查费。一天，鱼油商人买了三桶鲸鱼油，打算把鲸鱼油制成蜡烛出售，鱼油检察员发现这些鲸鱼油根本没有经过检查，根据鱼油法案，该商人需要接受检查并缴费，但该商人声称鲸鱼油不是鱼油，拒绝缴费，遂被告上法庭，陪审员最后支持了原告，判决该商人支付 75 美元检查费。
以下哪项如果为真，最能支持陪审员所作的判决？
A. 纽约市相关法律已经明确规定“鱼油”包括鲸鱼油和其他鱼类的油。
B. “鲸鱼不是鱼”是和中国古代公孙龙的“白马非马”类似，两者都是违反常识的诡辩。
C. 19 世纪的美国虽有许多人认为鲸鱼不是鱼，但是也有许多人认为鲸鱼是鱼。
D. 当时多数从事科学研究的人都肯定鲸鱼不是鱼，而律师和政客持反对意见。
E. 古希腊有先哲早就把鲸鱼归类到胎生四足动物和卵生四足动物之下，比鱼类更高一级。

49. 尽管近年来我国引进不少人才，但真正顶尖的领军人才还是凤毛麟角。就全球而言，人才特别是高层次人才紧缺已是常态化、长期化趋势。某专家由此认为，未来 10 年，美国、加拿大、德国等国对高层次人才的争夺将进一步加剧。发展中国家的高层次人才紧缺状况更甚于发达国家。因此，我国高层次人才引进工作继续进一步加强。
以下哪项如果为真，最能加强上述专家论证？
A. 我国理工科高层次人才紧缺程度更甚于文科。
B. 发展中国家的一般性人才不比发达国家多。
C. 我国依然是发展中国家。
D. 人才是衡量一个国家综合国力的重要指标。
E. 我国近年来引进的领军人才数量不及美国等发达国家。

50. 移动互联网时代，人们随时都可能进行数字阅读，浏览网页、读电子书是数字阅读，刷微博、朋友圈也是数字阅读。长期以来，一直有人担心数字阅读的碎片化、表面化，但近来有专家表示，数字阅读具有重要价值，是阅读的未来发展趋势。
以下哪项如果为真，最能支持上述专家的观点？
A. 长有长的用处，短有短的好处，不求甚解的数字阅读，也未尝不可，说不定在未来某一时刻，当初阅读的信息就会浮现出来，对自己的生活产生影响。
B. 当前人们越来越多地通过数字阅读了解热点信息，通过网络进行相互交流，但网络交流者常常进行伪装或者匿名，可能会提供虚假信息。
C. 有些网络读书平台能够提供精致的读书服务，他们不仅帮你选书，而且帮你读书，你只需“听”即可，但用“听”的方式去读书，效率极低。
D. 数字阅读容易挤占纸质阅读的时间，毕竟纸质阅读具有系统、全面、健康、不依赖电子设备等优点，仍将是阅读的主要方式。
E. 数字阅读便于信息筛选，阅读者能在短时间内对相关信息进行初步了解，也可以此为基础作深入了解，相关网络阅读服务平台近几年已越来越多。

51. 某街道的综合部、建设部、平安部和民生部四个部门，需要负责接到的秩序、安全、环境、协调等四项工作。每个部门只负责其中的一项工作，且各部门负责的工作各不相同。已知：
（1）如果建设部负责环境或秩序，则综合部负责协调或秩序；
（2）如果平安部负责环境或协调，则民生部负责协调或秩序。
根据以上信息，以下哪项工作安排是可能的？
A. 建设负责环境，平安负责协调。
B. 建设负责秩序，民生负责协调。
C. 综合负责安全，民生负责协调。
D. 民生负责安全，综合负责秩序。
E. 平安负责安全，建设负责秩序。

52. 人非生而知之者，孰能无惑？惑而不从师，其为惑也，终不解矣。生乎吾前，其闻道也固先乎吾，吾从而师之；生乎吾后，其闻道也亦先乎吾，吾从而师之。吾师道也，夫庸知其年之先后生于吾乎？是故无贵无贱，无长无少，道之所存，师之所存也。
根据以上信息，可以得出哪项？
A. 与吾生乎同时，其闻道也，必先乎吾。
B. 师之所存，道之所存也。
C. 无贵无贱，无长无少，皆为吾师。
D. 与吾生乎同时，其道不必先乎吾。
E. 若解惑，必从师。

53. 学问的本来意义与人的生命、生活有关。但是，如果学问成为口号或者教条，就会失去其本来的意义。因此，任何学问都不应该成为口号或教条。

以下哪项与上述论证方式最为相似?

A. 椎间盘是没有血液循环的组织。但是，如果要确保其功能正常运转，就需依靠其周围流过的血液提供养分。因此，培养功能正常运转的人工椎间盘应该很困难。

B. 大脑会改编现实经历。但是，如果大脑只是储存现实经历的“文件柜”，就不会对其进行改编。因此，大脑不应该只是储存现实经历的“文件柜”。

C. 人工智能应该可以判断黑猫和白猫都是猫。但是，如果人工智能不预先“消化”大量照片，就无从判断黑猫和白猫都是猫。因此，人工智能必须预先“消化”大量照片。

D. 机器人没有人类的弱点和偏见。但是，只有数据得到正确采集和分析，机器人才不会“主观臆断”。因此，机器人应该也有类似的弱点和偏见。

E. 历史包含必然性。但是，如果坚信历史只包含必然性，就会阻止我们用不断积累的历史数据去证实或证伪它。因此，历史不应该只包含必然性。

54~55 题基于以下题干:

某项测试共有 4 道题，每道题给出 A、B、C、D 四个选项，其中只有一项是正确答案。现有张、王、赵、李 4 人参加了测试，他们的答题情况和测试结果如下:

答题者	第一题	第二题	第三题	第四题	测试结果
张	A	B	A	B	均不正确
王	B	D	B	C	只答对 1 题
赵	D	A	A	B	均不正确
李	C	C	B	D	只答对 1 题

54. 根据以上信息，可以得出以下哪项?

A. 第二题的正确答案是 C。

B. 第二题的正确答案是 D。

C. 第三题的正确答案是 D。

D. 第四题的正确答案是 A。

E. 第四题的正确答案是 D。

55. 如果每道题的正确答案各不相同，则可以得出以下哪个选项?

A. 第一题的正确答案是 B。

B. 第一题的正确答案是 C。

C. 第二题的正确答案是 D。

D. 第二题的正确答案是 A。

E. 第三题的正确答案是 C。

四、写作：第 56~57 小题共 65 分。其中论证有效性分析 30 分，论说文 35 分。请在答题纸上完成。

56. 论证有效性分析：分析下述论证中存在的缺陷和漏洞，选择若干要点，写一篇 600 字左右的文章，对论证的有效性进行分析和评论（论证有效性分析的一般要点是：概念特别是核心概念的界定和使用是否准确并前后一致，有无各种明显的逻辑错误，论证的论据是否成立并支持结论，结论成立的条件是否充分等）。

北京将联手张家口共同举办 2022 年冬季奥运会。中国南方的一家公司决定在其本地投资设立一家商业性的冰雪运动中心。这家公司认为，该中心一旦投入运营，将获得可观的经济效益。这是因为：

北京与张家口共同举办冬奥会，必然会在中国掀起一股冰雪运动热潮。中国南方许多人从未有过冰雪运动的经历，会出于好奇心而投身于冰雪运动。这正是一个千载难逢的绝好商机，不能轻易错过。

而且，冰雪运动与广场舞、跑步等不一样，需要一定的运动用品，例如冰鞋、滑雪板与运动服装等。这些运动用品价格不菲且具有较高的商业利润。如果在开展商业性冰雪运动的同时也经营冬季运动用品，则公司可以获得更多的利润。

另外，目前中国网络购物已经成为人们的生活习惯，但相对于网络商业，人们更青睐直接体验式的商业模态，而商业性冰雪运动正是直接体验式的商业模态，无疑具有光明的前景。

57. 论说文：根据下述材料，自拟题目，写一篇 700 字左右的论说文。

据报道，美国航天飞机“挑战者号”采用了斯沃克公司的零配件。该公司的密封圈技术专家博易斯乔利多次向公司高层提醒：低温会导致橡胶密封圈脆裂而引发重大事故。但是，这一意见一直没有受到重视。1986 年 1 月 27 日，佛罗里达州卡纳维拉尔角发射场的气温降到零度以下，美国宇航局再次打电话给斯沃克公司，询问其对航天飞机的发射还有没有疑虑之处。为此，斯沃克公司召开会议，博易斯乔利坚持认为不能发射，但公司高层认为他所持理由还不够充分，于是同意宇航局发射。1 月 28 日上午，航天飞机离开发射平台，仅过了 73 秒，悲剧就发生了。

2020年管理类综合能力试题解析

答案速查

1-5	DABBE	6-10	CBBCE	11-15	BCDED
16-20	BCECE	21-25	DEAAA		
26-30	CACDC	31-35	BECAB	36-40	EACDC
41-45	AECCB	46-50	EAACE	51-55	EEBDA

数学部分

1.【答案】D

【考点】应用题 比例问题 增长率

【解析】设前年的价格为100，则今年的价格为 $100\times(1+10\%)\times(1+20\%)=132$，故该产品涨价 $\frac{132-100}{100}=32\%$.

2.【答案】A

【考点】函数方程不等式 集合

【解析】集合 A 的解集：$a-1<x<a+1$；集合 B 的解集为：$b-2<x<b+2$.

如图，若要 $A\subset B$（真子集，包含且不相等关系，即最多在一个端点处取得等号），因此

$\begin{cases}b-2\leqslant a-1\\a+1<b+2\end{cases}\Rightarrow\begin{cases}a-b\geqslant -1\\a-b<1\end{cases}\Rightarrow -1\leqslant a-b<1$ 或者 $\begin{cases}b-2<a-1\\a+1\leqslant b+2\end{cases}\Rightarrow\begin{cases}a-b>-1\\a-b\leqslant 1\end{cases}\Rightarrow -1<a-b\leqslant 1$,

故 $-1\leqslant a-b\leqslant 1\Rightarrow |a-b|\leqslant 1$.

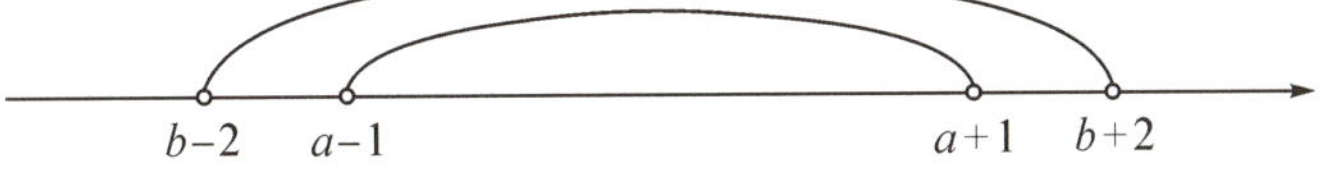

3.【答案】B

【考点】应用题 其他问题

【解析】根据题意，有 $\begin{cases}70\times30\%+75\times20\%+丙\times50\%\geqslant 60\\丙\geqslant 50\end{cases}\Rightarrow\begin{cases}丙\geqslant 48\\丙\geqslant 50\end{cases}\Rightarrow 丙\geqslant 50$,

故丙成绩至少是50分.

4.【答案】B

【考点】概率 古典概型

【解析】先计算总事件数，10 个数字中任取 3 个，有 $C_{10}^3=120$ 种.

而 1~10 中，质数有 2、3、5、7 共 4 个，非质数有 6 个. 任取的 3 个数中若恰有 1 个质数，则有 2 个非质数，即有 $C_4^1C_6^2=60$ 种. 故恰有 1 个质数的概率为 $P=\frac{60}{120}=\frac{1}{2}$.

5.【答案】E

【考点】数列 等差数列 最值问题

【解析】根据等差数列的角标和性质，可得 $a_2+a_4=a_1=2a_3\Rightarrow a_3=4$，公差 $d=\frac{a_3-a_1}{3-1}=-2$，因此该等差数列的通项公式为 $a_n=10-2n$，则该数列为：8，6，4，2，0，-2，-4，…

显然前 n 项和的最大值为非负项之和，即 $S_4=S_5=8+6+4+2+0=20$.

【技巧点睛】此类题目通常使用通项 $a_n=0$ 法，即令 $a_n=0\Rightarrow n=5$，

则最大值为 $S_4=S_5=\frac{(a_1+a_5)\times5}{2}=20$.

6.【答案】C

【考点】整式与分式 乘法公式 立方和

【解析】$x^2+\frac{1}{x^2}-3x-\frac{3}{x}+2=\left(x+\frac{1}{x}\right)^2-3\left(x+\frac{1}{x}\right)=0$，解得 $x+\frac{1}{x}=0$ 或 $x+\frac{1}{x}=3$，

又 $x+\frac{1}{x}=\frac{x^2+1}{x}\neq0$，故 $x+\frac{1}{x}=3$，则 $x^3+\frac{1}{x^3}=\left(x+\frac{1}{x}\right)\left(x^2+\frac{1}{x^2}-1\right)=\left(x+\frac{1}{x}\right)\left(\left(x+\frac{1}{x}\right)^2-3\right)=18$.

7.【答案】B

【考点】解析几何 最值问题

【解析】如图，$|x-2|+|y-2|\leqslant2$ 表示一个正方形区域，而 $x^2+y^2=(x-0)^2+(y-0)^2$ 表示动点 (x,y) 到原点 (0，0) 距离的平方.

故当点 (x,y) 在 $A(2,4)$ 或 $B(4,2)$ 时，到原点的距离最大，此时 x^2+y^2 取得最大值 $4^2+2^2=20$.

当点 (x,y) 在 $C(1,1)$ 时，到原点的距离最小，此时 x^2+y^2 取得最小值 $1^2+1^2=2$.

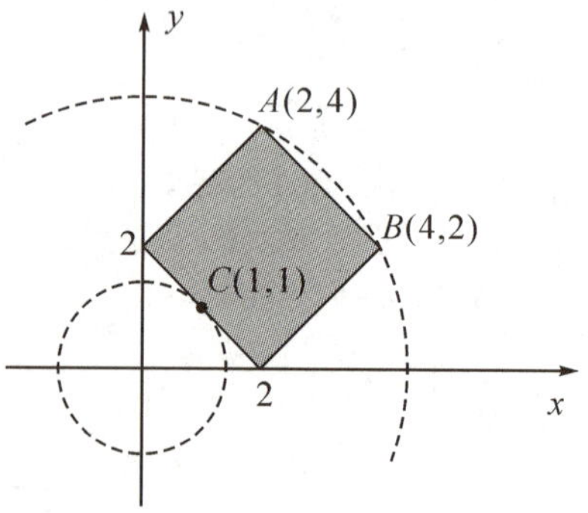

8.【答案】B

【考点】应用题 其他问题

【解析】m 的最大值取决于总售价最低价格时的“满减优惠”. 在 55 元、75 元、80 元三种商品的组合中，总售价超过 200 元的最小组合是选择 2 件 75 元商品，1 件 55 元商品，此时合计 205 元，故 $205-m\geqslant205\times0.8\Rightarrow m\leqslant0.2\times205=41$ 元，即 m 的最大值为 41.

9.【答案】C

【考点】数据描述 图表类

【解析】数字差值越接近，表明分歧越大；相反，数字差值越大，表明分歧越小.

10.【答案】E

【考点】平面几何 三角形 等底等高

【解析】如图所示，设 $BA = BD = 2$，作 $\triangle ABC$ 的高 AF，在直角三角形 ABF 中，$\angle ABC = 30°$，则高 $AF = \frac{1}{2}AB = 1$. 同理，作 $\triangle DBC$ 的高 DE，在直角三角形 DBE 中，$\angle DBE = 60°$，则

$DE = \frac{\sqrt{3}}{2}BD = \sqrt{3}$，

故 $\frac{S_{\triangle DBC}}{S_{\triangle ABC}} = \frac{\frac{1}{2}BC \times DE}{\frac{1}{2}BC \times AF} = \frac{DE}{AF} = \sqrt{3}$.

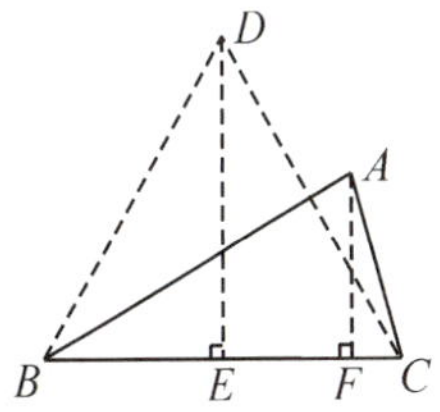

11.【答案】B

【考点】数列 递推数列

【解析】当 $n = 1$ 时，得 $a_3 = a_2 - a_1 = 1$，当 $n = 2$ 时，得 $a_4 = a_3 - a_2 = -1$，当 $n = 3$ 时，得 $a_5 = a_4 - a_3 = -2$，当 $n = 4$ 时，得 $a_6 = a_5 - a_4 = -1$，…

穷举 $\{a_n\}$ 各项：1，2，1，−1，−2，−1，1，2，1，−1，−2，−1，…为循环周期数列，即每 6 项循环一次. 又 $100 \div 6 = 16\cdots4$，所以 a_{100} 与 a_4 相同，故 $a_{100} = a_4 = -1$.

12.【答案】C

【考点】平面几何 圆与扇形

【解析】如图所示，连接 BO，CO，则 $\angle BOC = 2\angle BAC = \frac{\pi}{2} = 90°$，故 $\triangle OBC$ 为等腰直角三角形，可知圆 O 的半径 $r = BO = \frac{\sqrt{2}}{2}BC = \frac{\sqrt{2}}{2} \times 6 = 3\sqrt{2}$，则圆面积 $S = \pi r^2 = 18\pi$.

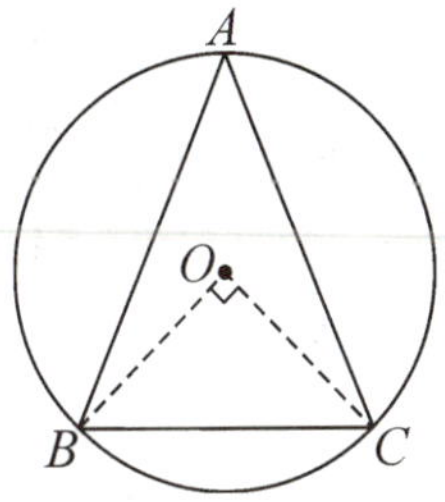

13.【答案】D

【考点】应用题 行程问题 多次往返相遇问题

【解析】甲乙两人第 3 次相遇时，共走完 5 个全程，即 $s_{甲} + s_{乙} = 1\,800 \times 5 = 9\,000$（米），且 $s_{甲} : s_{乙} = v_{甲} : v_{乙} = 100 : 80 = 5 : 4$，故 $s_{甲} = \frac{5}{5+4} \times 9\,000 = 5\,000$（米）.

而 $5\,000 \div 1\,800 = 2\cdots1\,400$，故甲距离其出发点 1 400 米.

14.【答案】E

【考点】概率 古典概型

【解析】机器人无论在哪个点，每走一步，均有 3 种选择，故总情况数为 $C_3^1 \cdot C_3^1 \cdot C_3^1 = 27$ 种.

当机器人不过节点 C 时，每走一步，只有 2 种选择（不能选 C，减少一种），故不过 C 点的情况数为 $C_2^1 \cdot C_2^1 \cdot C_2^1 = 8$ 种. 所以机器人未到达过节点 C 的概率 $P = \frac{8}{27}$.

15.【答案】D

【考点】排列组合 元素分配

【解析】反面求解，将 6 人平均分成 3 组的情况数为 $\frac{C_6^2C_4^2C_2^2}{3!}=15$ 种.

将 6 人平均分成 3 组，且两女职员在同一组的情况数为 $\frac{C_4^2C_2^2}{2!}=3$ 种.

故两女职员不同组的情况数为 $15-3=12$ 种.

16.【答案】B

【考点】平面几何 三角形 性质

【解析】条件（1），特值证否，若 $\triangle ABC$ 为等边三角形，满足条件，此时 $\frac{c}{a}=1<2$，不充分.

条件（2），如图所示，$\angle B=60°$，当 $\angle C=90°$ 时，$\frac{c}{a}=2$.

当 $\angle C>90°$ 时，即点 C 往左平移到 C'，此时边长 $AB=c$ 保持不变，边长 $BC'=a$ 变小，故 $\frac{c}{a}>2$，充分，故选 B.

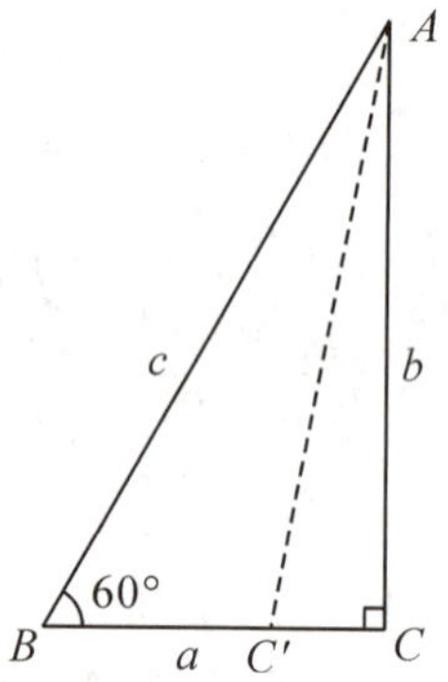

17.【答案】C

【考点】解析几何 直线与圆的位置关系

【解析】曲线 $x^2+y^2=2x+2y\Rightarrow(x-1)^2+(y-1)^2=2$，表示圆心为 $(1,1)$，半径为 $r=\sqrt{2}$ 的圆.

圆心 $(1,1)$ 到直线 $ax+by+\sqrt{2}=0$ 的距离 $d=\frac{|a+b+\sqrt{2}|}{\sqrt{a^2+b^2}}$. 而结论中，圆上的点到直线的距离最小值为 $d_{\min}=d-r>1$，等价于求解 $d>\sqrt{2}+1$.

条件（1），$a^2+b^2=1$，此时 $d=|a+b+\sqrt{2}|$，取 $a=0$，$b=-1$，则 $d=\sqrt{2}-1<\sqrt{2}+1$，不充分.

条件（2），取 $a=b=1$，此时 $d=\frac{|1+1+\sqrt{2}|}{\sqrt{1^2+1^2}}=\sqrt{2}+1$，不充分.

联合（1）（2），$a>0$，$b>0$，则 $(a+b)^2=a^2+b^2+2ab=1+2ab>1$，所以 $a+b>1$.

此时 $d=\frac{|a+b+\sqrt{2}|}{\sqrt{a^2+b^2}}=\frac{|a+b+\sqrt{2}|}{\sqrt{1}}=a+b+\sqrt{2}>1+\sqrt{2}$，充分，故选 C.

18.【答案】E

【考点】实数 平均值

【解析】条件（1），已知 a、b、c 的平均数，则可得 $a+b+c$ 的值，但无法具体确定 a、b、c 的最大值.

条件（2），只知 a、b、c 的最小值，无法确定 a、b、c 的最大值.

联合条件（1）（2），已知 $a+b+c$ 的值以及 a、b、c 的最小值，特值：设平均值为 2，最小值为 $a=1$，即 $1+b+c=6\Rightarrow b+c=5$，那么这三个数可能为 1，1，4 或 1，2，3，因此不能确定 a、b、c 的最大值，故选 E.

19. 【答案】C

【考点】概率 古典概型

【解析】从 20 部手机中任选 2 部的总情况数有 $C_{20}^{2}=190$ 种.

条件（1），极端假设法：假设甲手机有 19 部，乙手机有 1 部，故恰有 1 部甲手机的概率为

$$p=\frac{C_{19}^{1}\times C_{1}^{1}}{C_{20}^{2}}=\frac{1}{10}<\frac{1}{2}，不充分.$$

条件（2），极端假设法：假设甲手机有 1 部，乙手机有 19 部，则恰有 1 部甲手机的概率为

$$p=\frac{C_{1}^{1}\times C_{19}^{1}}{C_{20}^{2}}=\frac{1}{10}<\frac{1}{2}，也不充分.$$

联合条件（1）（2），设有 x 部甲手机，则乙手机的数量为 $(20-x)$ 部，根据题意，易得

$\begin{cases}x\geqslant 8\\20-x>7\end{cases}\Rightarrow 8\leqslant x<13$，又因 x 为整数，故 $x=8，9，10，11，12$.

结论恰有 1 部甲手机的概率为 $p=\dfrac{C_{x}^{1}\times C_{20-x}^{1}}{C_{20}^{2}}=\dfrac{x(20-x)}{190}>\dfrac{1}{2}\Rightarrow x(20-x)>95$，将 $x=8，9，10，11，12$ 分别代入，不等式 $x(20-x)>95$ 均成立，即联合充分，故选 C.

20. 【答案】E

【考点】应用题 不定方程

【解析】设总人数为 m.

条件（1），$m=20(n-1)+a$，其中 $1\leqslant a\leqslant 19$，无法确定 m 的取值，不充分.

条件（2），$m=12n+10$，由于不知道 n，无法确定 m 的取值，不充分.

联合条件（1）（2），$\begin{cases}m=20(n-1)+a\\m=12n+10\\1\leqslant a\leqslant 19\end{cases}\Rightarrow\begin{cases}8n=30-a\\1\leqslant a\leqslant 19\end{cases}\Rightarrow\begin{cases}n=2\\a=14\\m=34\end{cases}$ 或 $\begin{cases}n=3\\a=6\\m=46\end{cases}$，$m$ 的取值不唯一，故选 E.

21. 【答案】D

【考点】立体几何 长方体

【解析】设长方体的长、宽、高分别为 a、b、c，则长方体的体对角线 $l=\sqrt{a^2+b^2+c^2}$.

条件（1），已知 ab、bc、ac 的值，可求出 a、b、c 具体的值，充分.

条件（2），已知三个面的对角线 m、n、k，则 $m=\sqrt{a^2+b^2}$，$n=\sqrt{a^2+c^2}$，$k=\sqrt{b^2+c^2}$，

$l=\sqrt{a^2+b^2+c^2}=\sqrt{\dfrac{m^2+n^2+k^2}{2}}$，充分，故选 D.

22. 【答案】E

【考点】应用题 不定方程

【解析】设甲，乙，丙三人的捐款金额分别为 x，y，z，已知 $x+y+z=3\,500$.

条件（1），$x\neq y\neq z$，如①$x=10$，$y=90$，$z=3\,400$；②$x=100$，$y=200$，$z=3\,200\cdots$

不能唯一确定每人的捐款金额，故不充分.

条件（2），如①$x=500$，$y=500$，$z=2\,500$；②$x=500$，$y=1\,000$，$z=2\,000\cdots$

不能唯一确定每人的捐款金额，故不充分.

联合条件（1）（2），①$x=500$，$y=1\,000$，$z=2\,000$；②$x=1\,000$，$y=500$，$z=2\,000\cdots$

不能唯一确定甲、乙、丙三人的具体捐款金额，即联合也不充分，故选 E.

23.【答案】A

【考点】函数方程不等式 二次函数

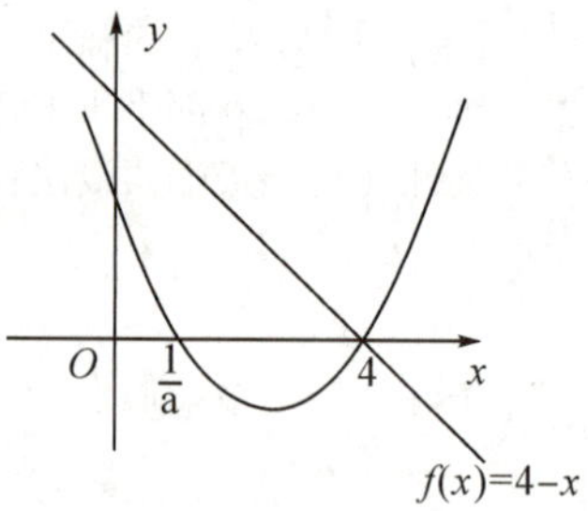

【解析】条件（1），当 $a>\frac{1}{4}$ 时，$f(x)$ 为开口向上的一元二次函数，对应方程 $(ax-1)(x-4)=0$ 的两根为 $x_1=4$，$x_2=\frac{1}{a}$. 又 $a>\frac{1}{4}\Rightarrow 0<\frac{1}{a}<4$，则在 $x=4$ 左侧附近 $f(x)<0$，故充分.

条件（2），$a<4$，特殊地，当 $a=0$ 时，$f(x)=-(x-4)=4-x$，如右图所示，在 $x=4$ 左侧 $f(x)>0$，不充分，故选 A.

24.【答案】A

【考点】实数 均值不等式

【解析】由 $a>0$，$b>0$，则 $\frac{1}{a}+\frac{1}{b}\geqslant 2\sqrt{\frac{1}{ab}}$，当 $a=b$ 时取到最小值.

条件（1），已知 ab 的值，当 $a=b=\sqrt{ab}$ 时，可确定 $\frac{1}{a}+\frac{1}{b}$ 的最小值为 $2\sqrt{\frac{1}{ab}}$，故充分.

条件（2），根据韦达定理有 $ab=2$，但 $a\neq b$，无法取到最小值，不充分，故选 A.

25.【答案】A

【考点】实数 均值不等式

【解析】已知 a，b，c，d 是正实数，对结论进行等价转换，不等式两边同时平方，可得 $a+d+2\sqrt{ad}\leqslant 2(b+c)$.

条件（1），根据均值不等式，则有 $a+d=b+c\geqslant 2\sqrt{ad}$，因此 $a+d+2\sqrt{ad}\leqslant 2(b+c)$，故充分.

条件（2），特值证否：令 $a=1$，$d=4$，$b=c=2$，满足 $ad=bc$，此时 $\sqrt{a}+\sqrt{d}=3$，$\sqrt{2(b+c)}=\sqrt{8}$，不满足 $\sqrt{a}+\sqrt{d}\leqslant\sqrt{2(b+c)}$，不充分，故选 A.

逻辑部分

26.【答案】C

【考点】形式逻辑 假言命题 求真

【解析】题干条件如下：

①知无不言、言无不尽→营造氛围；

②“兼听”∨决策→从谏∧撑腰；

③营造生态→听意见。

A 领导→从谏∧撑腰，不符合推理，排除。

B 没有大多数的范围限定，排除。

C 非从谏→非决策，是②的等价逆否命题，正确。

D 营造生态→营造氛围，不符合推理。

E 知无不言、言无不尽→听意见，不符合推理。

故选 C 选项。

27.【答案】A

【考点】非形式逻辑 削弱 因果削弱

【解析】题干论证如下：

论据：寻路好的人嗅觉比较灵敏。

论点：方向感强导致嗅觉灵敏。

（因：方向感强；果：嗅觉灵敏）

A 表明是嗅觉灵敏导致方向感好，而不是方向感好导致嗅觉灵敏，因果倒置，可以削弱。

B、C、E 中有些、部分、有的，范围不确定，同时没有涉及嗅觉和方向感之间的关系，排除。

D 题干并没有涉及教授和年轻人的对比，无关项，排除。

故选 A 选项。

28.【答案】C

【考点】非形式逻辑 假设 搭桥假设

【解析】题干论证如下：

论据：医生要有足够的爱心和兴趣才能做好。

论点：医生不招调剂生。

隐含的假设是：调剂生缺乏“足够的爱心和兴趣”。

故选 C 选项。

29.【答案】D

【考点】分析推理 匹配

【解析】题干分析如下：

根据（1）可知，甲和乙都不喜欢咖啡和大麦茶。

根据（2）可知，丙和戊各自占了咖啡和大麦中的一个名额，还剩余咖啡和大麦各一种选择。

又因为每人喜欢 2 种饮品，每种饮品有 2 人喜欢，甲乙不喜欢大麦和咖啡，丙戊喜欢其中一种。

所以丁必须喜欢“咖啡和大麦茶”。

故选 D 选项。

30.【答案】C

【考点】非形式逻辑 相似 结构相似

【解析】题干结构如下：

若 A 且 B，则 C。因此，如果 A 且非 C，那么非 B。

A 中结构：若 A 且 B，则 C，因此，若 C，那么非 A 或非 B。与题干信息不一致，排除。

B 中结构：若 A 且 B，则 C，因此，若 A 且非 B，则非 C。与题干信息不一致，排除。

C 中结构：若 A 且 B，则 C，因此，如果 A 且非 C，那么非 B。与题干信息一致，正确。

D 中结构：如果 A 且 B，则 C，因此，如果 C 且非 B，那么非 A。与题干信息不一致，排除。

E 中结构：若 A 且 B，则 C，因此，A 且 C，那么 B。与题干信息不一致，排除。

故选 C 选项。

31.【答案】B

【考点】分析推理 匹配

【解析】题干分析如下：

确定信息及重复信息作为突破口。

根据（2）可知冬至不会对应明庶风；

根据（4）逆否可知：（立夏-清明风）且（立春-条风）；

则根据（4）逆否+（3）可得：（夏至-条风）或（立冬-不周风）；

已经知道立春-条风，所以夏至不可能条风，则得立冬-不周风。

故选B选项。

32.【答案】E

【考点】分析推理 匹配

【解析】由31题可知：立春-条风；立夏-清明风；立冬-不周风。

根据（1）可知：立秋-凉风；根据条件（2）可知：冬至-广莫风。

立春	春分	立夏	夏至	立秋	秋分	立冬	冬至
条风		清明风		凉风		不周风	广莫风

根据32题问题新信息：“春分”和“秋分”两节气对应的节风在“明庶风”和“阊阖风”之中，则“夏至”只有“景风”。

故选E选项。

33.【答案】C

【考点】非形式逻辑 支持 论证支持

【解析】题干中两个人的观点为：

王：女员工的绩效>男员工。

李：最差的女员工>新入职的员工。

保证新入职的员工都是男性，则能推出新入职的员工不如最差的女员工。

故选C选项。

34.【答案】A

【考点】分析推理 数字计算

【解析】九宫格+方程法：

440	常住户籍 240	常住外来 200
G区 240	x	$240-x$
H区 200	$240-x$	$x-40$

选项中都在对比G区和H区户籍和外来人口之间的关系，则可以运用九宫格+方程法进行运算。

设G户籍人口为x，则G区外来人口为$240-x$；

H户籍人口为$240-x$，则H区外来人口为$x-40$；

则G户籍人口>H区外来人口；

故选A选项。

35.【答案】B

【考点】非形式逻辑 削弱 论证削弱

【解析】题干论证如下：

论据：老年人不会使用移动支付功能。

论点：移动支付会影响老年人的晚年生活质量。

削弱论证，证明移动支付不影响老年人生活质量即可。

A 与题干论证的移动支付无关，排除。

B 指出老年人不需要用移动支付购物也能生活幸福，切断论据和论点之间的联系，削弱。

C 指出政策出台后，商家的执行情况，与题干中话题无关，排除。

D 表明老年人可以学会使用移动支付功能，但没有明确指出是否会影响生活质量，排除。

E 支持了题干中的论据，排除。

故选 B 选项。

36.【答案】E

【考点】非形式逻辑 推论

【解析】根据题干分析选项：

A 星期三、星期五不符，排除。

B 星期三不符，排除。

C 星期一不符，排除。

D 星期六不符，排除。

E 都符合。

故选 E 选项。

37.【答案】A

【考点】分析推理 排序

【解析】题干条件如下：

（1）每天≥2 件事；

（2）④、⑤在同一天；

（3）②在③前一天；

加入问法中的条件：③和④在第 2 天。

根据条件（2），可知③④⑤都要在第 2 天，排除 E。

根据条件（3），可知②一定在第 1 天，排除 B。

所以休息一定在第 3 天，排除 C、D。

故选 A 选项。

38.【答案】C

【考点】分析推理 排序

【解析】题干条件如下：

（1）每天≥2 件事；

（2）④、⑤在同一天；

（3）②在③前一天；

加入问法条件：第 2 天做包含⑥的三件事。

则：还有一天休息，剩下三件会另外一天做。

因为④⑤在一天，且②③不在一天，则④⑤不会和⑥在第 2 天；
②③有一件在第 2 天、有一件和④⑤一起在另外一天；
则①必定和⑥一起。
故选 C 选项。

39. 【答案】D
【考点】分析推理 综合推理
【解析】题干条件如下：
(1) 一个部门只能合并到一个子公司；
(2) 非丁丑 ∨ 非丙丑→戊丑 ∧ 甲丑；
(3) 非甲卯 ∨ 非己卯 ∨ 非庚卯→戊寅 ∧ 丙卯。
没有确定信息时重复信息可以作为突破口。
结合 (3) (2) 可得：非甲卯 ∨ 非己卯 ∨ 非庚卯→戊寅 ∧ 丙卯→非戊丑→丁丑 ∧ 丙丑；
此时，丙卯和丙丑矛盾，所以非甲卯 ∨ 非己卯 ∨ 非庚卯为假，则甲卯 ∧ 己卯 ∧ 庚卯；
结合 (2) 的等价逆否可得，非戊丑 ∨ 非甲丑→丁丑 ∧ 丙丑。
故选 D 选项。

40. 【答案】C
【考点】非形式逻辑 支持 论证支持
【解析】题干中两个人的观点为：
王：吃早餐导致皮质醇峰值高可能引发 Ⅱ 型糖尿病。
李：不赞同，不吃早餐会增加 Ⅱ 型糖尿病的风险，还会增加其他疾病的风险。
支持李教授的观点。即说明不吃早餐不健康。
A 说明吃早餐的好处，与题干不吃早餐无关，排除。
B 说明糖尿病患者什么时候摄入卡路里好，与题干中不吃早餐无关，排除。
C 表明经常不吃早餐，对血糖不利，并且容易患其他疾病，解释了为什么不吃早餐不好，正确。
D 与题干论证均无关，排除。
E 与题干论证均无关，排除。
故选 C 选项。

41. 【答案】A
【考点】分析推理 综合推理
【解析】根据题干要求判断选项：
A “aWb” 符合条件 (2)，是有涵义语词；“dXe” 符合条件 (2)，是有涵义语词；“dXeZ” 符合条件 (3)，是有涵义语词；“aWbcdXeZ” 符合条件 (4)，是有合法语句。
B “aWb” “aZe” 两个有涵义语词通过 “cd” 两个无涵义语词连接，不符合条件 (4)，排除。
C “b” 是无涵义词语，整体不符合条件 (4)，排除。
D 整体不符合条件 (4)，排除。
E 整体不符合条件 (4)，排除。
故选 A 选项。

42. 【答案】E
【考点】分析推理 综合推理
【解析】题干条件如下：

（1）椿树∨枣树；
（2）椿树→楝树∧非雪松；
（3）枣树→雪松∧非银杏；
又附加条件种植银杏。
根据（3）的逆否命题可知，非雪松∨银杏→非枣树，可知不种枣树；
根据（1）椿树∨枣树=非枣树→椿树，可知要种椿树；
根据（2）椿树→楝树∧非雪松，可知要种楝树、不种雪松；
在上述的6个树种中，选择4种栽种，当不种枣树和雪松时，则要种椿树、楝树、银杏和桃树。
故选E选项。

43.【答案】C
【考点】非形式逻辑 支持 论证支持
【解析】题干论证如下：
论据：西藏披毛犀化石的鼻中隔硬骨比其他地区披毛犀化石更不完整。
论点：西藏披毛犀具有更原始的形态。
A无法说明是否西藏披毛犀更原始，排除。
B只是在重复西藏披毛犀具有原始的形态，支持力度有限，排除。
C说明西藏披毛犀的鼻中隔不太“完整”，确实是更原始，建立联系，正确。
D、E与论证无关，排除。
故选C选项。

44.【答案】C
【考点】非形式逻辑 假设 搭桥假设
【解析】题干论证如下：
论据：黄土高原的黄土是生土。
论点：黄土高原不长植被。
论据和论点之间有跳跃，只需建立生土和不长植被之间的关系即可。
C说明生土缺乏植物生长所需的营养成分，因而不长植被，建立了论据和论点之间的联系。
故选C选项。

45.【答案】B
【考点】非形式逻辑 支持 目的措施支持
【解析】题干论证如下：
论据：新技术可以把二氧化碳等物质“电成”有营养价值的蛋白粉。
论点：这项技术有助于解决全球饥饿问题。
（目的：这项技术有助于解决全球饥饿问题；措施：新技术）
题目要求“除哪项，均能支持”，即选择不能支持的选项。
A表明该技术可以产生出有营养价值的食物，可以支持，排除。
B与该技术无关，无法支持。
C该技术将彻底改变农业，可以支持，排除。
D表明该技术确实可以产生有营养的食物，可以支持，排除。
E表明该技术可以为解决饥饿问题提供帮助，可以支持，排除。
故选B选项。

46. 【答案】E

【考点】分析推理 匹配

【解析】根据题干条件，5 个人每人去两个国家，每个国家有 2~3 人去。

找确定信息作为突破口。

根据（3），可知丁和乙去英国和法国，排除 B 和 D；

根据（1）的逆否命题：丁去英国→非甲韩国，可知甲不去韩国，排除 A；

根据（2）丙和戊结伴出游，如果丙去了英国，那么戊也去，这样英国就有 4 人（乙、丁、丙、戊）去英国，和题干条件“每个国家只有 2-3 人去旅游”产生了冲突，排除 C。

故选 E 选项。

47. 【答案】A

【考点】分析推理 匹配

【解析】根据题干条件，5 个人每人去两个国家，每个国家有 2~3 人去。

根据条件（3），可知丁和乙去英国和法国，则丁和乙不去日本和韩国；

根据条件（1）的逆否命题丁去英国→非甲韩国，则甲不去韩国。那么丙和戊要去韩国；

问法补充：去欧洲和去亚洲的人数一样多。目前，欧洲有丁和乙两人，亚洲有丙和戊两人；如果要满足人数一样多，那么甲就要既去亚洲又去欧洲。亚洲中，有日本和韩国，已知甲不去韩国，那么甲去日本。

故选 A 选项。

	日本	韩国	英国	法国
甲		×		
乙	×	×	√	√
丙		√		
丁	×	×	√	√
戊		√		

48. 【答案】A

【考点】非形式逻辑 支持 论证支持

【解析】陪审员判决：应该缴费。

若要支持陪审员判决就须证明鲸鱼油也是油，同样需要缴费。

A 直接表明鲸鱼油属于“鱼油”，应该在需要缴费的范围之内，可以支持。

B、E 均与题干论证无关，排除。

C、D“许多人认为”“多数人肯定”均属于主观判断项，不能支持，排除。

故选 A 选项。

49. 【答案】C

【考点】非形式逻辑 支持 论证支持

【解析】题干论证如下：

论据：发展中国家的高层次人才紧缺状况更甚于发达国家。

论点：我国高层次人才引进工作继续进一步加强。

论据和论点之间存在跳跃，发展中国家人才紧缺推断出我国应该加强引进工作，那必然要建立发展中国家和中国之间的联系。

A 题干并未涉及文科与理工科的比较，排除。

B 题干论证并未涉及“一般性人才”，排除。
C 建立了论据与结论的联系，可以支持。
D 与题干论证无关，排除。
E 题干论证主体是“高层次人才”，而不是“领军人才”，排除。
故选 C 选项。

50.【答案】E
【考点】非形式逻辑 支持 论证支持
【解析】专家观点：数字阅读具有重要价值，是阅读的未来发展趋势。
支持专家观点只需证明数字阅读确实有优势即可。
A 未指出数字阅读未来对自己生活产生何种影响，不能支持。
B、C、D 指出数字阅读的劣势，不能支持，排除。
E 表明数字阅读的优势，便于筛选信息，对相关信息进行初步和深入了解，相关平台越来越多，与专家观点一致，可以支持。
故选 E 选项。

51.【答案】E
【考点】分析推理 综合推理
【解析】题干分析如下：
问法中让找可能选项，可以用排除。
A 若建设负责环境，平安负责协调，根据条件（1）可知综合负责秩序，根据条件（2）民生便没有可负责的工作，排除。
B 若建设负责秩序，民生负责协调，根据条件（1）可知综合便没有可负责的工作，排除。
C 若综合负责安全，民生负责协调，根据条件（1）逆否命题可知建设不是环境也不是秩序，那么建设或者是安全或者是协调（已被占），建设无负责工作，排除。
D 若民生负责安全，综合负责秩序，根据条件（2）逆否命题可知平安不是协调也不是环境，那么平安是安全或者是秩序（已被占），平安无负责工作，排除。
E 可行，无冲突。
故选 E 选项。

52.【答案】E
【考点】形式逻辑 假言命题 求真
【解析】题干条件如下：
①人→有惑；
②非从师→非解惑；
③生乎吾前∨生乎吾后→闻道先乎吾，吾从而师之；
④道之所存→师之所存。
A 与③不一致，排除。
B 与④不一致，排除。
C 题干中并未出现此逻辑关系，排除。
D 与③不一致，排除。
E②的等价逆否命题，正确。
故选 E 选项。

53. 【答案】B

【考点】非形式逻辑 相似 结构相似

【解析】题干结构：A→B，如果 A→C→非 B。因此，A→非 C。

A 中结构：A→非 B，如果 A→C→D。因此，A→E。不一致，排除。

B 中结构：A→B，如果 A→C→非 B。因此，A→非 C。一致，正确。

C 中结构：A→B，如果 A→非 C→非 B。因此，A→C。不一致，排除。

D 中结构：A→非 B，非 C→D。因此，A→B。不一致，排除。

E 中结构：A→B，如果 A→B→非 C。因此，A→非 B。不一致，排除。

故选 B 选项。

54. 【答案】D

【考点】分析推理 综合推理

【解析】由题干表格知，张和赵无任何题目做对，那么说明

答题者	第一题	第二题	第三题	第四题	测试结果
张	A×	B×	A×	B×	均不正确
王	B	D	B	C	只答对 1 题
赵	D×	A×	A×	B×	均不正确
李	C	C	B	D	只答对 1 题
可知正确答案	B 或 C	C 或 D	B 或 C 或 D	A 或 C 或 D	

由题干表格知，第一题王选 B，李选 C，两人中必有人对一题；

第二题王选 D，李选 C，两人中必有人对一题；

又知，王和李都只答对了一题，那么王和李肯定是一人第一题答对，一人第二题答对。

那么两人第三、四题都答错了。第四题正确答案不是 C、D。

因此第四题正确答案只能为 A。

故选 D 选项。

55. 【答案】A

【考点】分析推理 综合推理

【解析】由 54 题可知，目前选项情况如图：

答题者	第一题	第二题	第三题	第四题	测试结果
张	A×	B×	A×	B×	均不正确
王	B	D	B	C	只答对 1 题
赵	D×	A×	A×	B×	均不正确
李	C	C	B	D	只答对 1 题
可知正确答案	B 或 C	C 或 D	C 或 D	A	

由 55 题题干可知，每道题选项不同，第二、三题正确选项只能在 C 和 D 间，不确定，那么第一题选项就只能为 B。

故选 A 选项。

写作部分

56. 论证有效性分析

<table>
<tr><th colspan="2">冰雪运动中心</th></tr>
<tr><td colspan="2">北京将联手张家口共同举办 2022 年冬季奥运会。中国南方的一家公司决定在其本地投资设立一家商业性的冰雪运动中心。这家公司认为，该中心一旦投入运营，将获得可观的经济效益。这是因为：
①北京与张家口共同举办冬奥会，必然会在中国掀起一股冰雪运动热潮。②中国南方许多人从未有过冰雪运动的经历，会出于好奇心而投身于冰雪运动。这正是一个千载难逢的绝好商机，不能轻易错过。</td></tr>
<tr><td rowspan="2">精析</td><td>中心论点：该中心一旦投入运营，将获得可观的经济效益。</td></tr>
<tr><td>谬误点一：概念不准确（或过度推理）（②）
就算众多从未有过冰雪运动经历的南方人对此好奇，也未必会投身于冰雪运动。
也可看成作者对“好奇心”的概念理解有误。
谬误点二：以偏概全（②→①）
即便“南方许多人会投身于冰雪运动”，这里的许多人并不代表大多数人；同时南方也只是中国的一个区域，在南方掀起一股冰雪运动热潮并不意味就会在中国掀起热潮。</td></tr>
<tr><td colspan="2">而且，冰雪运动与广场舞、跑步等不一样，需要一定的运动用品，例如冰鞋、滑雪板与运动服装等。③这些运动用品价格不菲且具有较高的商业利润。④如果在开展商业性冰雪运动的同时也经营冬季运动用品，则公司可以获得更多的利润。</td></tr>
<tr><td>精析</td><td>谬误点三：概念混淆（③→④）
“预期利润”不同于“实际利润”，前者是指的单纯考虑这些运动用品如果销售出去了将具有较高的商业利润；而后者要取决于实际销售情况。</td></tr>
<tr><td colspan="2">另外，目前中国网络购物已经成为人们的生活习惯，⑤但相对于网络商业，人们更青睐直接体验式的商业模态，而商业性冰雪运动正是直接体验式的商业模态，⑥无疑具有光明的前景。</td></tr>
<tr><td>精析</td><td>谬误点四：集合体性质误用（⑤→⑥）
人们更青睐直接体验式的商业模态，喜欢整体模态类型，未必能推出人们更青睐作为直接体验式的商业模态之一的冰雪运动；同理，就算商业性冰雪运动具有光明前景，这也只是行业的整体特点，也不代表该冰雪运动中心就一定具有光明的前景。</td></tr>
<tr><td>参考范文</td><td>该投资未必真能获利
中国南方一家公司计划借冬奥会到来之际，在本地投资设立一家商业性的冰雪运动中心，并给出了一系列盈利的理由，仔细推敲存在诸多不严密之处，具体分析如下：
首先，就算众多从未有过冰雪运动经历的南方人对此好奇，也未必会投身于冰雪运动。第一，没有尝试过冰雪运动的人可能会害怕尝试，致使根本无法迈出亲身体验这一步；第二，投身冰雪运动也受诸多因素的限制，比如经济条件、身体条件等，并不是想尝试就能尝试；第三，满足好奇心的方式有很多，未必都要通过亲身经历的方式。
其次，北京与张家口共同举办冬奥会，未必会在中国掀起一股冰雪运动热潮。即便按后面所说的“南方许多人会投身于冰雪运动”，这里的许多人并不代表大多数人；同时南方也只是中国的一个区域，就算真的有幸在南方掀起一股冰雪运动热潮，也未必得到会在中国掀起一股冰雪运动热潮，作者在此论证的过程中有以偏概全之嫌。</td></tr>
</table>

	再次，即便冰雪运动用品价格不菲且具有较高的商业利润，也未必能推出“在冰雪运动中心经营冬季运动用品，使公司可以获得更多的利润”。“预期利润”不同于“实际利润”，后者要取决于实际销售情况。很可能大多数客户也未必会购买冰雪运动中心的用品，他们完全可以通过网店途径购买甚至只是租借使用。 最后，人们更青睐直接体验式的商业模态，喜欢整体模态类型，未必能推出人们更青睐作为直接体验式的商业模态之一的冰雪运动；同样，就算商业性冰雪运动具有光明前景，这也只是行业的整体特点，也不代表该冰雪运动中心就一定具有光明的前景。 因此，该公司未必能达到预期的盈利目的。

57. 论说文

“挑战者号”航天飞机	
审题立意	材料中的故事旨在强调应防患于未然、注意细节、重视专家意见等（择一角度）。
参考框架	范文框架（正反）：本质及成因；反面论证（忽视的后果）；正面论证（重视的必要）。 其他框架（并列）：重视的必要 A；重视的必要 B；重视的必要 C。
参考范文	**防患于未然** 面对“挑战者号”的潜在风险，斯沃克公司高层不但一直掉以轻心，就连临发射前，面对专家的最后警告都视为小题大做，活生生地断送了最后一次杜绝悲剧的机会。“挑战者号”的结局应引起我们的深度反思：安全隐患，不容小觑！ 隐患，其本意是潜在的危险，即有发生危险的可能。隐患可以分为未被发现的隐患和有被注意到的隐患两大类。未被发现的隐患多由人们粗心大意、缺乏安全意识、缺乏专业的知识与经验而导致。而令我们更疑惑的是，对于时常完全有被注意到的隐患，当事人仍保持轻视的态度；明明可以花费较小的成本与精力去杜绝隐患，却还存在着侥幸心理！ 轻视隐患的后果不堪设想。就因小小的橡胶密封圈脆裂造成“挑战者号”的爆炸，造成巨大生命和财产的损失，数年辛苦地研发与准备、所投入的时间和科研成本及宇航员的培养毁于一旦；之后的“哥伦比亚号”航天飞机不也如此吗？相信大家还听过我国古代“曲突徙薪”的故事……古今中外，轻视隐患酿成的悲剧数不胜数。即便如此，大多数人们还是不相信看似小小的瑕疵会造成致命的灾祸，因为他们不懂得“牵一发而动全身”的道理，不懂得“千里之堤，溃于蚁穴”的道理。万事万物都处于因果关系的链条之中，细微的变化会造成的巨大连锁反应。 防患意识人人都必须要有。首先，防患意识本身就该是一种本能。动物将食物藏起来以防被抢，将巢穴建在更加安全的地方，自然灾害前的自保行为……其本质行为不都是“防患意识”吗？更何况处在更为复杂的社会之中的人类。我们要让防患意识成为无时不有的习惯，保全自身和身边的人不应损失的利益。防患意识更是一种责任，江泽民曾说：“隐患险于明火，责任重于泰山”，的确，小到个人、家庭生活，大到公司、国家，我们都应具备高度的责任感，对自己负责，对自己所在的团体负责，生命、财产、生存环境皆可贵，不要因小小的疏忽追悔莫及。 “君子以思患而豫防之。”我们并非总是有临渴掘井、临阵磨枪、临时抱佛脚的机会。只有有备，才能无患。

2021年全国硕士研究生招生考试
管理类综合能力试题

考生注意事项

1. 答题前，考生须在试题册指定位置上填写考生编号和考生姓名。在答题卡上填报“报考单位”“考生姓名”“考生编号”等信息。

2. 考生须把试题册上的“试卷条形码”粘贴于答题卡的“试卷条形码粘贴位置”框中。不按规定粘贴条码而影响试卷结果的，责任由考生自负。

3. 选择题的答案必须填涂在答题卡相应题号的选项上，非选择题的答案必须书写在答题卡指定位置的边框区域内。超出答题区域书写的答案无效；在草稿纸、试题册上答题无效。

4. 涂写部分要求用2B铅笔完成。如要改动，必须用橡皮擦干净。填（书）写部分必须使用黑色字迹钢笔、圆珠笔或签字笔在答题卡上作答，字迹工整、笔迹清楚。

5. 考试结束，将试题、答题卡一并装入试题袋中交回。

（以下信息考生必须认真填写）

考生编号															
考生姓名															

2021年全国硕士研究生招生考试
管理类综合能力试题

一、问题求解： 第1~15小题，每小题3分，共45分．下列每题给出的A、B、C、D、E五个选项中，只有一项是符合试题要求的．请在答题卡上将所选选项的字母涂黑．

1. 某便利店第一天售出50种商品，第二天售出45种商品，第三天售出60种商品，前两天售出的商品有25种相同，后两天售出的商品有30种相同，这三天售出商品至少有（　　）种.

A. 70　　B. 75　　C. 80　　D. 85　　E. 100

2. 三位年轻人的年龄成等差数列，且最大与最小的两人年龄之差的10倍是另一人的年龄，则三人年龄中最大的是（　　）岁.

A. 19　　B. 20　　C. 21　　D. 22　　E. 23

3. $\frac{1}{\sqrt{2}+1}+\frac{1}{\sqrt{3}+\sqrt{2}}+\cdots+\frac{1}{\sqrt{100}+\sqrt{99}}=$（　　）.

A. 9　　B. 10　　C. 11　　D. $3\sqrt{11}-1$　　E. $3\sqrt{11}$

4. 设p，q是小于10的质数，则满足条件$1<\frac{q}{p}<2$的p，q有（　　）组.

A. 2　　B. 3　　C. 4　　D. 5　　E. 6

5. 设二次函数$f(x)=ax^2+bx+c$，且$f(2)=f(0)$，则$\frac{f(3)-f(2)}{f(2)-f(1)}=$（　　）.

A. 2　　B. 3　　C. 4　　D. 5　　E. 6

6. 如图，由P到Q的电路中有三个元件，分别标有T_1，T_2，T_3，电流能通过T_1，T_2，T_3的概率分别为0.9，0.9，0.99，假设电流能否通过三个元件相互独立，则电流能在P、Q之间通过的概率是（　　）.

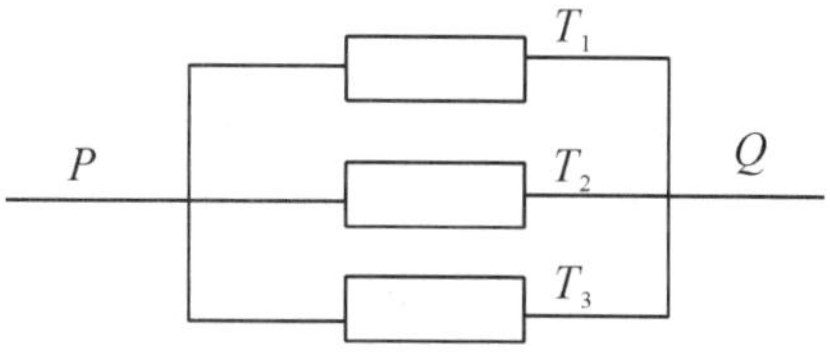

A. 0.801 9　　B. 0.998 9　　C. 0.999

D. 0.999 9　　E. 0.999 99

7. 若球体的内接正方体的体积为 $8m^3$，则该球体的表面积为（　　）m^2.

A. 4π　　B. 6π　　C. 8π　　D. 12π　　E. 24π

8. 甲、乙两组同学中，甲组有 3 名男同学和 3 名女同学，乙组有 4 名男同学和 2 名女同学，从甲、乙两组中各选出 2 名同学，则这 4 人中恰有 1 名女同学的选法有（　　）种.

A. 26　　B. 54　　C. 70　　D. 78　　E. 105

9. 如图，已知正六边形边长为 1，分别以正六边形的顶点 O，P，Q 为圆心，以 1 为半径作圆弧，则阴影部分面积为（　　）.

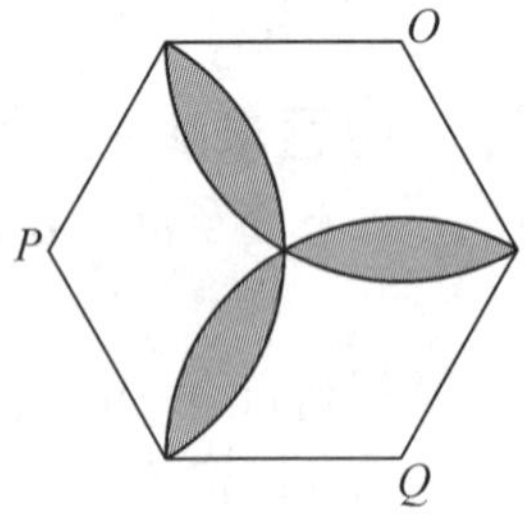

A. $\pi-\frac{3\sqrt{3}}{2}$　　B. $\pi-\frac{3\sqrt{3}}{4}$　　C. $\frac{\pi}{2}-\frac{3\sqrt{3}}{4}$

D. $\frac{\pi}{2}-\frac{3\sqrt{3}}{8}$　　E. $2\pi-2\sqrt{3}$

10. 已知 $ABCD$ 是圆 $x^2+y^2=25$ 的内接四边形，若 A、C 是直线 $x=3$ 与圆 $x^2+y^2=25$ 的交点，则四边形 $ABCD$ 的面积最大值为（　　）.

A. 20　　B. 24　　C. 40　　D. 48　　E. 80

11. 某商场利用抽奖方式促销，100 个奖券中设有 3 个一等奖，7 个二等奖，则一等奖先于二等奖抽完的概率为（　　）.

A. 0.3　　B. 0.5　　C. 0.6　　D. 0.7　　E. 0.73

12. 函数 $f(x)=x^2-4x-2|x-2|$ 的最小值为（　　）.

A. -4　　B. -5　　C. -6　　D. -7　　E. -8

13. 从装有 1 个红球，2 个白球，3 个黑球的袋子中随机取出 3 个球，则这 3 个球的颜色至多有两种的概率为（　　）.

A. 0.3　　B. 0.4　　C. 0.5　　D. 0.6　　E. 0.7

14. 现有甲、乙两种浓度的酒精，已知用 10 升甲酒精和 12 升乙酒精可以配成浓度为 70% 的酒精，用 20 升甲酒精和 8 升乙酒精可以配成浓度为 80% 的酒精，则甲酒精的浓度为（　　）.

A. 72%　　B. 80%　　C. 84%　　D. 88%　　E. 91%

15. 甲、乙两人相距 330 千米，他们驾车同时出发，经过 2 小时相遇，甲继续行驶 2 小时 24 分钟后到达乙的出发地，则乙的车速为（　　）千米/小时.

A. 70　　B. 75　　C. 80　　D. 90　　E. 96

二、条件充分性判断：第 16～25 题，每小题 3 分，共 30 分. 要求判断每题给出的条件（1）和条件（2）能否充分支持题干所陈述的结论. A、B、C、D、E 五个选项为判断结果，请选择一项符合试题要求的判断. 在答题卡上将所选选项的字母涂黑.

（A）条件（1）充分，但条件（2）不充分.

（B）条件（2）充分，但条件（1）不充分.

（C）条件（1）和（2）单独都不充分，但条件（1）和（2）联合起来充分.

（D）条件（1）充分，条件（2）也充分.

（E）条件（1）和（2）单独都不充分，条件（1）和（2）联合起来也不充分.

16. 某班增加两名同学，则该班同学的平均身高增加了.

（1）增加的两名同学的平均身高与原来男同学的平均身高相同.

（2）原来男同学的平均身高大于女同学的平均身高.

17. 设 x，y 为实数，则能确定 $x \leqslant y$.

（1）$x^2 \leqslant y - 1$.

（2）$x^2 + (y-2)^2 \leqslant 2$.

18. 清理一块场地，则甲、乙、丙三人能在 2 天内完成.

（1）甲、乙两人需要 3 天完成.

（2）甲、丙两人需要 4 天完成.

19. 某单位进行投票表决，已知该单位的男、女员工人数之比为 3∶2，则能确定至少有 50%的女员工参加了投票.

（1）投赞成票的人数超过总人数的 40%.

（2）参加投票的女员工比男员工多.

20. 设 a，b 为实数，则能确定 $|a|+|b|$ 的值.

（1）已知 $|a+b|$ 的值.

（2）已知 $|a-b|$ 的值.

21. 设 a 为实数，圆 $C: x^2 + y^2 = ax + ay$，则能确定圆 C 的方程.

（1）直线 $x + y = 1$ 与圆 C 相切.

（2）直线 $x - y = 1$ 与圆 C 相切.

22. 某人购买了果汁、牛奶、咖啡三种物品，已知果汁每瓶 12 元，牛奶每盒 15 元，咖啡每盒 35 元，则能确定所买各种物品的数量.

（1）总花费为 104 元.

（2）总花费为 215 元.

23. 某人开车去上班，有一段路因维修限速通行，则可以算出此人上班的距离.

（1）路上比平时多用了半小时.

（2）已知维修路段的通行速度.

24. 已知数列 $\{a_n\}$，则能确定数列 $\{a_n\}$ 为等比数列.

（1）$a_n a_{n+1} > 0$.

（2）$a_{n+1}^2 - 2a_n^2 - a_n a_{n+1} = 0$.

25. 给定两个直角三角形，则这两个直角三角形相似.

（1）每个直角三角形的边长成等比数列.

（2）每个直角三角形的边长成等差数列.

三、逻辑推理： 第 26~55 小题，每小题 2 分，共 60 分。下列每题给出的 A、B、C、D、E 五个选项中，只有一个选项符合题目要求。请在答题卡上将所选字母涂黑。

26. 哲学是关于世界观、方法论的学问，哲学的基本问题是思维和存在的关系问题，它是在总结各门具体科学知识基础上形成的，并不是一门具体科学，因此，经验的个案不能反驳它。

以下哪项如果为真，最能支持以上论述？

A. 哲学并不能推演出经验的个案。

B. 任何科学都要接受经验的检验。

C. 具体科学不研究思维和存在的关系问题。

D. 经验的个案只能反驳具体科学。

E. 哲学可以对具体科学提供指导。

27. M 大学社会学学院的老师都曾经对甲县某些乡镇进行家庭收支情况调研，N 大学历史学院的老师都曾经到甲县的所有乡镇进行历史考察。赵若兮曾经对甲县所有乡镇家庭收支情况进行调研，但未曾到项郢镇进行历史考察；陈北鱼曾经到梅河乡进行历史考察，但从未对甲县家庭收支情况进行调研。

根据以上信息，可以得出以下哪项？

A. 陈北鱼是 M 大学社会学学院的老师，且梅河乡是甲县的。

B. 若赵若兮是 N 大学历史学院的老师，则项郢镇不是甲县的。

C. 对甲县的家庭收支情况调研，也会涉及相关的历史考察。

D. 陈北鱼是 N 大学的老师。

E. 赵若兮是 M 大学的老师。

28. 研究人员招募了 300 名体重超标的男性，将其分成餐前锻炼组和餐后锻炼组，进行每周三次相同强度和相同时段的晨练。餐前锻炼组晨练前摄入零卡路里安慰剂饮料，晨练后摄入 200 卡路里的奶昔；餐后锻炼组晨练前摄入 200 卡路里的奶昔，晨练后摄入零卡路里安慰剂饮料。三周后发现，餐前锻炼组燃烧的脂肪比餐后锻炼组多。该研究人员由此推断，肥胖者若持续这样的餐前锻炼，就能在不增加运动强度或时间的情况下改善代谢能力，从而达到减肥效果。

以下哪项如果为真，最能支持该研究人员的上述推断？

A. 餐前锻炼组额外的代谢与体内肌肉中的脂肪减少有关。

B. 餐前锻炼组觉得自己在锻炼中消耗的脂肪比餐后锻炼组多。

C. 餐前锻炼可以增强肌肉细胞对胰岛素的反应，促使它更有效地消耗体内的糖分和脂肪。

D. 肌肉参与运动所需要的营养，可能来自最近饮食中进入血液的葡萄糖和脂肪成分，也可能来自体内储存的糖和脂肪。

E. 有些餐前锻炼组的人知道他们摄入的是安慰剂，但并不影响他们锻炼的积极性。

29. 某企业董事会就建立健全企业管理制度与提高企业经济效益进行研讨。在研讨中，与会者发言如下：

甲：要提高企业经济效益，就必须建立健全企业管理制度。

乙：既要建立健全企业管理制度，又要提高企业经济效益，二者缺一不可。

丙：经济效益是基础和保障，只有提高企业经济效益，才能建立健全企业管理制度。

丁：如果不建立健全企业管理制度，就不能提高企业经济效益。

戊：不提高企业经济效益，就不能建立健全企业管理制度。

根据上述讨论，董事会最终做出了合理的决定，以下哪项是可能的？

A. 甲、乙的意见符合决定，丙的意见不符合决定。

B. 上述 5 人中只有 1 人的意见符合决定。

C. 上述 5 人中只有 2 人的意见符合决定。

D. 上述 5 人中只有 3 人的意见符合决定。

E. 上述 5 人的意见均不符合决定。

30. 气象台的实测气温与人实际的冷暖感受常常存在一定的差异。在同样的低温条件下，如果是阴雨天，人会感到特别冷，即通常说的“阴冷”；如果同时赶上刮大风，人会感到寒风刺骨。

以下哪项如果为真，最能解释上述现象？

A. 人的体感温度除了受气温的影响外，还受风速与空气湿度的影响。

B. 低温情况下，如果风力不大、阳光充足，人不会感到特别寒冷。

C. 即使天气寒冷，若进行适当锻炼，人也不会感到太冷。

D. 即使室内外温度一致，但是走到有阳光的室外，人会感到温暖。

E. 炎热的夏日，电风扇转动时，尽管不改变环境温度，但人依然感到凉快。

31. 某俱乐部共有甲、乙、丙、丁、戊、己、庚、辛、壬、癸10名职业运动员，来自5个不同的国家（不存在双重国籍的情况）。已知：

（1）该俱乐部的外援刚好占一半，他们是乙、戊、丁、庚、辛；

（2）乙、丁、辛3人来自两个国家。

根据以上信息，可以得出以下哪项？

A. 甲、丙来自不同国家。

B. 乙、辛来自不同国家。

C. 乙、庚来自不同国家。

D. 丁、辛来自相同国家。

E. 戊、庚来自相同国家。

32. 某高校的李教授在网上撰文指责另一高校张教授早年发表的一篇论文存在抄袭现象。张教授知晓后，立即在同一网站对李教授的指责做出反驳。

以下哪项作为张教授的反驳最为有力？

A. 自己投稿在先而发表在后，所谓论文抄袭其实是他人抄袭自己。

B. 李教授的指责纯属栽赃陷害、混淆视听，破坏了大学教授的整体形象。

C. 李教授的指责是对自己不久前批评李教授的学术观点所作出的打击报复。

D. 李教授的指责可能背后有人指使，不排除受到两校不正当竞争的影响。

E. 李教授早年的两篇论文其实也存在不同程度的抄袭现象。

33. 某电影节设有"最佳故事片""最佳男主角""最佳女主角""最佳编剧""最佳导演"等多个奖项，颁奖前，有专业人士预测如下：

（1）若甲或乙获得"最佳导演"，则"最佳女主角"和"最佳编剧"将在丙和丁中产生；

（2）只有影片P或影片Q获得"最佳故事片"，其片中的主角才能获得"最佳男主角"或"最佳女主角"；

（3）"最佳导演"和"最佳故事片"不会来自同一部影片。

以下哪项颁奖结果与上述预测不一致？

A. 乙没有获得"最佳导演"，"最佳男主角"来自影片Q。

B. 丙获得"最佳女主角"，"最佳编剧"来自影片P。

C. 丁获得"最佳编剧"，"最佳女主角"来自影片P。

D."最佳女主角""最佳导演"均来自影片P。

E. 甲获得"最佳导演"，"最佳编剧"来自影片Q。

34. 黄瑞爱好书面收藏，他收藏的书画作品只有"真品""精品""名品""稀品""特品""完品"，它们之间存在如下关系：

（1）若是"完品"或"真品"，则是"特品"；

（2）若是"稀品"或"名品"，则是"特品"。

现知道黄瑞收藏的一幅画不是“特品”，则可以得出以下哪项？

A. 该画是“稀品”。

B. 该画是“精品”。

C. 该画是“完品”。

D. 该画是“名品”。

E. 该画是“真品”。

35. 王、陆、田 3 人拟到甲、乙、丙、丁、戊、己 6 个景点结伴游览。关于游览的顺序，3 人意见如下：

（1）王：1 甲、2 丁、3 己、4 乙、5 戊、6 丙；

（2）陆：1 丁、2 己、3 戊、4 甲、5 乙、6 丙；

（3）田：1 己、2 乙、3 丙、4 甲、5 戊、6 丁。

实际游览时，个人意见中都恰有一半的景点序号是正确的。

根据以上信息，他们实际游览的前 3 个景点分别是：

A. 己、丁、丙。

B. 丁、乙、己。

C. 甲、乙、己。

D. 乙、己、丙。

E. 丙、丁、己。

36. “刚萨雷斯”“埃尔南德斯”“施米特”“墨菲”这 4 个姓氏是且仅是卢森堡、阿根廷、墨西哥、爱尔兰四国中其中一国常见的姓氏。已知：

（1）“施米特”是阿根廷或卢森堡常见姓氏；

（2）若“施米特”是阿根廷常见姓氏，则“刚萨雷斯”是爱尔兰常见姓氏；

（3）若“埃尔南德斯”或“墨菲”是卢森堡常见姓氏，则“刚萨雷斯”是墨西哥常见姓氏。

根据以上信息，可以得出以下哪项？

A.“施米特”是卢森堡常见姓氏。

B.“埃尔南德斯”是卢森堡常见姓氏。

C.“刚萨雷斯”是爱尔兰常见姓氏。

D.“墨菲”是卢森堡常见姓氏。

E.“墨菲”是阿根廷常见姓氏。

37. 甲、乙、丙、丁、戊 5 人是某校美学专业 2019 级研究生，第一学期结束后，他们在张、陆、陈 3 位教授中选择导师，每人只选择 1 人作为导师，每位导师有 1 至 2 人选择，并且得知：

（1）选择陆老师的研究生比选择张老师的多；

（2）若丙、丁中至少有 1 人选择张老师，则乙选择陈老师；

(3) 若甲、丙、丁中至少有 1 人选择陆老师，则只有戊选择陈老师。
根据以上信息，可以得出以下哪项?
A. 甲选择陆老师。
B. 乙选择张老师。
C. 丁、戊选择陆老师。
D. 乙、丙选择陈老师。
E. 丙、丁选择陈老师。

38. 艺术活动是人类标志性的创造性劳动。在艺术家的心灵世界里，审美需求和情感表达是创造性劳动不可或缺的重要引擎；而人工智能没有自我意识，人工智能艺术作品的本质是模仿。因此，人工智能永远不能取代艺术家的创造性劳动。
以下哪项最可能是以上论述的假设?
A. 人工智能可以作为艺术创作的辅助工具。
B. 只有具备自我意识，才能具有审美需求和情感表达。
C. 大多数人工智能作品缺乏创造性。
D. 没有艺术家的创作，就不可能有人工智能艺术品。
E. 模仿的作品很少能表达情感。

39. 最近一项科学观测显示，太阳产生的带电粒子流即太阳风，含有数以千计的"滔天巨浪"，其时速会突然暴增，可能导致太阳磁场自行反转，甚至会对地球产生有害影响。但目前我们对太阳风的变化及其如何影响地球知之甚少。据此有专家指出，为了更好地保护地球免受太阳风的影响，必须更新现有的研究模式，另辟蹊径研究太阳风。
以下哪项如果为真，最能支持上述专家的观点?
A. 最新观测结果不仅改变了天文学家对太阳风的看法，而且将改变其预测太空天气事件的能力。
B. 目前，根据标准太阳模型预测太阳风变化所获得的最新结果与实际观测相比，误差为 10~20 倍。
C. 对太阳风的深入研究，将有助于防止太阳风大爆发时对地球的卫星和通讯系统乃至地面电网造成的影响。
D. 太阳风里有许多携带能量的粒子和磁场，而这些磁场会发生意想不到的变化。
E. "高速"太阳风源于太阳南北极的大型日冕洞，而"低速"太阳风则来自太阳赤道上的较小日冕洞。

40~41 题基于以下题干:

冬奥组委会官网开通全球招募系统，正式招募冬奥会志愿者。张明、刘伟、庄敏、孙兰、李梅 5 人在一起讨论报名事宜。他们商量的结果如下:
(1) 如果张明报名，则刘伟也报名;
(2) 如果庄敏报名，则孙兰也报名;

（3）只要刘伟和孙兰两人中至少有 1 人报名，则李梅也报名。
后来得知，他们 5 人中恰有 3 人报名了。

40. 根据以上信息，可以得出以下哪项？
A. 张明报名了。
B. 刘伟报名了。
C. 庄敏报名了。
D. 孙兰报名了。
E. 李梅报名了。

41. 如果增加条件“若刘伟报名，则庄敏也报名。”那么可以得出以下哪项？
A. 张明和刘伟都报名了。
B. 刘伟和庄敏都报名了。
C. 庄敏和孙兰都报名了。
D. 张明和孙兰都报名了。
E. 刘伟和李梅都报名了。

42. 酸奶作为一种健康食品，既营养又美味可口，深受人们的喜爱，很多人饭后都不忘来杯酸奶。他们觉得，饭后喝杯酸奶能够解油腻、助消化。但近日有专家指出，饭后喝酸奶其实并不能帮助消化。
以下哪项如果为真，最能支持上述专家的观点？
A. 足量的膳食纤维和维生素 B1，进入人体后可有效促进肠胃蠕动，进而促进食物消化，但酸奶不含膳食纤维，维生素 B1 的含量也不丰富。
B. 酸奶中的益生菌可以维持肠道消化系统的健康，但是这些菌群大多不耐酸，胃部的环境会使绝大部分失去活性。
C. 酸奶含有一定的糖分，吃了饭再喝酸奶会加重肠胃负担，同时也使身体增加额外的营养，容易导致肥胖。
D. 人体消化需消化酶和有规律的肠胃运动，酸奶中没有消化酶，饮用酸奶也不纠正无规律的肠道运动。
E. 酸奶可以促进胃酸分泌，抑制有害菌在肠道内繁殖，有助于维持消化系统健康，对食物消化能起到间接帮助作用。

43. 为进一步弘扬传统文化，有专家提议将每年的 2 月 1 日、3 月 1 日、4 月 1 日、9 月 1 日、11 月 1 日、12 月 1 日 6 天中的 3 天确定为“传统文化宣传日”。根据实际需要，确定分别必须考虑以下条件：
（1）若选择 2 月 1 日，则选择 9 月 1 日，但不选 12 月 1 日；
（2）若 3 月 1 日、4 月 1 日至少选择其一，则不选 11 月 1 日。
以下哪项选定的日期与上述条件一致？
A. 2 月 1 日、3 月 1 日、4 月 1 日。

B. 2 月 1 日、4 月 1 日、11 月 1 日。
C. 3 月 1 日、9 月 1 日、11 月 1 日。
D. 4 月 1 日、9 月 1 日、11 月 1 日。
E. 9 月 1 日、11 月 1 日、12 月 1 日。

44. 今天的教育质量将决定明天的经济实力。PISA 是经济合作与发展组织每隔三年对 15 岁学生的阅读、数学和科学能力进行的一项测试。根据 2019 年最新的测试结果，中国学生的总体表现远超其他国家学生。有专家认为，该结果意味着中国有一支优秀的后备力量以保障未来经济的发展。

以下哪项如果为真，最能支持上述专家的论证？

A. 中国学生在 15 岁时各项能力尚处于上升期，他们未来会有更加出色的表现。
B. 本来经济发展的核心动力是创新，中国教育非常重视学生创新能力的培养。
C. 在其他国际智力测试中，亚洲学生总体成绩最好，而中国学生又是亚洲最好的。
D. 这次 PISA 测试的评估重点是阅读能力，能很好地反映学生的受教育质量。
E. 中国学生在阅读、数学和科学三项排名中均位列第一。

45. 下面有一 5×5 的方阵，它所含的每个小方格中可填入一个词（已有部分词填入）。现要求该方阵中的每行、每列及每个线条围住的五个小方格组成的区域中均含有“道路”“制度”“理论”“文化”“自信”5 个词，不能重复也不能遗漏。

根据上述要求，以下哪项是方阵顶行①②③④空格中从左至右依次应填入的词？

①	②	③	④	
	自信	道路		制度
理论				道路
制度		自信		
				文化

A. 道路、理论、制度、文化。
B. 道路、文化、制度、理论。
C. 文化、理论、制度、自信。
D. 理论、自信、文化、道路。
E. 制度、理论、道路、文化。

46. 水产品的脂肪含量相对较低，而且含有较多不饱和脂肪酸，对预防血脂异常和心血管疾病有一定作用；禽肉的脂肪含量也比较低，脂肪酸组成优于畜肉；畜肉中的瘦肉脂肪含量低于肥肉，瘦肉优于肥肉。因此，在肉类选择上，应该优先选择水产品，其次是禽肉，这样对身体更重要。

以下哪项如果为真，最能支持以上论述？

A. 所有人都有罹患心血管疾病的风险。

B. 肉类脂肪含量越低对人体越健康。

C. 人们认为根据自己的喜好选择肉类更有益于健康。

D. 人必须摄入适量的脂肪才能满足身体的需要。

E. 脂肪含量越低，不饱和脂肪酸含量越高。

47~48 题基于以下题干：

某剧团拟将历史故事“鸿门宴”搬上舞台，该剧有项王、沛公、项伯、张良、项庄、樊哙、范增 7 个主要角色，甲、乙、丙、丁、戊、己、庚 7 名演员每人只能扮演其中一个，且每个角色只能由其中一人扮演。根据各演员的特点，角色安排如下：

（1）如果甲不扮演沛公，则乙扮演项王；

（2）如果丙或己扮演张良，则丁扮演范增；

（3）如果乙不扮演项王，则丙扮演张良；

（4）如果丁不扮演樊哙，则庚或戊扮演沛公。

47. 根据上述信息，可以得出以下哪项？

A. 甲扮演沛公。

B. 乙扮演项王。

C. 丙扮演张良。

D. 丁扮演范增。

E. 戊扮演樊哙。

48. 若甲扮演沛公而庚扮演项庄，则可以得出以下哪项？

A. 丙扮演项伯。

B. 丙扮演范增。

C. 丁扮演项伯。

D. 戊扮演张良。

E. 戊扮演樊哙。

49. 某医学专家提出一种简单的手指自我检测法：将双手放在眼前，把两个食指的指甲那一面贴在一起，正常情况下，应该看到两个指甲床之间有一个菱形的空间；如果看不到这个空间，则说明手指出现了杵状改变，这是患有某种心脏或肺部疾病的迹象。该专家认为，人们通过手指自我检测能快速判断自己是否患有心脏或肺部疾病。

以下哪项如果为真，最能质疑上述专家的论断？

A. 杵状改变可能由多种肺部疾病引起，如肺纤维化、支气管扩张等，而且这种病变需要经历较长的一段过程。

B. 杵状改变不是癌症的明确标志，仅有不足 40%的肺癌患者有杵状改变。

C. 杵状改变检测只能作为一种参考，不能用来替代医生的专业判断。

D. 杵状改变有两个发展阶段，第一个阶段的畸变不是很明显，不足以判断人体是否有疾病。

E. 杵状改变是手指末端软组织积液造成，而积液是由于过量血液注入该区域导致，其内在机理仍然不明。

50. 曾几何时，快速阅读进入了我们的培训课堂。培训者告诉学员，要按“之”字形浏览文章。只要精简我们看的地方，就能整体把握文本要义，从而提高阅读速度；真正的快速阅读能将阅读速度提高至少两倍，并不影响理解。但近来有科学家指出，快速阅读实际上是不可能的。

以下哪项如果为真，最能支持上述科学家的观点？

A. 阅读是一项复杂的任务，首先需要看到一个词，然后要检索其含义、引申义，再将其与上下文相联系。

B. 科学界始终对快速阅读持怀疑态度，那些声称能帮助人们实现快速阅读的人通常是为了谋生或赚钱。

C. 人的视力只能集中于相对较小的区域，不可能同时充分感知和阅读大范围文本，识别单词的能力限制了我们的阅读理解。

D. 个体阅读速度差异很大，那些阅读速度较快的人可能拥有较强的短时记忆或信息处理能力。

E. 大多声称能快速阅读的人实际上是在浏览，他们可能相当快地捕捉到文本的重要内容，但也会错过众多细枝末节。

51. 每篇优秀的论文都必须逻辑清晰且论据详实，每篇经典的论文都必须主题鲜明且语言准确，实际上，如果论文论据详实但主题不鲜明，或论文语言准确而逻辑不清晰，则它们都不是优秀的论文。

根据以上信息，可以得出哪项？

A. 逻辑不清晰的论文不是经典的论文。

B. 论据不详实的论文主题不鲜明。

C. 主题不鲜明的论文不是优秀的论文。

D. 逻辑不清晰的论文不是经典的论文。

E. 语言准确的优秀论文是经典的论文。

52. 除冰剂是冬季北方城市用于道路去冰的产品。下表显示了五种除冰剂的各项特征：

除冰剂类型	融冰速度	破坏道路设施的可能风险	污染土壤的可能风险	污染水体的可能风险
Ⅰ	快	高	高	高
Ⅱ	中等	中	低	中
Ⅲ	较慢	低	低	中
Ⅳ	快	中	中	低
Ⅴ	较慢	低	低	低

以下哪项对上述五种除冰剂特征概括最为准确？

A. 融冰速度较慢的除冰剂在污染土壤和污染水体方面的风险都低。

B. 没有一种融冰速度快的除冰剂三个方面风险都高。

C. 若某种除冰剂至少两个方面风险低，则其融冰速度一定较慢。

D. 若某种除冰剂三方面风险都不高，则其融冰速度一定也不快。

E. 若某种除冰剂在破坏道路设施和污染土壤方面的风险都不高，则其融冰速度一定较慢。

53. 孩子在很小的时候，对接触到的东西都要摸一摸、尝一尝，甚至还会吞下去。孩子天生就对这个世界抱有强烈的好奇心，但随着孩子慢慢长大，特别是进入学校之后，他们的好奇心越来越少。对此有教育专家认为，这是由于孩子受到外在的不当激励所造成的。

以下哪项如果为真，最能支持上述专家的观点？

A. 现在许多孩子迷恋电脑、手机，对书本知识感到索然无味。

B. 孩子助人为乐能获得褒奖，损人利己往往受到批评。

C. 现在孩子所做的很多事情大多迫于老师、家长等的外部压力。

D. 老师、家长只看到考试成绩，导致孩子只知道死记硬背书本知识。

E. 野外郊游可以激发孩子的好奇心，长时间宅在家里就会产生思维惰性。

54~55 题基于以下题干：

某高铁线路设有“东沟”“西山”“南镇”“北阳”“中丘”5 座高铁站。该线路现有甲、乙、丙、丁、戊 5 趟车运行。这 5 座高铁站中，每站均恰好有 3 趟车停靠，且甲车和乙车停靠的站均不相同。已知：

（1）若乙车或丙车至少有一车在“北阳”停靠，则他们均在“东沟”停靠；

（2）若丁车在“北阳”停靠，则丙、丁和戊车均在“中丘”停靠；

（3）若甲、乙和丙车中至少有 2 趟车在“东沟”停靠，则这 3 趟车均在“西山”停靠。

54. 根据上述信息，可以得出以下哪项？

A. 甲不在中丘停靠。

B. 乙不在西山停靠。

C. 丙不在东沟停靠。

D. 丁不在北阳停靠。

E. 戊不在南镇停靠。

55. 若没有车在每站都停靠，则可以得出以下哪项？

A. 甲在南镇停靠。

B. 乙在东沟停靠。

C. 丙在西山停靠。

D. 丁在南镇停靠。

E. 戊在西山停靠。

四、写作：第56~57小题共65分。其中论证有效性分析30分，论说文35分。请在答题纸上完成。

56. 论证有效性分析：分析下述论证中存在的缺陷和漏洞，选择若干要点，写一篇600字左右的文章，对论证的有效性进行分析和评论（论证有效性分析的一般要点是：概念特别是核心概念的界定和使用是否准确并前后一致，有无各种明显的逻辑错误，论证的论据是否成立并支持结论，结论成立的条件是否充分等）。

常言道："耳听为虚，眼见为实"。其实，"眼所见者未必实"。

从哲学意义上来说，事物的表象不等于事物的真相。我们亲眼看到的，显然只是事物的表象而不是真相。只有将看到的表象加以分析，透过现象看本质，才能看到真相。换言之，我们亲眼看到的未必是真实的东西，即"眼所见者未必实"。

举例来说，人们都看到旭日东升，夕阳西下，也就是说，太阳环绕地球转。但是，这只是人们站在地球上看到的表象而已，其实这是地球自转造成。由此可见，眼所见者未必实。

我国古代哲学家老子早就看到了这一点。他说过，人们只看到了房子的"有"（有形的结构），但人们没看到的"无"（房子中无形的空间）才有实际效用。这也说明眼所见者未必实，未见者为实。

老子还说，讲究表面的礼节是"忠信之薄"的表现。韩非解释时举例说，父母和子女因为感情深厚而不讲究礼节，可见讲究礼节是感情不深的表现。现在人们把那种客气的行为称作"见外"，也是这个道理。这其实也是一种"眼所见者未必实"的现象。因此，如果你看到有人对你很客气，就认为他对你好，那就错了。

57. 论说文：根据下述材料，自拟题目，写一篇700字左右的论说文。

我国著名实业家穆藕初在《实业与教育之关系》中指出：教育最重要之点在道德教育（如责任心和公共心之养成，机械心之拔除）和科学教育（如观察力、推论力、判断力之养成）。完全受此两种教育，实业界中坚人物遂由此产生。

2021 年管理类综合能力试题解析

答案速查

1-5	BCABB	6-10	DDDAC	11-15	DBEED
16-20	CDECC	21-25	AAECD		
26-30	DBCCA	31-35	CADBB	36-40	AEBBE
41-45	CDEDA	46-50	BBDEC	51-55	CCDAC

数学部分

1.【答案】B

【考点】应用题 容斥问题 三元素

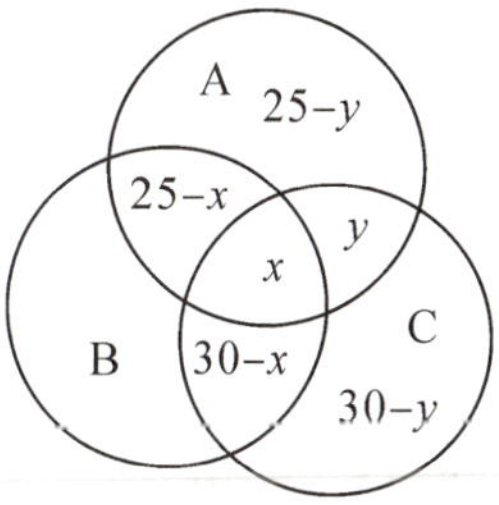

【解析】如图所示，设第一、二、三天售出商品种类分别为 A、B、C，三天都售出的商品种类为 x，仅两天售出相同商品的种类分别为 $25-x$，$30-x$，y，三天售出商品种类 $A\cup B\cup C=A+B+C-(A\cap B+A\cap C+B\cap C)+A\cap B\cap C=100-y$，

而 y 满足 $\begin{cases}25-y\geqslant 0\\30-y\geqslant 0\end{cases}\Rightarrow y\leqslant 25$，当 $y_{\max}=25$ 时，$(A\cup B\cup C)_{\min}=100-25=75$.

2.【答案】C

【考点】数列 数列的综合运用

根据题意，可得 $\begin{cases}2b=a+c\\10(c-a)=b\end{cases}\Rightarrow 19c=21a\Rightarrow \dfrac{a}{c}=\dfrac{19}{21}$，又因年龄为正整数，故 c 为 21 的倍数，结合选项，则 $c=21$，故三人的年龄分别为 19、20、21，故最大年龄为 21 岁.

【技巧点睛】根据等差数列可设三人的年龄分别为 $a-d$，a，$a+d$ 进行求解.

3.【答案】A

【考点】整式与分式 分式 分母有理化

【解析】$\dfrac{1}{\sqrt{2}+1}+\dfrac{1}{\sqrt{3}+\sqrt{2}}+\cdots+\dfrac{1}{\sqrt{100}+\sqrt{99}}=(\sqrt{2}-1)+(\sqrt{3}-\sqrt{2})+\cdots+(\sqrt{100}-\sqrt{99})=\sqrt{100}-1=9$.

4.【答案】B

【考点】实数 质数与合数

【解析】小于 10 的质数有：2、3、5、7. 满足条件 $1 < \frac{q}{p} < 2$ 的 p，q 有：$\frac{3}{2}$、$\frac{5}{3}$、$\frac{7}{5}$，共三组.

5.【答案】B

【考点】函数方程不等式 二次函数

【解析】**方法一**：根据已知 $f(2) = f(0)$，即 $4a + 2b + c = c \Rightarrow b = -2a$，

因此 $\frac{f(3) - f(2)}{f(2) - f(1)} = \frac{9a + 3b + c - (4a + 2b + c)}{(4a + 2b + c) - (a + b + c)} = \frac{5a + b}{3a + b} = \frac{3a}{a} = 3.$

方法二：已知 $f(2) = f(0)$ 可得 $x_{对称轴} = \frac{0 + 2}{2} = 1$，特值法，令 $a = 1$，$b = -2$，$c = 0$，故二次函数为 $f(x) = x^2 - 2x$，因此 $f(3) = 3$，$f(2) = 0$，$f(1) = -1$，故 $\frac{f(3) - f(2)}{f(2) - f(1)} = \frac{3 - 0}{0 - (-1)} = 3.$

6.【答案】D

【考点】概率 独立事件

【解析】根据图示，电流通过 P、Q，即 T_1，T_2，T_3 中至少一个能通过电流，故考虑反面求解：T_1，T_2，T_3 均不通过电流，概率为 $p = 1 - (1 - 0.9) \times (1 - 0.9) \times (1 - 0.99) = 0.999\,9.$

7.【答案】D

【考点】立体几何 切割、拼接、组合体 组合体

【解析】当正方体的棱长为 a 时，球的直径为 $\sqrt{3}a$.

根据正方体的体积为 8，则正方体的棱长为 2，故球的直径为 $2\sqrt{3}$，即半径为 $\sqrt{3}$，因此球的表面积为 $S = 4\pi r^2 = 4\pi \times 3 = 12\pi$.

8.【答案】D

【考点】排列组合 两大原理

【解析】4 人中恰有 1 女的分类有：甲组 1 男 1 女且乙组 2 男 + 甲组 2 男且乙组 1 男 1 女，即 $N = C_3^1C_3^1C_4^2 + C_3^2C_4^1C_2^1 = 78$ 种.

9.【答案】A

【考点】平面几何 阴影部分面积

【解析】如图，阴影部分面积为六块弓形之和，

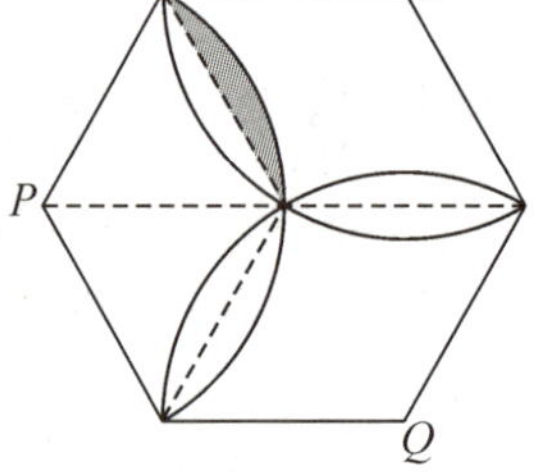

每块弓形的面积为 $S_{弓} = \frac{1}{6}\pi \times 1^2 - \frac{\sqrt{3}}{4} \times 1^2 = \frac{\pi}{6} - \frac{\sqrt{3}}{4}$，

故 $S_{阴影} = 6S_{弓} = 6\left(\frac{\pi}{6} - \frac{\sqrt{3}}{4}\right) = \pi - \frac{3\sqrt{3}}{2}.$

10. 【答案】 C

【考点】 解析几何 最值问题

【解析】 如图所示，当 $x=3$ 时，$y=\pm4$，即 $A(3,4)$，$C(3,-4)$，$AC=8$. 过 B，D 做高 BE，DF，

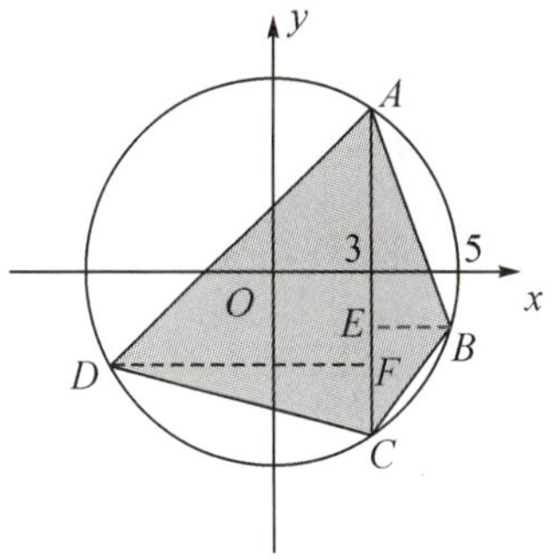

则 $S_{ABCD}=S_{\triangle ACB}+S_{\triangle ACD}=\frac{1}{2}AC\times BE+\frac{1}{2}AC\times DF=\frac{1}{2}\times8\times(BE+DF)$，要使四边形 $ABCD$ 的面积最大，则需要 $BE+DF$ 最大.

只有当 B，D 正好在 x 轴上时，$BE+DF$ 最大，此时 $S_{ABCD}=4\times(BE+DF)=4\times10=40$.

11. 【答案】 D

【考点】 概率 古典概型

【解析】 要使一等奖先于二等奖抽完，我们只需要考虑 10 个奖的顺序，总情况数为 10! 种. 这 10 个奖中，最后一个为二等奖时，则共有 $C_7^1\cdot9!=7\times9!$ 种，故概率为 $P=\frac{7\times9!}{10!}=0.7$.

12. 【答案】 B

【考点】 函数方程不等式 二次函数

【解析】 当 $f(x)=x^2-4x-2|x-2|=|x-2|^2-2|x-2|-4$，令 $t=|x-2|\geqslant0$，则 $f(t)=t^2-2t-4(t\geqslant0)$，当 $t=-\frac{-2}{2\times1}=1\geqslant0$ 时，有最小值 $f(t)_{\min}=f(1)=1^2-2\times1-4=-5$.

13. 【答案】 E

【考点】 概率 古典概型

【解析】 反面求解："颜色至多有两种" 的反面情况为"3 种不同颜色的小球".

分母：从袋中 6 个球中任取 3 个，总情况数有 $C_6^3=20$ 种.

分子：取出的 3 个球为 3 种不同颜色，即三种颜色的球各取 1 个，有 $C_1^1C_2^1C_3^1=6$ 种，故颜色至多有两种的概率为 $P=1-\frac{6}{20}=0.7$.

14. 【答案】 E

【考点】 应用题 浓度问题

【解析】 设甲酒精浓度为 x，乙酒精的浓度为 y，根据溶质守恒，可得

$$\begin{cases}10x+12y=(10+12)\times70\%\\20x+8y=(20+8)\times80\%\end{cases}，解得\begin{cases}x=0.91\\y=0.525\end{cases}.$$

15. 【答案】 D

【考点】 应用题 行程问题 直线型相遇及追及问题

【解析】 统一单位：$2h24min=\frac{12}{5}h$. 设甲车速度为 $v_{甲}$，乙车速度为 $v_{乙}$，则

$$\begin{cases}(v_{甲}+v_{乙})\times2=330\\\frac{12}{5}v_{甲}=2v_{乙}\end{cases}\Rightarrow\begin{cases}v_{甲}=75\\v_{乙}=90\end{cases}.$$

16. 【答案】C

【考点】应用题 其他问题

【解析】条件（1）（2）均不能得出平均身高增加，故需联合求解，

设男生有 a 人，平均身高为 x；设女生有 b 人，平均身高为 y.

则原来平均身高为 $\frac{ax+by}{a+b}$，增加两名同学后，平均身高为 $\frac{ax+by+2x}{a+b+2}$，则

$\frac{ax+by+2x}{a+b+2}-\frac{ax+by}{a+b}=\frac{(ax+by)(a+b)+2x(a+b)-(ax+by)(a+b)-2(ax+by)}{(a+b+2)(a+b)}=$
$\frac{2b(x-y)}{(a+b+2)(a+b)}$.

当 $x>y$ 时，$\frac{ax+by+2x}{a+b+2}-\frac{ax+by}{a+b}=\frac{2b(x-y)}{(a+b+2)(a+b)}>0$，即平均身高增加了，故选 C.

【技巧点睛】将结论等价转换：增加两名同学后全班的平均身高增加，那说明增加的两名同学的平均身高大于全班的平均身高.

条件（1），无法确定增加两名同学与全班同学的平均身高两者的大小关系，不充分.

条件（2），同样无法确定增加两名同学与全班同学的平均身高两者的大小关系，不充分.

两条件联合，男生平均身高>女生平均身高，所以可得女生平均身高<全班平均身高<男生平均身高，又因增加两名同学的平均身高=男生平均身高，故说明增加两名同学的平均身高大于全班的平均身高.

17. 【答案】D

【考点】解析几何 直线与圆的位置关系

【解析】条件（1），$x^2\leqslant y-1\Rightarrow y\geqslant x^2+1$ 表示开口向上，顶点坐标为（0，1）的抛物线上及抛物线内的区域，而 $x\leqslant y$ 表示直线 $x-y=0$ 及其左侧. 从图像分析，条件（1）充分.

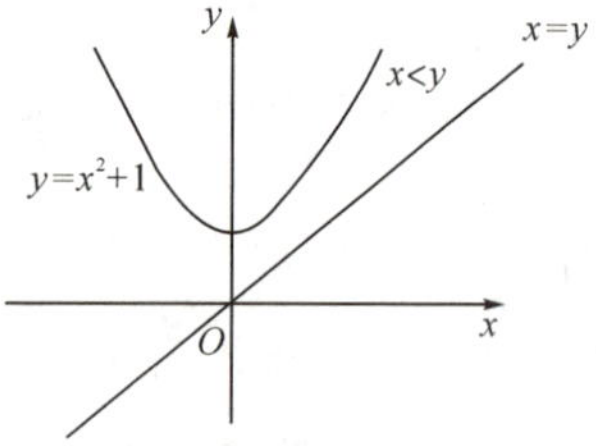

条件（2），如图所示，$x^2+(y-2)^2\leqslant 2$ 表示圆心为（0，2），半径 $r=\sqrt{2}$ 的圆上和圆内的区域，又圆 $x^2+(y-2)^2=2$ 与直线 $x-y=0$ 相切. 而 $x\leqslant y$ 表示直线 $x-y=0$ 及其左侧. 从图像分析，条件（2）充分，故选 D.

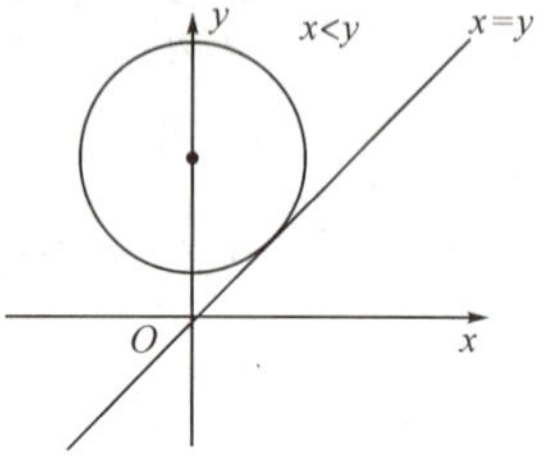

18. 【答案】E

【考点】应用题 工程问题

【解析】设甲、乙、丙的效率分别为 x，y，z，若工作总量为 12，则结论要求 $x+y+z\geqslant\frac{12}{2}=6$.

条件（1），$x+y=\frac{12}{3}=4$，条件（2），$x+z=\frac{12}{4}=3$，均单独不能得到 $x+y+z\geqslant 6$.

联合（1）（2），$y=4-x$，$z=3-x$，则 $x+y+z=x+(4-x)+(3-x)=7-x$，无法确定 x 的值，故不能得到 $x+y+z\geqslant 6$，故选 E.

19. 【答案】C

【考点】应用题 比例问题 比与比例

【解析】条件（1），无法确定投赞成票女员工的占比，不充分. 特值证否，假设男员工 60 人，女员工 40 人，投票人数为男员工 50 人，满足条件，但并不能推出结论，不充分.

条件（2），同样可特值证否，假设男员工 60 人，女员工 40 人，投票女员工 3 人，投票男员工

1 人，满足条件，但并不能推出结论，不充分.

联合条件（1）和（2），设男员工为 $3a$ 人，女员工 $2a$ 人，则男、女员工共有 $5a$ 人.

$$\begin{cases}投票人数 \geqslant 投赞成票人数 > 40\% \times 5a = 2a \\ 投票女员工 > 投票男员工\end{cases} \Rightarrow \begin{cases}投票人数 > 2a \\ 投票女员工 > 投票男员工\end{cases} \Rightarrow 投票女员工 > a,$$

因为女员工的投票率 $> \dfrac{a}{2a} = 50\%$，故选 C.

20.【答案】C

【考点】实数 绝对值 性质

【解析】条件（1）（2）显然单独不充分，故需联合求解.

设 $\begin{cases}|a+b| = m \\ |a-b| = n\end{cases} \Rightarrow \begin{cases}a^2+b^2+2ab = m^2 \\ a^2+b^2-2ab = n^2\end{cases} \Rightarrow \begin{cases}a^2+b^2 = \dfrac{m^2+n^2}{2} \\ 2ab = \dfrac{m^2-n^2}{2}\end{cases}$，

则 $|a|+|b| = \sqrt{a^2+b^2+2|ab|} = \sqrt{\dfrac{m^2+n^2}{2} + \left|\dfrac{m^2-n^2}{2}\right|}$，结果唯一，故选 C.

21.【答案】A

【考点】解析几何 直线与圆的位置关系

【解析】已知圆 $C:\left(x-\dfrac{a}{2}\right)^2+\left(y-\dfrac{a}{2}\right)^2 = \dfrac{a^2}{2}$，圆心为 $\left(\dfrac{a}{2}, \dfrac{a}{2}\right)$，半径为 $r = \sqrt{\dfrac{a^2}{2}} = \dfrac{\sqrt{a^2}}{\sqrt{2}}$.

条件（1），直线 $x+y=1$ 与圆 C 相切，则圆心到直线的距离等于半径，即

$$d = \frac{\left|\dfrac{a}{2}+\dfrac{a}{2}-1\right|}{\sqrt{1^2+1^2}} = \frac{|a-1|}{\sqrt{2}} = \frac{\sqrt{a^2}}{\sqrt{2}} \Rightarrow |a-1| = |a|，则 (a-1)^2 = a^2 \Rightarrow a = \frac{1}{2}，充分.$$

条件（2），直线 $x-y=1$ 与圆 C 相切，则圆心到直线的距离等于半径，即

$$d = \frac{\left|\dfrac{a}{2}-\dfrac{a}{2}-1\right|}{\sqrt{1^2+1^2}} = \frac{|-1|}{\sqrt{2}} = \frac{\sqrt{a^2}}{\sqrt{2}} \Rightarrow a^2 = 1 \Rightarrow a = \pm 1，$$

圆 C 的方程不唯一，不充分，故选 A.

22.【答案】A

【考点】应用题 不定方程

【解析】设购买了 x 瓶果汁，y 瓶牛奶，z 盒咖啡，

条件（1），$12x+15y+35z=104$，观察尾数 4，

因 $15y+35z$ 为 5 的倍数，尾数是 0 或 5，则 $x=2$ 或 7，

当 $x=2$ 时，$15y+35z=80 \Rightarrow 3y+7z=16$，则 $\begin{cases}y=3 \\ z=1\end{cases}$.

当 $x=7$ 时，$15y+35z=20$，不符合题意，舍去，所以 $\begin{cases}x=2 \\ y=3 \\ z=1\end{cases}$，条件（1）充分.

条件（2），$12x+15y+35z=215$，观察尾数 5，

因 $15y+35z$ 为 5 的倍数，尾数是 0 或 5，则 $x=5$ 或 10，

当 $x=5$ 时，$15y+35z=155 \Rightarrow 3y+7z=31$，则 $\begin{cases}y=1 \\ z=4\end{cases}$ 或 $\begin{cases}y=8 \\ z=1\end{cases}$.

当 $x=10$ 时，$15y+35z=95\Rightarrow 3y+7z=19$，则 $\begin{cases} y=4 \\ z=1 \end{cases}$，$x$，$y$，$z$ 的取值不唯一，不充分，故选 A.

23.【答案】E

【考点】应用题 行程问题 一般行程

【解析】设总路程为 S，限速路程为 S_1，平时速度为 v，限时速度为 v_1，

条件（1），$\left(\frac{S-S_1}{v}+\frac{S_1}{v_1}\right)-\frac{S}{v}=0.5$，化简即 $\frac{S_1}{v_1}-\frac{S_1}{v}=0.5$，条件不足，不充分.

条件（2），只知限时速度 v_1，条件不足，不充分.

考虑联合条件（1）和（2），只知 v_1 的值，S_1、v 均为未知，显然不充分，故选 E.

24.【答案】C

【考点】数列 等比数列 判定

【解析】条件（1），只知数列中 a_n 与 a_{n+1} 同号，无法判断是否为等比数列，不充分.

条件（2），特值证否，若 $a_{n+1}=a_n=0$，满足条件，但推不出结论，不充分.

考虑联合条件（1）和（2），$a_{n+1}{}^2-2a_n{}^2-a_na_{n+1}=0\Rightarrow(a_{n+1}-2a_n)(a_{n+1}+a_n)=0$，

又因 $a_n\cdot a_{n+1}>0$，即各项同号且不为 0，则 $a_{n+1}=2a_n\Rightarrow\frac{a_{n+1}}{a_n}=2$，充分，故选 C.

25.【答案】D

【考点】平面几何 三角形 相似与全等

【解析】条件（1），设两个直角三边长分别为 a，aq_1，$aq_1{}^2$ 和 b，bq_2，$bq_2{}^2$，根据勾股定理

有 $a^2+(aq_1)^2=(aq_1{}^2)^2\Rightarrow 1+q_1{}^2=q_1{}^4\Rightarrow q_1{}^2=\frac{1+\sqrt{5}}{2}$(舍去负值)，$b^2+(bq_2)^2=(bq_2{}^2)^2\Rightarrow$

$1+q_2{}^2=q_2{}^4\Rightarrow q_2{}^2=\frac{1+\sqrt{5}}{2}$(舍去负值)，因 q_1，$q_2>0$，则 $q_1=q_2=\sqrt{\frac{1+\sqrt{5}}{2}}$，所以 $\frac{a}{b}=\frac{aq_1}{bq_2}=$

$\frac{aq_1{}^2}{bq_2{}^2}$，三角形的三边对应成比例，可得两个直角三角形相似，故充分.

条件（2），设两个直角三边长分别为 $a-m$，a，$a+m$ 和 $b-n$，b，$b+n$，根据勾股定理有 $(a-m)^2+a^2=(a+m)^2\Rightarrow a^2=4am\Rightarrow a=4m$，同理可得 $(b-n)^2+b^2=(b+n)^2\Rightarrow b^2=4bn\Rightarrow b=4n$

即三边分别为 $3m$，$4m$，$5m$ 和 $3n$，$4n$，$5n$，所以 $\frac{3m}{3n}=\frac{4m}{4n}=\frac{5m}{5n}$，三角形的三边对应成比例，可得两个直角三角形相似，充分，故选 D.

逻辑部分

26.【答案】D

【考点】非形式逻辑 支持 论证支持

【解析】题干论证如下：

论据：哲学不是一门具体科学。

结论：经验的个案不能反驳哲学。
在论据和结论之间，只需要补充“具体科学”和“经验的个案”之间的联系即可支持。
D 选项描述了经验的个案只能反驳具体科学，建立了两者之间联系。
故选 D 选项。

27. 【答案】B
【考点】形式逻辑 直言命题 直言推出结论
【解析】题干逻辑如下：
所有 M 的社会老师→甲县某些家庭收支调研；
所有 N 的历史老师→甲县历史考察；
赵→甲县所有家庭收支调研，赵→¬ 郢镇历史；
陈→梅河乡历史考察，陈→¬ 甲县家庭收支调研。
A、D、E 都无法根据赵、陈的实际考察情况推出他们是不是 M、N 大学的老师，不选。
B 赵是 N 历史老师→甲县历史考查；同时赵未曾到项郢镇进行历史考察，说明项郢镇不是甲县的，正确。
C 题干没有提及，不选。
故选 B 选项。

28. 【答案】C
【考点】非形式逻辑 支持 论证支持
【解析】题干论证如下：
论据：餐前锻炼组燃烧脂肪比餐后锻炼组多。
结论：餐前锻炼，可以改善代谢能力，达到减肥效果。
A 在说明餐前锻炼组减少的脂肪与代谢有关系，但没有说明餐后锻炼的情况，无法支持论据推结论，排除。
B 主观臆断不能支持。
C 说明餐前锻炼促进体内糖分和脂肪的更有效的消耗，即餐前锻炼比餐后更有助于减肥，起到了补充论据的作用，可以支持。
D 含有“可能”，并且肌肉的营养话题与结论无关。
E 含有“有些”，范围不明确，排除。
故选 C 选项。

29. 【答案】C
【考点】分析推理 综合推理
【解析】题干条件如下：
甲：提高效益→健全制度；
乙：健全制度∧提高效益；
丙：健全制度→提高效益；
丁：非健全制度→非提高效益（逆否：提高效益→健全制度）；
戊：非提高效益→非健全制度（逆否：健全制度→提高效益）。
董事会的决定包含以下四种情况：
①当董事会的决定：提高效益、健全制度
甲符合、乙符合、丙符合、丁符合、戊符合；（5 人符合）
②当董事会的决定：非提高效益、健全制度
甲符合、乙不符合、丙不符合、丁符合、戊不符合；（2 人符合）

③当董事会的决定：提高效益、非健全制度
甲不符合、乙不符合、丙符合、丁不符合、戊符合；（2 人符合）
④当董事会的决定：非提高效益、非健全制度
甲符合、乙不符合、丙符合、丁符合、戊符合；（4 人符合）
以上选项中只有 C 选项可能。
故选 C 选项。

30. 【答案】A
【考点】非形式逻辑 解释
【解析】本题需解释为什么人感受到的温度与气象台的实测气温存在差异。
A 说明体感受风速和空气湿度影响，解释了人们的感受存在差异的原因。
B、D、E 另举例说明人们感受的差异，并未解释差异的缘由，不选。
C 无关选项。
故选 A 选项。

31. 【答案】C
【考点】分析推理 分组分类
【解析】题干条件如下：
10 人来自 5 个国家；
（1）乙、戊、丁、庚、辛是外援，则说明甲、丙、己、壬、癸是 1 个国家；
（2）乙、丁、辛 3 人来自 2 个不同国家，则戊、庚来自另外 2 个国家；
则乙、庚来自不同的国家。
故选 C 选项。

32. 【答案】A
【考点】非形式逻辑 削弱 论证削弱
【解析】题干论证如下：
张教授要反驳的观点：张教授抄袭，即要表明张没抄袭；
A 通过说明张教授是先投稿这一事实证明并不是张抄袭，而是别人抄张，可以反驳。
其他四个选项均在论述李老师的情况，不能反驳。
故选 A 选项。

33. 【答案】D
【考点】分析推理 综合推理
【解析】本题需要使用代入验证法。
问法让找不一致的选项，其中条件（3）描述的就是相互冲突的内容，可作为突破口。
根据（2）可知：P∨Q 主角获得最佳男主角或最佳女主角→P∨Q 是最佳故事片；
又根据（3）中可得：最佳故事片→非最佳导演；
P∨Q 主角获得最佳男主角或最佳女主角→P∨Q 是最佳故事片→非最佳导演；
可知：P 获得最佳女主角不可能获得最佳导演。
故选 D 选项。

34. 【答案】B
【考点】分析推理 综合推理
【解析】题干条件如下：

（1）完品∨真品→特品（等价逆否=非特品→非完品∧非真品）。
（2）稀品∨名品→特品（等价逆否=非特品→非稀品∧非名品）。
根据问法补充信息非特品，可知该画也非完品、非真品、非稀品也非名品，所以只能是精品，所以选 B。

35.【答案】B
【考点】分析推理 综合推理
【解析】题干分析如下：
求前 3 个景点，可将前 3 个和后 3 个分成两组；
在前 3 个中三人没有任何一处是相同的，所以前面 9 个答案中最多对 3 个，所以后面 3 个至少要对 6 个；
而后 3 个中每个位置都有两人相同，则可知后面 3 个位置一定是，4 甲、5 戊、6 丙；
所以前 3 个不可能有甲、戊、丙，排除 A、C、D、E，带入 B 验证满足题干条件。
故选 B 选项。

36.【答案】A
【考点】分析推理 综合推理
【解析】本题可使用归谬法。
关于“施米特”的描述信息比较多，同时有比较确定的信息，可以此为突破口；
根据条件（1）可知：“施米特”是阿根廷或卢森堡常见姓氏；
假设，施米特为阿根廷姓氏，结合条件（2）则刚萨雷斯是爱尔兰姓氏；
结合条件（3）逆否可得：“埃尔南德斯”和“墨菲”都不是卢森堡，那么卢森堡就没有姓氏可以安排了，所以假设被推翻，即施米特不是阿根廷姓氏，所以施米特是卢森堡姓氏。
故选 A 选项。

37.【答案】E
【考点】分析推理 匹配
【解析】题干条件如下：
每个人选 1 个导师，每个导师选 1~2 人，则
（1）陆>张；
（2）丙张∨丁张→乙陈；
（3）甲陆∨丙陆∨丁陆→仅戊陈。
根据条件（1）可得，张带 1 名学生，陆和陈各带 2 名学生。
由于陈要带 2 名学生，因此（3）后件不成立，逆否可得：
非仅戊陈→非甲陆∧非丙陆∧非丁非陆，则陆带乙和戊；
结合条件（2）逆否可得：非乙陈→非丙张∧非丁张，则张带甲；
则陈带丙和丁；
故选 E 选项。

38.【答案】B
【考点】非形式逻辑 假设 搭桥假设
【解析】题干论证如下：
论据：创造性劳动中，审美需求和情感表达很重要；但人工智能没有自我意识。
结论：人工智能不能取代艺术家的创造性劳动。

应该搭桥，没有自我意识，就没有审美需求和情感表达。
故选 B 选项。

39.【答案】B
【考点】非形式逻辑 支持 论证支持
【解析】题干中存在的论证：
论据：太阳风可能会导致太阳磁场反转，目前我们知之甚少。
结论：为了更好的保护地球免受太阳风影响，必须更新模式研究太阳风。
A 与论证无关。
B 说明目前的模式有误差，确实需要更新。
C“对太阳风的深入研究”，和“更新研究”意义不同。
D 与论证无关。
E 与论证无关。
故选 B 选项。

40.【答案】E
【考点】分析推理 综合条件推理
【解析】题干条件如下：
（1）张→刘；
（2）庄→孙；
（3）刘∨孙→李。
根据题干信息，5 选 3，可以使用归谬法：假设李没有去，结合（3）可得刘和孙都没去，不符合 5 人中去 3 人，所以假设被推翻，李一定去了。
故选 E 选项。

41.【答案】C
【考点】分析推理 综合推理
【解析】题干分析如下：
根据上题已知李一定去，剩下的 4 个人中选 2 人；
再添加条件：刘→庄；
结合条件（1）和（2）可得：张→刘→庄→孙；
可得张和刘不可能去（超出了 5 人中去 3 人），所以剩下两个人是庄和孙。
故选 C 选项。

42.【答案】D
【考点】非形式逻辑 支持 论证支持
【解析】题干分析如下：
专家观点：饭后喝酸奶其实并不能帮助消化。
A 酸奶维生素 B1 含量不丰富不代表没有，支持力度有限。
B 描述的只是益生菌的功能有限，不代表别的功能不能帮助消化。
C 提到的“加重肠胃负担”“额外营养”等导致肥胖与题干“不帮助消化”无关。
D 消化需要的两大因素，酸奶都没有，补充了论据，力度很强的支持。
E 酸奶对食物消化起到间接帮助作用，间接作用也说明有作用，削弱题干。
故选 D 选项。

43.【答案】E

【考点】分析推理 综合推理

【解析】题干条件如下：

（1）$2 \to 9 \wedge \neg 12$；

（2）$3 \vee 4 \to \neg 11$。

根据（1）如果有2，则要有9，排除A、B；

根据（2）如果有 $3 \vee 4$，则不能有11，排除C、D。

故选E选项。

44.【答案】D

【考点】非形式逻辑 支持 论证支持

【解析】题干论证如下：

论据：今天的教育质量将决定明天的经济实力。根据2019年最新的测试结果，中国学生的总体表现远超其他国家学生。

论点：中国有一支优秀的后备力量以保障未来经济的发展。

A说明了学生的潜力很好，看似对论点的支持，但是与教育质量无关，也无法肯定推出学生的潜力就一定能保障经济发展，支持力度很弱，且支持仅在结论处，没有在论证关系上。

B提到创新的概念，与论证无关。

C提到其他测试，与论证无关。

D说明了测试的重点是阅读可以很好的反映教育质量，教育质量又决定了经济实力，即证明中国有后备力量保证经济增长，建立了论据和论点之间的联系，力度最强。

E与论证无关。

故选D选项。

45.【答案】A

【考点】分析推理 匹配

【解析】由于不能重复也不能遗漏，因此可以补全几个空格。

①	②	③	④	自信
文化	自信	道路	理论	制度
理论				道路
制度		自信		理论
				文化

A符合，正确选项。

B④理论不行，排除。

C①文化不行，排除。

D①理论不行，排除。

E①制度不行，排除。

故选A选项。

46.【答案】B

【考点】非形式逻辑 支持 论证支持

【解析】题干论证如下：
论据：脂肪含量相比，畜肉肥肉>畜肉瘦肉>禽肉>水产品。
论点：在肉类选择上，应该优先选择水产品，其次是禽肉，这样对身体更重要。
A 本文未提“心血管疾病”，无关选项。
B 搭桥，建立了脂肪含量与人体健康的正比关系，可以支持。
C 不符合本文意思，不选。
D 本文未提到“脂肪”与“满足身体需要”的关系，无关选项。
E 题干中只提到“水产品的脂肪含量相对较低，而且含有较多不饱和脂肪酸”，并没表达“脂肪含量越低，不饱和脂肪酸含量越高”，也无法支持与人体健康的关系，不选。
故选 B 选项。

47.【答案】B
【考点】分析推理 匹配
【解析】题干条件如下：
（1）¬ 甲沛→乙项王；
（2）丙张∨己张→丁范；
（3）¬ 乙项王→丙张；
（4）¬ 丁樊→庚沛∨戊沛；
每人只能扮演其中一个，且每个角色只能由其中一人扮演。
本题可使用归谬假设法，根据从多原则，可以优先假设¬ 乙项王成立进行推理，可以推出丙张，丙张可以代入（2）推出丁范，丁范推出¬ 丁樊，可以代入（4）推出庚沛∨戊沛，庚沛∨戊沛可以代入（1）推出乙项王，因此由¬ 乙项王推出了乙项王的矛盾结果，故归谬确定乙项王为真，故选 B 选项。

48.【答案】D
【考点】分析推理 匹配
【解析】题干条件如上题：
现已知：乙项王、甲沛、庚项庄；
根据（4）甲沛→¬ 庚沛∧¬ 戊沛→丁樊；
现有乙项王、甲沛、庚项庄、丁樊；
根据（2）丁樊→¬ 丁范→¬ 丙张∧¬ 己张→戊张（已知 4 个，还剩 3 个未知，张不是丙演也不是己演，那只能是戊演）；
故选 D 选项。

49.【答案】E
【考点】非形式逻辑 削弱 论证削弱
【解析】题干论证如下：
论据：正常情况下，应该看到两个指甲床之间有一个菱形的空间；如果看不到这个空间，则说明手指出现了杵状改变，这是患有某种心脏或肺部疾病的迹象。
论点：人们通过手指自我检测能快速判断自己是否患有心脏或肺部疾病。
要质疑专家的论断，正确的选项需要说明这种检测方法不一定能快速判断自己是否患有心脏或肺部疾病。
A 首先含有“可能”，力度弱，其次在说由多种肺部疾病引起，说明的确是肺病，属于支持。
B 本文未提到“癌症”，无关选项。
C 通过本文可知，并不需要替代专业的医学判断，能作为参考就行，不能削弱。

D 该选项将杵状改变分为了两个阶段，并表示第一个阶段不足以判断，但是第二个阶段如何未做说明，属于不确定信息。
E 该选项明确表示了杵状改变形成的原理是积液造成，与其他病变无关，能够明确说明该方法不可行。
故选 E 选项。

50.【答案】C
【考点】非形式逻辑 支持 论证支持
【解析】题干分析如下：
科学家的观点：快速阅读是不可能的。
题干直接给出了论点，未做论据说明，因此要支持，即需要补充一个论据对结论进行解释说明。
A 没有直接说明快速阅读无法实现，不能支持。
B 科学界持怀疑态度，有诉诸权威的嫌疑，不能支持。
C 说明人不可能快速阅读，直接支持结论。
D “有些”人“可能”能快速阅读，不能支持。
E 也不能说明快速阅读不可能，排除。
故选 C 选项。

51.【答案】C
【考点】形式逻辑 复言命题 综合推理
【解析】题干逻辑如下：
(1) 优秀论文→逻辑清晰∧论据详实；
(2) 经典论文→主题鲜明∧语言准确；
(3)（论据详实∧¬主题鲜明）∨（语言准确∧¬逻辑清晰）→非优秀论文
=优秀论文→（¬论据详实∨主题鲜明）∧（¬语言准确∨逻辑清晰）。
A 语言准确不能倒推经典论文。
B 论据不详实，结合条件（1），得出，不是优秀作文，但推不出主题不鲜明。
C 根据条件（1）和条件（3），优秀论文→论据详实，优秀论文→¬论据详实∨主题鲜明，可以得出：优秀论文→主题鲜明，正确。
D 根据（1）逻辑不清晰只能推出不是优秀论文，无法推出是不是经典论文。
E 根据条件（2）可知，E 不正确。
故选 C 选项。

52.【答案】C
【考点】非形式逻辑 推论
【解析】根据题干可得：
A Ⅲ属于融冰速度较慢，但污染水体风险中等的，排除。
B Ⅰ属于融冰速度快，且三项都高的，排除。
C 符合至少两个方面风险低的是Ⅲ和Ⅳ，融冰速度均是较慢，符合。
D Ⅳ三个风险都不高，但融冰速度很快，排除。
E Ⅱ和Ⅳ都为破坏道路设施和污染土壤方面的风险都不高，但融冰速度不是较慢，排除。
故选 C 选项。

53.【答案】D
【考点】非形式逻辑 支持 论证支持

【解析】题干论证如下：
论据：孩子的好奇心越来越少。
论点：这是由于孩子受到外在的不当激励所造成的。
要支持选项，重点在于"外在的不当激励"。
A 没提到"外在的不当激励"，无关选项。
B 属于"正当的激励"，不选。
C"外部压力"属于中性词，无法确定是否属于"外在的不当激励"，不选。
D"老师、家长只看到考试成绩"和"只知道死记硬背"充分且语气强烈的体现了"外在的不当激励"，可支持。
E 没提到"外在的不当激励"，无关选项。
故选 D 选项。

54.【答案】A
【考点】分析推理　匹配
【解析】题干条件如下：
（1）乙北∨丙北→乙东∧丙东；
（2）丁北→丙中∧丁中∧戊中；
（3）甲、乙和丙车中至少有 2 趟车在"东沟"停靠→甲西∧乙西∧丙西。
每站均恰好有 3 趟车停靠；甲车和乙车停靠的站均不相同。
已知"甲车和乙车停靠的站均不相同"，根据（3）逆否得：
非甲西∨非乙西∨非丙西→甲、乙和丙车中有 0 趟或 1 趟车在东沟停靠；
又因每站恰好有 3 车停靠，则甲、乙和丙不可能都没有停靠东沟，所以只有其中一辆停靠东；
则结合以上根据（1）逆否得：非乙东∨非丙东→非乙北∧非丙北→甲北∧丁北∧戊北；
则结合以上根据（2）可得：丁北→丙中∧丁中∧戊中，故，甲不在中丘正确。
故选 A 选项。

55.【答案】C
【考点】分析推理 匹配
【解析】题干分析如下：
又附加条件：没有车在每站都停靠。
根据 54 题我们得到的确定信息有：丙丁戊在中丘停靠，甲丁戊在北阳停靠，丁戊在东沟停靠。
若要保证没有车在每站都停留，则需保证丁戊不同时停留在西山、南镇即可；
如果丁戊都不停靠西山、南镇，就只有甲乙丙停靠，这与"甲和乙停靠的站均不相同"矛盾；
所以，西山要在丁戊中选一站停靠；南镇同样也要在丁戊中选另外一站停靠；
又结合甲乙不在同一站，西山和南镇同样只能选其中的一站停靠；
要满足有三趟车停靠，则西山、南镇必须选丙站停靠。
故选 C 选项。

	甲	乙	丙	丁	戊
东沟				√	√
西山					
南镇					
北阳	√	×	×	√	√
中丘	×	×	√	√	√

写作部分

56. 论证有效性分析

<table>
<tr><th colspan="2">眼见为实</th></tr>
<tr><td colspan="2">常言道：“耳听为虚，眼见为实”。其实，“眼所见者未必实”。
①从哲学意义上来说，事物的表象不等于事物的真相。②我们亲眼看到的，显然只是事物的表象而不是真相。③只有将看到的表象加以分析，透过现象看本质，才能看到真相。④换言之，我们亲眼看到的未必是真实的东西，即“眼所见者未必实”。</td></tr>
<tr><td rowspan="2">精析</td><td>中心论点：眼见未必为实。</td></tr>
<tr><td>谬误点一：概念混淆（①→②）、（①+③→④）
“表象‘不等于’真相”是指的二者层次不同，而并不矛盾；作者由此推出“看到的表象‘不是’真相”显然误解成了“前者的存在则否定后者”，可能误解成了矛盾关系。
“真相”在哲学上是指“本质（内在规律）”，不同于作者所说的“真实的东西”。
谬误点二：自相矛盾（②+③）
作者引用哲学术语表明“我们能透过现象看到真相”，而前面又推出我们“看不到真相”。</td></tr>
<tr><td colspan="2">⑤举例来说，人们都看到旭日东升，夕阳西下，也就是说，太阳环绕地球转。⑥但是，这只是人们站在地球上看到的表象而已，其实这是地球自转造成。由此可见，眼所见者未必实。</td></tr>
<tr><td>精析</td><td>谬误点三：概念界定不清（⑤→⑥）
根据前面作者将“实”理解为“真实的东西”，从自然科学的角度说，人们所看到的就是“实”；人们没有正确认识到自然科学规律，不代表看到的不是“真实的东西”。</td></tr>
<tr><td colspan="2">⑦我国古代哲学家老子早就看到了这一点。他说过，人们只看到了房子的“有”（有形的结构），但人们没看到的“无”（房子中无形的空间）才有实际效用。⑧这也说明眼所见者未必实，未见者为实。</td></tr>
<tr><td>精析</td><td>谬误点四：论据存疑（或诉诸权威）（⑦）
老子的思想未必正确，比如：“‘无’才有实际效用”的说法过于绝对。
谬误点五：概念界定不清、以偏概全（⑦→⑧）
文中老子的“实”指的是“实用性”，也不同于前面所定义的“真实的东西”。
仅通过老子举的例子未必就能归纳出“未见者为实”这样的普遍规律。</td></tr>
<tr><td colspan="2">⑨老子还说，讲究表面的礼节是“忠信之薄”的表现。韩非解释时举例说，父母和子女因为感情深厚而不讲究礼节，可见讲究礼节是感情不深的表现。现在人们把那种客气的行为称作“见外”，也是这个道理。⑩这其实也是一种“眼所见者未必实”的现象。因此，如果你看到有人对你很客气，就认为他对你好，那就错了。</td></tr>
<tr><td>精析</td><td>谬误点六：论据存疑（或诉诸权威）、以偏概全（⑨）
韩非的思想未必正确，比如：就算“父母和子女因感情深而不讲究礼节”；况且也无法仅通过父母子女之间的关系推到“讲究礼节是感情不深的表现”这样的普遍关系。
谬误点七：概念界定不清（⑨→⑩）
文中韩非的“实”指的是“主观真实意图”，也不同于前面所定义的“真实的东西”。</td></tr>
<tr><td>参考范文</td><td>值得商榷的论证
上述材料通过哲学角度以及三个例子，试图得出“眼见未必为实”的结论。论证过程看似严密，但仔细推敲存在诸多漏洞：
首先，哲学用语“表象‘不等于’真相”是指的二者层次不同，作者由此推出“看到的表象‘不是’真相”可能误解成了二者矛盾；此外，“真相”有其哲学上的确定含义，即“本质（内在规律）”，作者所谓的“真实的东西”，并非哲学上的“真相”，而是指“事物的真实性”。</td></tr>
</table>

	其次，“人们都看到旭日东升，夕阳西下”，从自然科学的角度说，人们所看到的就是客观存在的，如果按上一段所定义的，“实”指的是“事物的真实性”，那么这个例子恰恰说明眼见就是为实的；“其实这是地球自转造成的”只是说人们没有正确认识到自然科学规律，不代表看到的不是真实的，作者将这两个概念混为一谈。 再次，文中引用老子思想中的“实”指的是“实用性”，引用韩非思想中的“实”指的是“主观真实意图”，都不同于前面作者所定义的“真实的客观存在”。可见，全文对“实”这个概念界定不清，在没有统一概念的情况下，从哲学角度和自然科学角度、老子和韩非思想的角度均难以作为推出“眼见未必为实”的有力论据。 最后，就算作者所说的“实”指的是“实用”，仅通过老子举的例子未必就能归纳出“未见者为实”这样的普遍规律，最多只能得到“未见者可能为实”；此外，就算“父母和子女因感情深而不讲究礼节”，也无法仅通过父母子女之间的关系推到“讲究礼节是感情不深的表现”这样的普遍关系，这两处有以偏概全之嫌。 可见，上文的论证过程尚不严谨，结论不能让人完全信服。

57. 论说文

道德教育和科学教育	
审题立意	作为实业界中坚人物，道德教育和科学教育缺一不可，由此可引申到各个领域皆是如此。
参考框架	范文框架（辩证统一）：甲重要；乙重要；甲、乙并重。
参考范文	**德才并举** 道德教育和科学教育是教育体系中最为重要的两个方面。我们要想培养出实业界的中坚人物，需要道德教育和科学教育并重。 德者，才之帅也。不仅是实业界之中坚，任何领域的出类拔萃者首先都要经历良好的道德教育，具备出众的德行，我们也常常以“德高望重”这四个字来称赞他们。想必大家都听过“宰相肚里能撑船”这句话吧，这位蜀国的宰相，在面对性格孤僻的属下对其的置之不理，又面对旁人的煽风点火，他竟给出气量如此之大的回应：“当面赞扬我并非他的本性；当众指责我也会让我难堪。这才是他不理睬我的真实原因和可贵之处。”正是其非凡的德行使他日后终成宰相。可见，道德教育需为本。 才者，德之资也。当我们接受了良好的道德教育之后，显然要以科学教育的不断提升为最终目标。我们每个人小到解决自己的温饱，大到为家庭与社会做贡献，无不需要以一定的科学文化水平作支撑。科学既是人类智慧的最高成果，又是最有希望的物质福利的源泉。人类归根结底要回归现实生活中来，是科学给予了我们明天的希望，有了科学教育，我们对明天更加向往，或许这正是诺贝尔所说的“科学研究的进展及其日益扩充的领域将唤起我们的希望。”所以，科学教育要跟上。 此时此刻，或许又有人疑惑了：“道德教育和科学教育究竟哪个更重要呢？是否具备其一就足够了？”其实，二者不仅缺一不可，而且是同等重要的。自古以来，众多的仁人志士都发现了此规律，例如曾国藩就主张“德才不可偏废”；司马光还按才、德的不同构成将人分成四类，并极力主张“才德全尽”的人生境界……德胜才者，在有生之年错过了许多人类智慧的结晶，未免有些遗憾；才胜德者，终将被人们所唾弃。因此，德要靠才来发挥，才要靠德来统帅。 道德教育与科学教育两手抓，实业界乃至各界中坚人物必将遍地开花。

2022 年全国硕士研究生招生考试
管理类综合能力试题

考生注意事项

1. 答题前，考生须在试题册指定位置上填写考生编号和考生姓名。在答题卡上填报“报考单位”“考生姓名”“考生编号”等信息。

2. 考生须把试题册上的“试卷条形码”粘贴于答题卡的“试卷条形码粘贴位置”框中。不按规定粘贴条码而影响试卷结果的，责任由考生自负。

3. 选择题的答案必须填涂在答题卡相应题号的选项上，非选择题的答案必须书写在答题卡指定位置的边框区域内。超出答题区域书写的答案无效；在草稿纸、试题册上答题无效。

4. 涂写部分要求用 2B 铅笔完成。如要改动，必须用橡皮擦干净。填（书）写部分必须使用黑色字迹钢笔、圆珠笔或签字笔在答题卡上作答，字迹工整、笔迹清楚。

5. 考试结束，将试题、答题卡一并装入试题袋中交回。

（以下信息考生必须认真填写）

考生编号															
考生姓名															

2022年全国硕士研究生招生考试
管理类综合能力试题

一、问题求解：第1~15小题，每小题3分，共45分. 下列每题给出的A、B、C、D、E五个选项中，只有一项是符合试题要求的. 请在答题卡上将所选选项的字母涂黑.

1. 一项工程施工3天后，因故障停工2天，之后工程队提高工作效率20%，仍能按原计划完成，则原计划工期（　　）.

A. 9天　　B. 10天　　C. 12天　　D. 15天　　E. 18天

2. 某商品的成本利润率为12%，若其成本降低20%而售价不变，则利润率为（　　）.

A. 32%　　B. 35%　　C. 40%　　D. 45%　　E. 48%

3. 设x，y为实数，则$f(x, y) = x^2 + 4xy + 5y^2 - 2y + 2$的最小值为（　　）.

A. 1　　B. $\frac{1}{2}$　　C. 2　　D. $\frac{3}{2}$　　E. 3

4. 如图，$\triangle ABC$为一个等腰直角三角形，以A为圆心的圆弧交AC于D，交BC于E，交AB的延长线于F. 若曲边三角形CDE与BEF的面积相等，则$\frac{AD}{AC}=$（　　）.

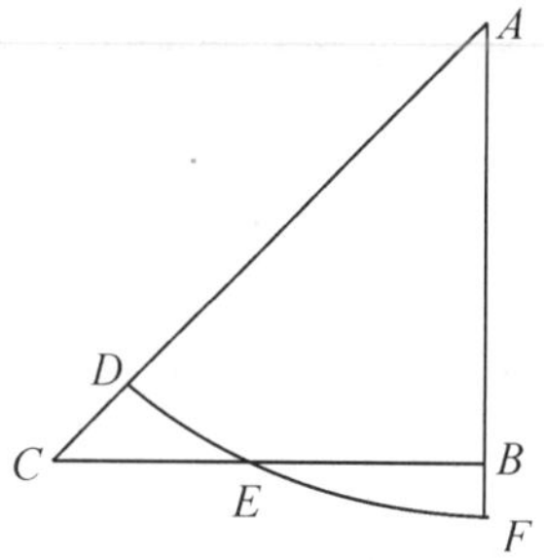

A. $\frac{\sqrt{3}}{2}$　　B. $\frac{2}{\sqrt{5}}$　　C. $\sqrt{\frac{3}{\pi}}$

D. $\frac{\sqrt{\pi}}{2}$　　E. $\sqrt{\frac{2}{\pi}}$

5. 如图，已知相邻的圆都相切，从6个圆中随机取2个，则这2个圆不相切的概率为（　　）.

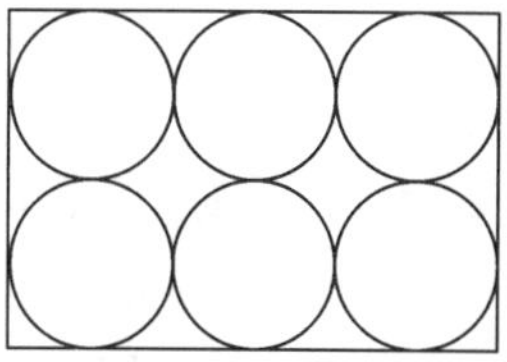

A. $\frac{8}{15}$　　B. $\frac{7}{15}$　　C. $\frac{3}{5}$

D. $\frac{2}{5}$　　E. $\frac{2}{3}$

6. 如图，在棱长为2的正方体中，A，B 是顶点，C，D 是所在棱的中点，则四边形 $ABCD$ 的面积为（　　）.

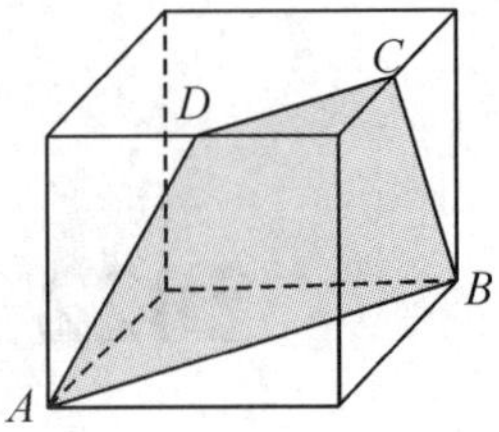

A. $\frac{9}{2}$　　B. $\frac{7}{2}$　　C. $\frac{3\sqrt{2}}{2}$

D. $2\sqrt{5}$　　E. $3\sqrt{2}$

7. 桌上放有8只杯子，将其中3只杯子翻转（杯口朝上与杯口朝下互换）作为一次操作. 8只杯口朝上的杯子经过 n 次操作后，杯口全部朝下，则 n 的最小值为（　　）.

A. 3　　B. 4　　C. 5　　D. 6　　E. 8

8. 某公司有甲、乙、丙三个部门，若从甲部门调26人到丙部门，则丙部门人数是甲部门人数的6倍；若从乙部门调5人到丙部门，则丙部门人数与乙部门人数相等. 则甲、乙两部门人数之差除以5的余数为（　　）.

A. 0　　B. 1　　C. 2　　D. 3　　E. 4

9. 直角三角形 ABC 中，D 是斜边 AC 的中点，以 AD 为直径的圆交 AB 于 E，若 $\triangle ABC$ 的面积是8，则 $\triangle AED$ 的面积为（　　）.

A. 1　　B. 2　　C. 3　　D. 4　　E. 6

10. 一个自然数的各位数字都是105的质因数，且每个质因数最多出现一次，这样的自然数有（　　）个.

A. 6　　B. 9　　C. 12　　D. 15　　E. 27

11. 购买 A 玩具和 B 玩具各1件需花费1.4元，购买200件 A 玩具和150件 B 玩具需花费250元，则 A 玩具的单价为（　　）.

A. 0.5元　　B. 0.6元　　C. 0.7元　　D. 0.8元　　E. 0.9元

12. 甲、乙两支足球队进行比赛，比分为4∶2，且在比赛过程中乙队没有领先过，则不同的进球顺序有（　　）.

A. 6种　　B. 8种　　C. 9种　　D. 10种　　E. 12种

13. 4名男生和2名女生随机站成一排，则女生既不在两端也不相邻的概率为（　　）.

A. $\frac{1}{2}$　　B. $\frac{5}{12}$　　C. $\frac{3}{8}$　　D. $\frac{1}{3}$　　E. $\frac{1}{5}$

14. 已知 AB 两地相距208km，甲、乙、丙三车的速度分别为60km/h，80km/h，90km/h. 甲、乙两车从 A 地出发去 B 地，丙车从 B 地出发去 A 地，三车同时出发，当丙车与甲、乙两车的距离相等时，用时（　　）.

A. 70min　　B. 75min　　C. 78min　　D. 80min　　E. 86min

15. 如图，用 4 种颜色对图中五块区域进行涂色，每块区域涂一种颜色，且相邻的两块区域颜色不同，则不同的涂色方法有（　　）种.

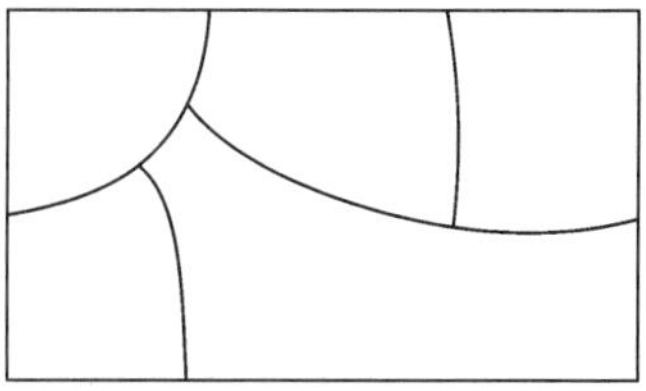

A. 12　　B. 24　　C. 32
D. 48　　E. 96

二、条件充分性判断：第 16~25 题，每小题 3 分，共 30 分. 要求判断每题给出的条件（1）和条件（2）能否充分支持题干所陈述的结论. A、B、C、D、E 五个选项为判断结果，请选择一项符合试题要求的判断. 在答题卡上将所选选项的字母涂黑.

（A）条件（1）充分，但条件（2）不充分.
（B）条件（2）充分，但条件（1）不充分.
（C）条件（1）和（2）单独都不充分，但条件（1）和（2）联合起来充分.
（D）条件（1）充分，条件（2）也充分.
（E）条件（1）和（2）单独都不充分，条件（1）和（2）联合起来也不充分.

16. 如图，AD 与圆相切于点 D，AC 与圆相交于点 B，则能确定 $\triangle ABD$ 与 $\triangle BDC$ 的面积之比.

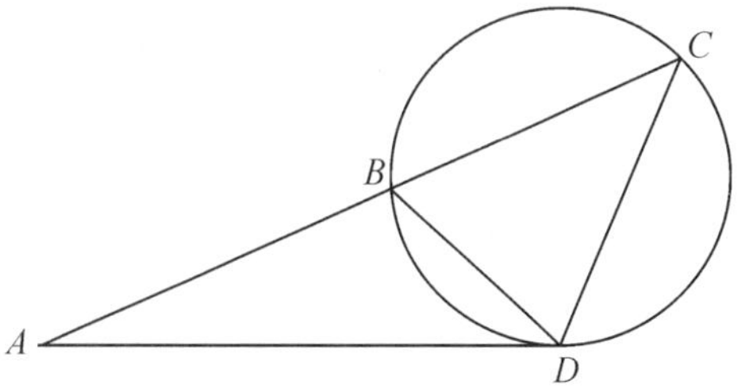

（1）已知 $\frac{AD}{CD}$.
（2）已知 $\frac{BD}{CD}$.

17. 设实数 x 满足 $|x-2|-|x-3|=a$，则能确定 x 的值.
（1）$0<a\leqslant\frac{1}{2}$.
（2）$\frac{1}{2}<a\leqslant 1$.

18. 两个人数不等的班数学测验的平均分不相等，则能确定人数多的班.
（1）已知两个班的平均成绩.
（2）已知两个班的总平均值.

19. 在 $\triangle ABC$ 中，D 为 BC 边上的点，BD、AB、BC 成等比数列，则 $\angle BAC=90^\circ$.
（1）$BD=DC$.
（2）$AD\perp BC$.

20. 将 75 名学生分成 25 组，每组 3 人，则能确定女生人数.
（1）已知全是男生的组数和全是女生的组数.

（2）只有 1 个男生的组数和只有 1 个女生的组数相等.

21. 某直角三角形的三边长 a，b，c 成等比数列，则能确定公比的值.

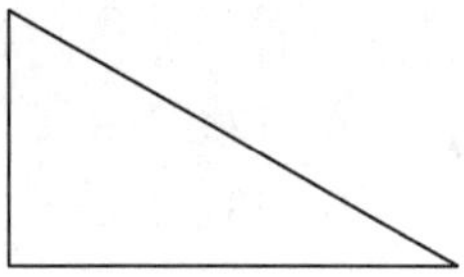

（1）a 是直角边长.

（2）c 是斜边长.

22. 已知 x 为正实数，则能确定 $x-\frac{1}{x}$ 的值.

（1）已知 $\sqrt{x}+\frac{1}{\sqrt{x}}$ 的值.

（2）已知 $x^2-\frac{1}{x^2}$ 的值.

23. 已知 a，b 为实数，则能确定 $\frac{a}{b}$ 的值.

（1）a，b，$a+b$ 成等比数列.

（2）$a(a+b)>0$.

24. 已知正数列 $\{a_n\}$，则 $\{a_n\}$ 是等差数列.

（1）$a_{n+1}^2-a_n^2=2n$，$n=1,2,\cdots$.

（2）$a_1+a_3=2a_2$.

25. 设实数 a、b 满足 $|a-2b|\leqslant 1$，则 $|a|>|b|$.

（1）$|b|>1$.

（2）$|b|<1$.

三、逻辑推理：第 26~55 小题，每小题 2 分，共 60 分。下列每题给出的 A、B、C、D、E 五个选项中，只有一个选项符合题目要求。请在答题卡上将所选字母涂黑。

26. 百年党史充分揭示了中国共产党为什么能、马克思主义为什么行、中国特色社会主义为什么好的历史逻辑、理论逻辑、实践逻辑。面对百年未有之大变局，我们如果信念不坚定，就会陷入停滞彷徨的思想迷雾，就无法面对前进道路上的各种挑战风险。只有坚持中国特色社会主义道路自信、理论自信、制度自信、文化自信，才能把中国的事情办好，把中国特色社会主义事业发展好。

根据以上陈述可以得出以下哪项？

A. 如果坚持“四个自信”就能把中国的事情办好。

B. 只要信念坚定，就不会陷入停滞彷徨的思想迷雾。

C. 只有信念坚定，才能应对前进道路上的各种挑战风险。

D. 只有充分理解百年党史揭示的理论逻辑，才能将中国特色社会主义事业发展好。

E. 如果不能理解百年党史揭示的理论逻辑，就无法遵循百年党史揭示的实践逻辑。

27. “君问归期未有期，巴山夜雨涨秋池。何当共剪西窗烛，却话巴山夜雨时。”这首《夜雨寄北》是晚唐诗人李商隐的名作。一般认为这是一封“家书”，当时诗人身处巴蜀，妻子在长安，所以说“寄北”，但有学者提出，这首诗实际上是寄给友人的。

以下哪项如果为真，最能支持以上学者的观点？

A. 李商隐之妻王氏卒于大中五年，而该诗作于大中七年。

B. 明清小说戏曲中经常将家庭塾师或官员幕客称为“西席”“西宾”。

C. 唐代温庭筠的《舞衣曲》中有诗句“回颦笑语西窗客，星斗寥廖波脉脉”。

D. 该诗另一题为《夜雨寄内》，“寄内”即寄怀妻子，此说得到了许多人的认同。

E.“西窗”在古代专指客房、客厅，起自尊客于西的先秦古礼，并被后世习察日用。

28. 退休在家的老王今晚在“焦点访谈”“国家记忆”“自然传奇”“人物故事”“纵横中国”这 5 个节目中选择了 3 个节目观看，老王对观看的节目有如下要求：

（1）如果观看“焦点访谈”，就不观看“人物故事”；

（2）如果观看“国家记忆”，就不观看“自然传奇”。

根据上述信息，老王一定观看了如下哪个节目？

A.“纵横中国”。

B.“国家记忆”。

C.“自然传奇”。

D.“人物故事”。

E.“焦点访谈”。

29. 2020 年全球碳排放量减少大约 24 亿吨，远远大于之前的创记录降幅，同比二战结束时下降 9 亿吨，2009 年金融危机最严重时下降 5 亿吨，非政府组织全球碳计划（GCP）在其年度评估报告中说，由于各国在新冠肺炎疫情期间采取了封闭和限制措施，汽车使用量下降了一半左右，2020 年的碳排放量同比下降了创纪录的 7%。

以下哪项如果为真，最能支持 GCP 的观点？

A. 2020 年碳指放量下降最明显的国家或地区是美国和欧盟。

B. 延缓气候变化的办法不是停止经济活动，而是加速向低碳能源过渡。

C. 根据气候变化《巴黎协定》，2015 年之后的 10 年全球每年需减排约 10 亿~20 亿吨。

D. 2020 年在全球各行业减少的碳排放总量中，交通运输业所占比例最大。

E. 随着世界经济的持续复苏，2021 年全球碳排放量同比下降可能不超过 5%。

30. 某小区 2 号楼 1 单元住户都打甲公司疫苗，小李家不是该小区 2 号楼 1 单元住户，小赵家都打了甲公司疫苗，而小陈家没有打甲公司疫苗。

根据以上陈述，可以得出以下哪项？

A. 小李家都没有打甲公司疫苗。
B. 小赵家是该小区 2 号楼 1 单元住户。
C. 小陈家是该小区住户，但不是 2 号楼 1 单元的。
D. 小赵家是该小区 2 号楼住户，但未必是 1 单元的。
E. 小陈若是该小区 2 号楼的住户，则不是 1 单元。

31. 某研究团队研究了大约 4 万名中老年人的核磁共振成像数据、自我心理评估等资料，发现经常有孤独感的研究对象和没有孤独感的研究对象在大脑的默认网络区域存在显著差异。默认网络参与内心思考的大脑区域，这些内心思考包括回忆旧事、规划未来、想象等。孤独者大脑的默认网络联结更为紧密，其灰质容积更大。研究人员由此认为，大脑默认网络的结构和功能与孤独感存在正相关。
以下哪项如果为真，最能支持上述研究人员的观点？
A. 人们在回忆过去、假设当下或预想未来时会使用默认网络。
B. 有孤独感的人更多地使用想象、回忆过去和憧憬未来以克服社交隔离。
C. 感觉孤独的老年人出现认知衰减和患上痴呆症的风险更高，进而导致部分脑区萎缩。
D. 了解孤独感对大脑的影响，拓展我们在这个领域的认知，有助于减少当今社会的孤独现象。
E. 穹窿是把信号从海马体输送到默认网络的神经纤维束，在研究对象的大脑中，这种纤维束得到较好的保护。

32. 关于张、李、宋、孔 4 人参加植树活动的情况如下：
（1）张、李、孔至少有 2 人参加；
（2）李、宋、孔至多有 2 人参加；
（3）如果李参加，那么张、宋两人要么都参加，要么都不参加。
根据以上陈述，以下哪项是不可能的？
A. 宋、孔都参加。
B. 宋、孔都不参加。
C. 李、宋都参加。
D. 李、宋都不参加。
E. 李参加、宋不参加。

33. 2020 年下半年，随着新冠病毒在全球范围内的肆虐及流感季节的到来，很多人担心会出现大范围流感和新冠疫情同时爆发的情况。但是有病毒学家发现，2009 年甲型 H1N1 流感毒株出现时，自 1977 年以来一直传播的另一种甲型流感毒株消失了。由此他推测，人体同时感染新冠病毒和流感病毒的可能性应该低于预期。
以下哪项如果为真，最能支持该病毒学家的推测？
A. 如果人们继续接种流感疫苗，仍能降低同时感染这两种病毒的几率。
B. 一项分析显示，新冠肺炎患者中大约只有 3%的人同时感染另一种病毒。

C. 人体感染一种病毒后的几周内，其先天免疫系统的防御能力会逐步增强。

D. 为避免感染新冠病毒，人们会减少室内聚集、继续佩戴口罩、保持社交距离和手部卫生。

E. 新冠病毒的感染会增加参与干扰素反应的基因的活性，从而防止流感病毒在细胞内进行复制。

34. 补充胶原蛋白已经成为当下很多女性抗衰老的手段之一。她们认为：吃猪蹄能够补充胶原蛋白，为了美容养颜，最好多吃些猪蹄。近日有些专家对此表示质疑，他们认为多吃猪蹄其实并不能补充胶原蛋白。

以下哪项如果为真，最能质疑上述专家的观点？

A. 猪蹄中的胶原蛋白会被人体的消化系统分解，不会直接以胶原蛋白的形态补充到皮肤中。

B. 人们在日常生活中摄入的优质蛋白和水果、蔬菜中的营养物质，足以提供人体所需的胶原蛋白。

C. 猪蹄中胶原蛋白的含量并不多，但胆固醇含量高、脂肪多，食用过多会引起肥胖，还会增加患高血压的风险。

D. 猪蹄中的胶原蛋白经过人体消化后会被分解成氨基酸等物质，氨基酸参与人体生理活动，再合成人体必需的胶原蛋白等多种蛋白质。

E. 胶原蛋白是人体皮肤、骨骼和肌腱中的主要结构蛋白，它填充在真皮之间，撑起皮肤组织，增加皮肤紧密度，使皮肤水润而富有弹性。

35. 某单位有甲、乙、丙、丁、戊、己、庚、辛、壬、癸 10 名新进员工，他们所学专业是哲学、数学、化学、金融和会计 5 个专业之一，每人只学其中一个专业，已知：

（1）若甲、丙、壬、癸中至多有 3 人是数学专业，则丁、庚、辛 3 人都是化学专业；

（2）若乙、戊、己中至多有 2 人是哲学专业，则甲、丙、庚、辛 4 人专业各不相同。

根据上述信息，所学专业相同的新员工是？

A. 乙、戊、己。

B. 甲、壬、癸。

C. 丙、丁、癸。

D. 丙、戊、己。

E. 丁、庚、辛。

36. H 市医保局发出如下公告：自即日起，本市将新增医保电子凭证就医结算。社保卡将不再作为就医结算的唯一凭证。本市所有定点医疗机构均已实现照保电子凭证的实时结算；本市参保人员可凭医保电子凭证就医结算，但只有将医保电子凭证激活后才能扫码使用。

以下哪项最符合上述 H 市医保局的公告内容？

A. H 市定点医疗机构没有实现医保电子凭证的实时结算。

B. 可使用医保电子凭证结算的医院不一定都是H市的定点医疗机构。
C. 凡持有社保卡的外地参保人员，均可在H市定点医疗机构就医结算。
D. 凡已激活医保电子凭证的外地参保人员，均可在H市定点医疗机构使用医保电子凭证扫码就医。
E. 凡未激活医保电子凭证的本地参保人员，均不能在H定点医疗机构住用医保电子凭证扫码结算。

37. 宋、李、王、吴四人订阅《人民日报》《光明日报》《参考消息》《文汇报》中两种，每种均有两人订阅，每个人订阅均不完全相同，另外：
(1) 如果吴至少订了《光明日报》《参考消息》中一种，则李订《人民日报》而王未订《光明日报》。
(2) 如果李、王两人中至多有一人订阅《文汇报》，则宋和吴均订《人民日报》。
如果李订阅了《人民日报》，则可以推出以下哪项？
A. 宋订阅《文汇报》。
B. 宋订阅《人民日报》。
C. 王订阅《参考消息》。
D. 吴订阅《参考消息》。
E. 吴订阅《人民日报》。

38. 在一项噪声污染与鱼类健康关系的实验中，研究人员将已感染寄生虫的孔雀鱼分成短期噪声组、长期噪声组和对照组。短期噪声组在噪声环境中连续暴露24小时，长期噪声组在同样的噪声中暴露7天，对照组则被置于一个安静环境中。在17天的监测期内，该研究人员发现，长期噪声组的鱼在第12天开始死亡，其他两组鱼则在第14天开始死亡。
以下哪项如果为真，最能解释上述实验结果？
A. 噪声污染不仅危害鱼类，也危害两栖动物、鸟类和爬行动物等。
B. 长期噪声污染会加速寄生虫对宿主鱼类的侵害，导致鱼类过早死亡。
C. 相比于天然环境，在充斥各种声的养殖场中，鱼更容易感染寄生虫。
D. 噪声污染使鱼类既要应对寄生虫的感染又要排除噪声干扰，增加鱼类健康风险。
E. 短期噪声组所受的噪声可能引起了鱼类的紧张情绪，但不至于损害它们的免疫系统。

39. 节日降至，某单位拟为职工发放福利品，每人可在甲、乙、丙、丁、戊、己、庚7种商品中选择其中的4种进行组合，且每种组合还要满足如下要求：
(1) 若选甲，则丁、戊、庚3种中至多选其一；
(2) 若丙、己2种至少选一种，则必选乙但不能选戊。
以下哪项组合符合上述要求？
A. 甲、丁、戊、己。

B. 乙、丙、丁、戊。

C. 甲、乙、戊、庚。

D. 乙、丁、戊、庚。

E. 甲、丙、丁、己。

40. 幸福是一种呈现愉悦的心理体验，也是一种认知和创造生活的能力，在日常生活中，每个人如果既能发现当下不足，也能确立前进的目标，并通过实际行动改进不足和实现目标，就能始终保持对生活的乐观精神，而有了对生活的乐观精神，就会拥有幸福感，生活中大多数人都拥有幸福感，遗憾的是，也有一些人能发现当下的不足，并通过实际行动去改进，但他们却没有幸福感。

根据上述陈述，可以得出以下哪项？

A. 生活中大多数人都有对生活的乐观精神。

B. 个体的生理体验也是个体的一种行为能力。

C. 如果能发现与当下的不足并努力改进，就能拥有幸福感。

D. 那些没有幸福感的人即使发现当下的不足，也不愿通过行动去改变。

E. 确立前进的目标并通过实际行动实现目标，生活中有些人没有做到这一点。

41~42 题基于以下题干：

本科生小刘拟在 4 个学年中选修甲、乙、丙、丁、戊、己、庚、辛 8 门课程，每个学年选修其中的 1~3 门课程，每门课程均在其中的一个学年修完。同时还满足：

（1）后 3 个学年选修的课程数量均不同；

（2）丙已和辛课程安排在一个学年，丁课程安排在紧接其后的一个学年；

（3）若第 4 学年至少选修甲、丙、丁中的 1 门课程，则第 1 学年仅选修戊、辛 2 门课程。

41. 如果乙在丁之前的学年选修，则可以得出哪项？

A. 乙在第 1 学年选修。

B. 乙在第 2 学年选修。

C. 丁在第 2 学年选修。

D. 丁在第 4 学年选修。

E. 戊在第 1 学年选修。

42. 如果甲、庚均在乙之后的学年选修，则可以得出哪项？

A. 戊在第 1 学年选修。

B. 戊在第 3 学年选修。

C. 庚在甲之前的学年选修。

D. 甲在戊之前的学年选修。

E. 庚在戊之前的学年选修。

43. 习俗因传承而深入人心，文化因赓续而繁荣兴盛。传统节日带给人们的不只是快乐和喜庆，还塑造着影响至深的文化自信。不忘历史才能开辟未来，善于继承才能善于创新。传统节日只有不断融入现代生活，其中的文化才能得以赓续而繁荣兴盛，才能为人们提供更多心灵滋养与精神力量。根据以上信息，可以得出以下哪项?

A. 只有为人们提供更多心灵滋养与精神力量，传统文化才能得以赓续而繁荣兴盛。

B. 若传统节日更好地融入现代生活，就能为人们提供更多心灵滋养与精神力量。

C. 有些带给人们欢乐和喜庆的节日塑造着人们的文化自信。

D. 带有厚重历史文化的传统将引领人们开辟未来。

E. 深入人心的习俗将在不断创新中被传承。

44. 当前，不少教育题材影视剧贴近社会现实，直击子女升学、出国留学、代际冲突等教育痛点，引发社会广泛关注。电视剧一阵风，剧外人急红眼，很多家长触“剧”生情，过度代入，焦虑情绪不断增加，引得家庭“鸡飞狗跳”，家庭与学校的关系不断紧张。有专家由此指出，这类教育影视剧只能贩卖焦虑，进一步激化社会冲突，对实现教育公平于事无补。

以下哪项如果为真，最能质疑上述专家的主张?

A. 当代社会教育资源客观上总是有限且分配不平衡，教育竞争不可避免。

B. 父母过度焦虑则导致孩子间暗自攀比，重则影响亲子关系，家庭和睦。

C. 教育影视剧一旦引发广泛关注，就会对国家教育政策走向产生重要影响。

D. 教育影视剧提醒学校应明确职责，不能对义务教育实行“家长承包制”。

E. 家长不应成为教育焦虑的“剧中人”，而应该用爱包容孩子的不完美。

45~46 题基于以下题干:

某电影院制订未来一周的排片计划。他们决定，周二至周日（周一休息）每天放映动作片、悬疑片、科幻片、记录片、战争片、历史片 6 类型中的一种，各不重复。已知排片还有如下要求:

(1) 如果周二或周五放映悬疑片，则周三放映科幻片;

(2) 如果周四或周六放悬疑片 ，则周五放映战争片;

(3) 战争片必须在周三放。

45. 根据以上信息，可以得出以下哪项?

A. 周六放科幻片。

B. 周日放悬疑片。

C. 周五放动作片。

D. 周二放记录片。

E. 周四放历史片。

46. 如果历史片的放映日期，既与纪录片相邻，又与科幻片相邻，则可得出以下哪项？

A. 周二放纪录片。

B. 周四放纪录片。

C. 周二放动作片。

D. 周四放科幻片。

E. 周五放动作片。

47. 有些科学家以为，基因调整技术能大幅延长人类寿命。他们在实验室中调整了一种小型土壤线虫的两组基因序列，成功将这种生物的寿命延长了 5 倍，他们据此推测，如果将延长线虫寿命的科学方法应用于人类，人活到 500 岁就会成为可能。

以下最能质疑上述科学家的观点？

A. 基因调整技术可能会导致下一代中一定比例的个体失去繁殖能力。

B. 即使将基因调整技术成功应用于人类，也只会有极少数的人活到 500 岁。

C. 将延长线虫寿命的科学方法应用于人类，还需要经历较长一段时间。

D. 人类的生活方式复杂而多样，不良的生活习惯和心理压力会影响身心健康。

E. 人类寿命的提高幅度不会像线虫那样简单倍增，200 岁以后寿命再延长基本不可能。

48. 贾某的邻居易某在自家阳台侧面安装了空调外机，空调一开，外机就向贾家卧室窗户方向吹热风，贾某对此叫苦不迭。于是找到易某协商此事，易某回答说："现在哪家没装空调？别人安装就行，偏偏我家就不行了？"

对于易某的回答，以下哪项评价最为恰当？

A. 易某的行为虽影响到了贾家的生活，但易某是正常行使自己的权利。

B. 易某的行为已经构成对贾家权利的侵害，应立即停止这种侵权行为。

C. 易某在转移话题，问题不是能不能安装空调，而是安装空调该不该影响邻居。

D. 易某没有将心比心，因为贾家也可以正对易某的卧室窗户处安装空调外机。

E. 易某空调外机的安装不应正对贾某的卧室窗户，不能只顾自己享受而让贾某受罪。

49~50 题基于以下题干：

某校文学社王、李、周、丁 4 人每人只爱好诗歌、戏剧、散文、小说 4 种文学形式中的一种，且各不相同；他们 4 人每人只创作了上述 4 种形式中的一种作品，且形式各不相同；他们创作的作品形式和各自的文学爱好均不同，已知：

（1）若王没有创作诗歌，则李爱好小说；

（2）若王没有创作诗歌，则李创作小说；

（3）若王创作诗歌，则李爱好小说且周爱好散文。

49. 根据以上信息，可以得出哪项？

A. 王爱好散文。

B. 李爱好戏剧。

C. 周爱好小说。

D. 丁爱好诗歌。
E. 周爱好戏剧。

50. 如果丁创作散文，则可以推出以下哪项？
A. 周创作小说。
B. 李创作诗歌。
C. 李创作小说。
D. 周创作戏剧。
E. 王创作小说。

51. 有科学家进行了对比实验：在一些花坛中种金盏草，而在另外一些花坛中未种植金盏草。他们发现：种了金盏草的花坛玫瑰长得很茂盛，而未种金盏草的花坛，玫瑰却呈现病态，很快就枯萎了。以下哪项如果为真，最能解释上述现象？
A. 为了利于玫瑰生长，某园艺公司推荐种金盏草而不是直接喷洒农药。
B. 金盏草的根系深度不同于玫瑰，不会与其争夺营养，却可保持土壤湿度。
C. 金盏草的根部可分泌出一种杀死土壤中害虫的物质，使玫瑰免受其侵害。
D. 玫瑰花花坛中的金盏草常被认为是一种杂草，但它对玫瑰的生长，具有奇特的作用。
E. 花匠会对种金盏草和玫瑰花的花坛施肥较多，而对仅种玫瑰花的花坛施肥偏少。

52. 李佳、贾元、夏辛、丁东、吴悠 5 位大学生暑期结伴去皖南旅游，对于 5 人将要游览的地点，他们却有不同想法。
李佳：若去龙川，则也去呈坎；
贾元：龙川和徽州古城两个地方至少去一个；
夏辛：若去呈坎，则也去新安江山水画廊；
丁东：若去徽州古城，则也去新安江山水画廊；
吴悠：若去新安江山水画廊，则也去江村。
事后得知，5 人的想法都得到了实现，根据以上信息，上述 5 人游览的地点，肯定有：
A. 龙川和呈坎。
B. 江村和新安江山水画廊。
C. 龙川和徽州古城。
D. 呈坎和新安江山水画廊。
E. 呈坎和徽州古城。

53. 胃底腺息肉是所有胃息肉中最为常见的一种良性病变，最常见的是散发型胃底腺息肉，它多发于 50 岁以上人群。研究人员在研究 10 万人的胃镜检查资料后发现，有胃底腺息肉的患者无人患胃癌，而没有胃底腺息肉的患者中有 178 人发现有胃癌。他们由此断定，胃底腺息肉与胃癌呈负相关。
以下哪项为真，最能支持上述研究人的断定？

A. 有胃底腺息肉的患者绝大多数没有家族癌症病史。

B. 在研究人员研究的 10 万人中，50 岁以下的占大多数。

C. 在研究人员研究的 10 万人中，有胃底腺息肉的人仅占了 14%。

D. 有胃底腺息肉的患者罹患萎缩性胃炎，胃溃疡的几率显著降低。

E. 胃内一旦有胃底腺息肉，往往意味着没有感染致癌物“幽门螺杆菌”。

54~55 题基于以下题干：

某特色建筑项目评选活动设有纪念建筑、观演建筑、会堂建筑、商业建筑、工业建筑 5 个门类的奖项，甲、乙、丙、丁、戊、己 6 个建筑师均有 2 个项目入选上述不同门类的奖项，且每个门类有上述 6 人的 2~3 个项目入选，已知：

（1）若甲或乙至少有一个项目入选观演建筑或工业建筑，则乙、丙入选的项目均是观演建筑和工业建筑；

（2）若乙或丁至少有一个项目入选观演建筑或会堂建筑，则乙、丁、戊入选的项目均是纪念建筑和工业建筑；

（3）若丁至少有一个项目入选纪念建筑或商业建筑，则甲、己入选的项目均在纪念建筑、观演建筑和商业建筑之中。

54. 根据上述信息，可以得出以下哪项？

A. 甲有项目入选观演建筑。

B. 丙有项目入选工业建筑。

C. 丁有项目入选商业建筑。

D. 戊有项目入选会堂建筑。

E. 己有项目入选纪念建筑。

55. 若己有项目入选商业建筑，则可以得出以下哪项？

A. 己有项目入选观演建筑。

B. 戊有项目入选工业建筑。

C. 丁有项目入选商业建筑。

D. 丙有项目入选观演建筑。

E. 乙有项目入选工业建筑。

四、写作：第 56~57 小题共 65 分。其中论证有效性分析 30 分，论说文 35 分。请在答题纸上完成。

56. 论证有效性分析：分析下述论证中存在的缺陷和漏洞，选择若干要点，写一篇 600 字左右的文章，对论证的有效性进行分析和评论（论证有效性分析的一般要点是：概念特别是核心概念的界定和使用是否准确并前后一致，有无各种明显的逻辑错误，论证的论据是否成立并支持结论，结论成立的条件是否充分等）。

默默无闻、无私奉献，虽然是人们尊崇的德行，但这种德行其实不能成为社会的道德精神。

一种德行必须借助大众媒体的传播，让大家受其感染，并化为自觉意识，然后才能成为社会的道德精神。但是，无私奉献的精神所赖以存在的行为特点是不事张扬、不为人知。既然如此，它就得不到传播，也就不可能成为社会的道德精神。

退一步讲，默默无闻、无私奉献的善举经媒体大力宣传后为更多的人所了解，这就从根本上使这一善举失去了默默无闻的特性。既然如此，这一命题就无从谈起了。

再者，默默无闻的善举一旦被媒体大力宣传，当事人必然会受到社会的肯定与赞赏，而这就是社会对他的回报。既然他从社会得到了回报，怎么还可以说是无私奉献呢?

由此可见，默默无闻、无私奉献的德行注定不可能成为社会的道德精神。

57. 论说文：根据下述材料，自拟题目，写一篇700字左右的论说文。

鸟类会飞是因为它们在进化过程中不断优化了其身体结构。飞行是一项特殊的运动，鸟类的躯干进化成了适合飞行的流线型；飞行也是一项需要付出高能量代价的运动，鸟类增强了翅膀、胸肌部位的功能，又改进了呼吸系统，以便给肌肉持续提供氧气。同时，鸟类在进化过程中舍弃了那些沉重的、效率低的身体部件。

2022 年管理类综合能力试题解析

答案速查

1-5	DCAEA	6-10	ABCBD	11-15	DCECE
16-20	BACBC	21-25	DBECA		
26-30	CEADE	31-35	BBEDA	36-40	ECBDE
41-45	AACCB	46-50	CECDA	51-55	CBEDA

数学部分

1. 【答案】D

【考点】应用题 工程问题

【解析】设原计划的效率为 1，原计划的天数为 t，则工作总量为 t，且提高后的效率为 1.2. 根据前后工作总量相等可得，$1\times3+1.2\times(t-5)=t\times1\Rightarrow t=15$，则原计划的天数为 15 天.

2. 【答案】C

【考点】应用题 利润问题

【解析】设原成本为 100 元，售价＝（1+利润率）×成本＝（1+12%）×100＝112 元，则降价后成本为＝（1−20%）×100＝80 元，故降价后的利润率为$\frac{112-80}{80}\times100\%=40\%$.

3. 【答案】A

【考点】整式与分式 乘法公式

【解析】$f(x,y)=(x^2+4xy+4y^2)+(y^2-2y+1)+1=(x+2y)^2+(y-1)^2+1$，由于平方具有非负性，当$\begin{cases}x+2y=0\\y-1=0\end{cases}\Rightarrow\begin{cases}x=-2\\y=1\end{cases}$时，表达式取得最小值，最小值为 1.

4. 【答案】E

【考点】平面几何 阴影部分面积

【解析】根据题意，②=③，两边同时+①，有①+②=①+③，则可得出三角形 ABC 与扇形 ADF 面积相等.

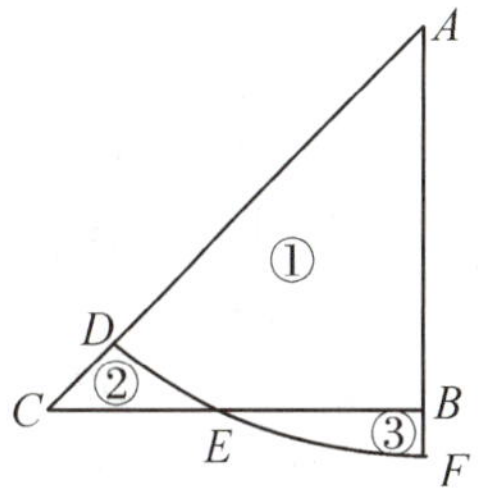

$S_{\triangle ABC}=\frac{1}{2}AB\cdot BC=\frac{1}{2}\cdot\frac{AC}{\sqrt{2}}\cdot\frac{AC}{\sqrt{2}}=\frac{AC^2}{4}$，$S_{扇形ADF}=\frac{45}{360}\cdot\pi\cdot AD^2=\frac{\pi}{8}\cdot AD^2$，

故 $\frac{AC^2}{4} = \frac{\pi}{8} \cdot AD^2 \Rightarrow \frac{AD^2}{AC^2} = \frac{2}{\pi} \Rightarrow \frac{AD}{AC} = \sqrt{\frac{2}{\pi}}$.

5.【答案】A

【考点】概率 古典概型

【解析】正面求解情况比较复杂，故可以考虑反面求解

分母为从 6 个圆中随机取 2 个，则共有 $C_6^2 = 15$ 种情况，

反面情况为选取的 2 个圆相切（即枚举相邻的 2 个圆的情况），

横向：每一行 2 个相邻有 2 种情况，共 4 种情况，

纵向：每一列 2 个相邻有 1 种情况，共 3 种情况. 故选取的 2 个圆相切，一共有 7 种情况.

故所选的 2 个圆不相切的概率为 $1 - \frac{7}{15} = \frac{8}{15}$.

6.【答案】A

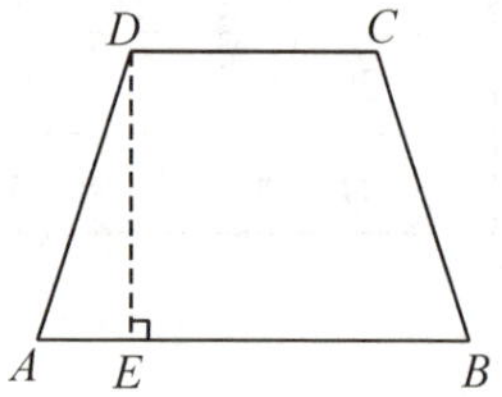

【考点】立体几何 切割、拼接、组合体 切割

【解析】根据题意，四边形 $ABCD$ 为等腰梯形，如图所示，

上底 $CD = \sqrt{1^2 + 1^2} = \sqrt{2}$，下底 $AB = \sqrt{2^2 + 2^2} = 2\sqrt{2}$，

高 $DE = \sqrt{AD^2 - AE^2} = \sqrt{(2^2 + 1^2) - (\frac{2\sqrt{2} - \sqrt{2}}{2})^2} = \frac{3}{\sqrt{2}}$，

则四边形 $ABCD$ 的面积为 $S = \frac{(CD + AB) \times DE}{2} = \frac{(\sqrt{2} + 2\sqrt{2}) \times \frac{3}{\sqrt{2}}}{2} = \frac{9}{2}$.

7.【答案】B

【考点】应用题 其他问题

【解析】如下图所示，空心表示杯口朝上，实心表示杯口向下，彩色部分为每次翻动的杯子：

开始：

第一次：

第二次：

第三次：

第四次：

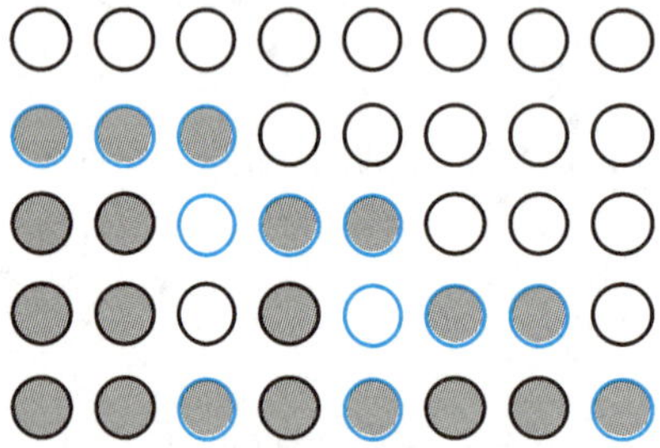

则最少经过 4 次操作，杯口全部朝下.

8.【答案】C

【考点】应用题 不定方程

【解析】设甲、乙、丙三个部门的人数分别为 x、y、z 人，根据题意可得方程：

即 $\begin{cases} 6(x - 26) = z + 26 \\ y - 5 = z + 5 \end{cases} \Rightarrow \begin{cases} z = 6x - 182 \\ y = z + 10 \end{cases} \Rightarrow y = 6x - 172$，

则 $x - y = 172 - 5x = 5(34 - x) + 2$，

所以甲、乙两部门人数差值除以 5 余 2.

9.【答案】B

【考点】平面几何 三角形 相似与全等

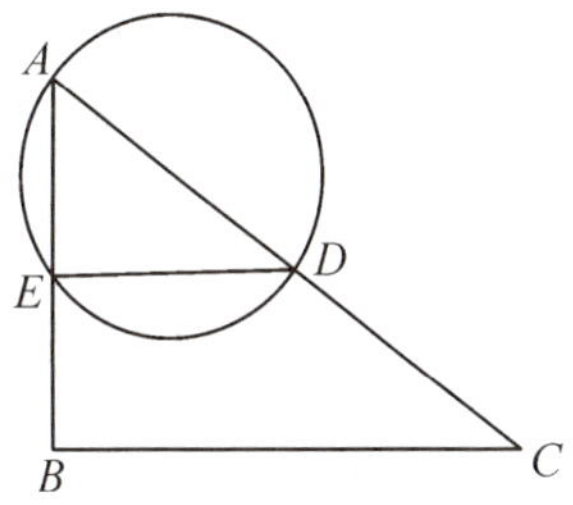

【解析】根据题意，连接 DE，因 AD 为直径，

则 $\angle AED = 90°$（直径所对圆周角为直角）$\to DE$ 平行 BC，

故 $\triangle AED$ 与 $\triangle ABC$ 相似. 又因 D 为中点，则相似比为 1∶2，

$S_{ABC} = 8$，故面积为 $S_{\triangle ADE} : S_{\triangle ABC} = 1^2 : 2^2 = 1 : 4 \Rightarrow S_{\triangle ADE} = 2$.

10.【答案】D

【考点】排列组合 两大原理

【解析】因 $105 = 3 \times 5 \times 7$，故 105 的质因数为 3、5、7，则有以下三种情况：

情况①：一位质数的自然数，有 $C_3^1 = 3$ 个.

情况②：两位质数的自然数，有 $C_3^2 \cdot 2! = 6$ 个.

情况③：三位质数的自然数，有 $3! = 6$ 个.

根据加法原理，共有 $3 + 6 + 6 = 15$ 个.

11.【答案】D

【考点】应用题 一般方程

【解析】设 A、B 两种玩具的单价分别为 x、y 元，根据题意可得方程：

即 $\begin{cases} x + y = 1.4 \\ 200x + 150y = 250 \end{cases} \Rightarrow \begin{cases} x = 0.8 \\ y = 0.6 \end{cases}$，故 A 玩具的单价为 0.8 元.

12.【答案】C

【考点】排列组合 比赛问题

【解析】正面求解情况比较复杂，故可以考虑反面求解

甲、乙两队比赛比分为 4∶2，则总的情况数为 $C_6^2 = 15$ 种（乙赢）.

乙领先过的情况有以下两种：

情况①：第一场乙赢，第二次拿分在后 5 个位置中选 1 个，即 $C_1^1 C_5^1 = 5$ 种.

情况②：第二、三场乙赢，故只有 1 种情况.

因此，满足条件的有 $15 - (5 + 1) = 9$ 种.

13.【答案】E

【考点】概率 古典概型

【解析】分母：6 人站成一排，故有 $6!$ 种不同的排法.

分子：先排 4 名男生，再将 2 名女生插空排入男生之间形成的 3 个空位中，即 $4! \cdot C_3^2 \cdot 2!$ 种.

因此概率为 $P = \dfrac{4! \cdot C_3^2 \cdot 2!}{6!} = \dfrac{1}{5}$.

14.【答案】C

【考点】应用题 行程问题 一般行程

【解析】设三车从出发到到达题目要求位置行驶了 t 小时，如图所示.

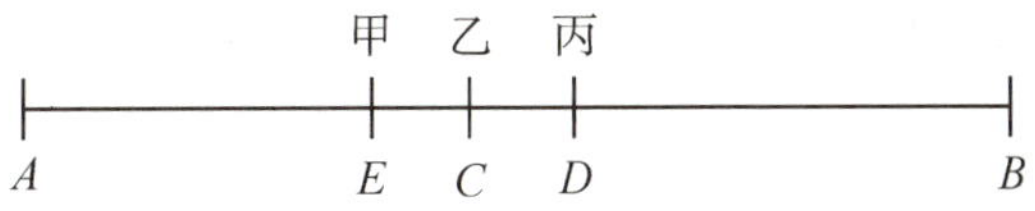

根据题意，丙车与甲、乙两车的距离相等时，甲、乙、丙分别位于E、D、C，

则$S_{甲}=AE=60t$，$S_{乙}=AD=80t$，$S_{丙}BC=90t$，故$DE=20t\Rightarrow EC=CD=10t$，

则$AB=AE+EC+BC=160t=208\Rightarrow t=\frac{208}{160}\times 60=78\text{min}$.

15.【答案】E

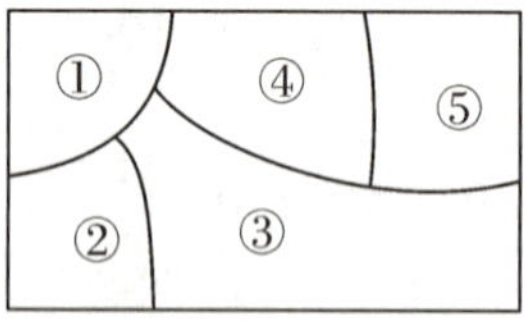

【考点】排列组合 涂色问题

【解析】根据分步原理：

第一步：区域①有 4 种选择，

第二步：区域②有 3 种选择，

第三步：区域③有 $4-2=2$ 种选择（与①、②颜色不同），

第四步：区域④有 2 种选择（与①、③颜色不同），

第五步：区域⑤有 2 种选择（与③、④颜色不同）.

故共有 $N=4\times3\times2\times2\times2=96$ 种涂色方法.

16.【答案】B

【考点】平面几何 三角形 相似与全等

【解析】根据弦切角定理可知，$\angle ADB=\angle BCD$，可得$\triangle ADB=\triangle ABC$，那么根据相似，可得出$\frac{AB}{AD}=\frac{BD}{CD}=\frac{AD}{AC}$.

现需要确定$\triangle ABD$与$\triangle BDC$的面积比，即底边$\frac{AB}{BC}$之比（等高：以D为顶点，AC边上的高）.

条件（1），观察可知，与前提、结论无太大关联，不充分.

条件（2），$\frac{BD}{CD}=k$，那么由$\frac{AB}{AD}=\frac{BD}{CD}=\frac{AD}{AC}$，得$AB=AD\cdot k$，$AC=\frac{AD}{k}$，

故BC可求（关于AD和k的表达式），可确认$\frac{AB}{BC}$的比值，充分，故选 B.

17.【答案】A

【考点】实数 绝对值 几何意义

【解析】数形结合法. 令 $y_1=\begin{cases}1 & x\geqslant 3\\ 2x-5 & 2\leqslant x<3\\ -1 & x<2\end{cases}$.

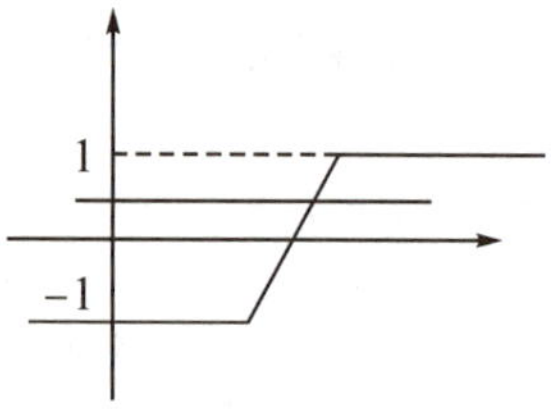

条件（1），当$0<a\leqslant\frac{1}{2}$，与图象仅有一个交点，可求出对应的x，

故充分.

条件（2），当$a=1$时，对应x的值有无数个，不能唯一确定，不充分，故选 A.

18.【答案】C

【考点】应用题 平均值问题

【解析】十字交叉法题型. 故可由比例判断人数多的班（谁大就多）.

.

19.【答案】B

【考点】平面几何 三角形 相似与全等

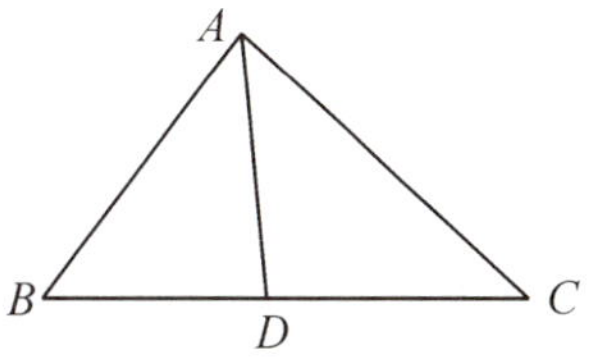

【解析】如图，因为 $\frac{BD}{AB}=\frac{AB}{BC}$，故 $\triangle ABC$ 和 $\triangle ABD$ 相似.

条件（1），若 $BD=DC$，可得 $BC=\sqrt{2}AB$，AC 未知，不充分.

条件（2），若 $AD\perp BC$，因为 $\triangle ABC$ 和 $\triangle ABD$ 相似，可得 $\angle BAC=\angle ADB=90°$，充分，故选 B.

20.【答案】C

【考点】应用题 其他问题

【解析】单独显然不充分，故联合：

设已知全男生的组、全女生的组分别为 x，y 组（条件 1 已知 x，y），

1 男 2 女和 1 女 2 男的组为 z 组（条件 2，但不知具体的值），

一共 25 组，可得 $x+y+2z=25$，可求出 z 的值，

每组 3 人，则女生人数可表示为 $3y+2z+z=3y+3z$，因此可求出女生的人数，故选 C.

21.【答案】D

【考点】平面几何 三角形 相似与全等

【解析】若 a 是直角边，因为 a，b，c 成等比数列，所以 c 最大，c 为斜边，两条件等价，故选 D/E.

设三边为 a，aq，aq^2，有 $a^2q^4=a^2+a^2q^2$（勾股定理），即 $q^4-q^2-1=0$.

因为 $q>0$，故 q 唯一，并且可通过求根公式求得，故选 D.

22.【答案】B

【考点】整式与分式 乘法公式 平方和/差

【解析】条件（1），根据 $\sqrt{x}+\frac{1}{\sqrt{x}}\Rightarrow x+\frac{1}{x}\Rightarrow x^2+\frac{1}{x^2}\Rightarrow(x-\frac{1}{x}^2)$，但不能确定 x 与 $\frac{1}{x}$ 的大小，即不能确定 $x-\frac{1}{x}$ 的正负，取值不唯一，故不充分.

条件（2），$x^2-\frac{1}{x^2}=b\Rightarrow x^4-bx^2-1=0$，可求得 x^2 的值（求根公式），因为 x 为正实数，故可确定 x 的值，所以 $x-\frac{1}{x}$ 可求并且唯一，充分，故选 B.

23.【答案】E

【考点】数列 等比数列 性质

【解析】条件（1），$b^2=a(a+b)\Rightarrow a^2+ab-b^2=0\Rightarrow\left(\frac{a}{b}\right)^2+\frac{a}{b}-1=0$（等比数列不存在 0，两边同时除以 b^2），利用求根公式得 $\frac{a}{b}=\frac{-1+\sqrt{5}}{2}$，不唯一，不充分.

条件（2），$a(a+b)>0\Rightarrow a^2+ab>0$（两边同时除以 b^2），$\left(\frac{a}{b}\right)^2+\frac{a}{b}>0\Rightarrow\frac{a}{b}>0$ 或 $\frac{a}{b}<-1$，不能唯一确定.

联合条件，但仍有两个值，不唯一确定，不充分，故选 E.

【技巧点睛】条件（1）为等比数列，可得出 $a(a+b)>0$（奇数项同正或同负），两条件等价，故选择 D/E，条件（1）判断为不充分，故条件（2）也不充分.

24.【答案】C

【考点】数列 等差数列 判定

【解析】条件（1），令 $a_1 = 0$，可得 $a_2 = \sqrt{2}$，$a_3 = \sqrt{6}$，很明显不成等差数列，不充分.

条件（2），只知前三项，不能确定整个数列为等差数列.

联合条件（1）和（2），有 a_1，a_2，a_3 成等差，设公差为 d，可得

$\begin{cases} a_2^2-a_1^2=2\times1 \\ a_3^2-a_2^2=2\times2 \end{cases} \Rightarrow \begin{cases} 2a_1d+d^2=2① \\ 2a_1d+3d^2=4② \end{cases}$，②−①$=2d^2=2\Rightarrow d^2=1\Rightarrow d=1$（大前提为正数列），

可得，$a_1 = \frac{1}{2}$，再利用累加法：

$$\begin{cases} a_n^2 - a_{n-1}^2 = 2(n-1) \\ a_{n-1}^2 - a_{n-2}^2 = 2(n-2) \\ \cdots \\ a_2^2 - a_1^2 = 2 \end{cases} \Rightarrow a_n^2 = a_1^2 + 2(n-1+\cdots+1) = n^2 - n + \frac{1}{4} = \left(n-\frac{1}{2}\right)^2,$$

即 $a_n = n - \frac{1}{2}$（大前提为正数列），则 $\{a_n\}$ 为等差数列，故选 C.

25.【答案】A

【考点】实数 绝对值 三角不等式

【解析】联合为空集，排除 C 选项. 常利用特值法解决绝对值考点.

条件（1），特值无法确认，待判断.

条件（2），取特值，当 $a = b = 0$ 满足条件但推不出结论，不充分，可确定 A/E 选项.

条件（1），**方法一：去绝对值符号**

$|a-2b|\leqslant 1\Rightarrow 2b-1\leqslant a\leqslant 2b+1$，$|b|>1\Rightarrow b>1$ 或 $b<-1$，

若 $b>1$，则 $a\geqslant 2b-1=b+b-1>b\Rightarrow|a|>|b|$，

若 $b<-1$，则 $a\leqslant ab+1<b\Rightarrow|a|>|b|$（$a$ 负得更多，故 a 的绝对值更大），充分，故选 A.

方法二：三角不等式

$|2b|-a\leqslant|a-2b|\leqslant1\Rightarrow|2b|-|a|\leqslant1\Rightarrow|a|\geqslant|2b+1|>|b|\Rightarrow|a|>|b|$，故可得 $|a|>|b|$，充分.

方法三：数形结合

如下图所示，大前提 $|a-2b|\leqslant 1$ 表示直线 $a-2b-1=0$ 与 $a-2b+1=0$ 之间的范围，故结论的范围为彩色实线之间的阴影部分.

条件（1）的范围表示为浅灰色部分，完全落在结论范围内，充分.

条件（2）的范围表示为深灰色部分，未完全落在结论范围内，不充分，故选 A.

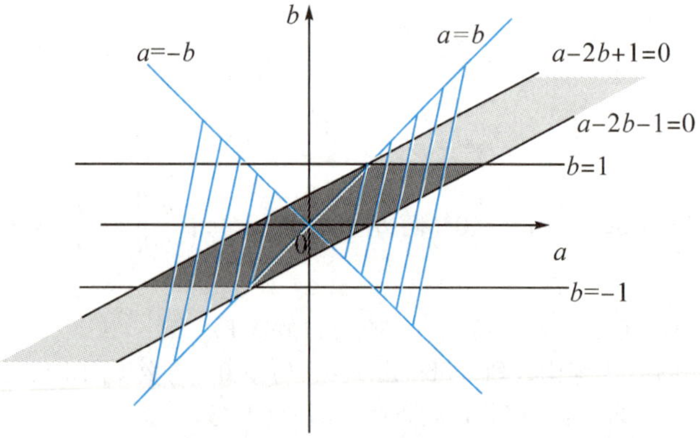

逻辑部分

26. 【答案】C
【考点】形式逻辑 假言命题 求真
【解析】题干逻辑如下：
①信念不坚定→思想迷雾→非应对风险；
②办好→坚持四个自信。
A“坚持四个自信→办好”，排除。
B“信念坚定→非思想迷雾”，排除。
C 应对风险→信念坚定，①的逆否，正确。
D、E 题干均未涉及，排除。
故选 C 选项。

27. 【答案】E
【考点】非形式逻辑 支持 论证支持
【解析】题干分析如下：
学者观点：这首诗是寄给友人的。
题干直接给出论点，要支持学者观点，只需补充论据说明即可。
A 李商隐之妻去世了不代表就不能为她写诗，并且即使不是写给妻子的也无法推出就一定是给朋友的，不选。
BCD 均与论证无关。
E 说诗中的西窗是会客的地方，共剪西窗烛应该是跟友人一起，并且起自尊客于西的先秦古礼，并被后世习察日用，那么是早于李商隐所在的晚唐时期，支持该诗是写给友人的。
故选 E 选项。

28. 【答案】A
【考点】分析推理 分组分类
【解析】题干条件如下：
5 个节目中选 3 个
“焦点访谈”→¬“人物故事”=“人物故事”→¬“焦点访谈”（2 选 1）
“国家记忆”→¬“自然传奇”=“自然传奇”→¬“国家记忆”（2 选 1）
由于四个节目中只能有两个入选，因而“纵横中国”必须要选。
故选 A 选项。

29. 【答案】D
【考点】非形式逻辑 支持 因果支持
【解析】题干论证如下：
论据：疫情期间全球碳排放量减少。
论点：由于疫情期间汽车使用量下降导致碳排放量减少。
A 题干未提及具体国家，与论证无关。
B 与论证无关。

C 与论证无关。
D 选项加入限定碳排放量中交通运输占比最大，那么汽车使用量少了必定碳排放量会变小。
E 含有“可能”属于不确定信息，排除。
故选 D 选项。

30.【答案】E
【考点】形式逻辑 复言命题 综合推理
【解析】题干逻辑如下：
①2 号 ∧1 单→甲疫苗；
②李→¬ 2 号 ∧1 单；
③赵→甲疫苗；
④陈→¬ 甲疫苗。
根据小陈没有打甲疫苗，陈→¬ 甲疫苗→¬ 2 号∨¬ 1 单。
将 E 选项代入若小陈是 2 号楼住户，则肯定不是 1 单元。
故选 E 选项。

31.【答案】B
【考点】非形式逻辑 支持 论证支持
【解析】题干论证如下：
论据：默认网络参与回忆旧事、规划未来、想象等内心思考。
结论：默认网络结构功能与孤独感正相关。
A 没有建立孤独感的联系，无法支持。
B 搭桥建立联系，孤独感和回忆旧事、规划未来等内心活动有关，直接肯定题干结论。
C 探讨孤独感的老人和脑部萎缩的关系，无关。
D 探讨了解孤独感对大脑的影响的意义，无关。
E 穹窿与话题无关。
故选 B 选项。

32.【答案】B
【考点】分析推理 综合推理
【解析】本题需使用代入验证法。
将 B 选项代入条件中，如果宋和孔都不参加，根据孔不参加结合（1）可得：张和李都参加；李参加结合（3）可得：要么张宋都参加，要么张宋都不参加；
又因为已经推出张参加了，所以张和宋都参加，与宋和孔都不参加矛盾，所以宋和孔都不参加是不可能的。
A、C、D、E 无矛盾推出，排除。
故选 B 选项。

33.【答案】E
【考点】非形式逻辑 支持 论证支持
【解析】题干论证如下：
论据：2009 年甲流 H1N1 出现的时候另一种甲流病毒消失了。
结论：人体同时感染新冠和流感病毒的可能性低于预期。

A 论述的是人们怎样降低两种病毒感染几率的方法，无法支持结论。
B 举例说明两者同时感染的概率比较低但是是否会低于预期未做说明，且只是一部分的数据，支持力度有限。
C 论述的是人们感染病毒后，免疫系统的变化，与是否感染另外的病毒无关。
D 讲的是怎样避免感染新冠病毒，无关。
E 新冠感染可以防止流感病毒的复制，解释了两者不会同时存在的原因，直接肯定题干结论。
故选 E 选项。

34.【答案】D
【考点】非形式逻辑 削弱 论证削弱
【解析】题干分析如下：
专家结论：吃猪蹄不能补充胶原蛋白。
题干直接给出结论，要质疑专家的结论，只需解释说明吃猪蹄其实是可以补充胶原蛋白的即可。
A 说明吃猪蹄不能补充胶原蛋白，支持了专家的观点，排除。
B 说明其他补充蛋白质的方式，与论证无关，排除。
C 说明了吃猪蹄的一些风险，与论证无关，排除。
D 说明吃猪蹄可以补充胶原蛋白，直接削弱专家的结论。
E 说明了胶原蛋白作用，与论证无关。
故选 D 选项。

35.【答案】A
【考点】分析推理 综合推理
【解析】题干条件如下：
（1）甲、丙、壬、癸中至多有 3 人选数学→丁化学 ∧庚化学∧辛化学；
（2）乙、戊、己中至多有 2 人选哲学→甲、丙、庚、辛 4 人专业各不相同。
联立（2）+（1）得：乙戊己中至多有 2 人是哲学→甲丙庚辛 4 人专业不相同→庚和辛不能同时都学化学→甲丙壬癸都是数学；
如果甲丙都是数学与上述推理中的“甲丙庚辛 4 人专业不相同”产生矛盾，因此可以归谬，得出推理的起点为假，因此乙戊己中至多有 2 人是哲学为假，真实情况为：乙戊己都是哲学。
故选 A 选项。

36.【答案】E
【考点】形式逻辑 假言命题 求真
【解析】题干逻辑如下：
（1）所有定点机构→电子凭证；
（2）本市参保人员→可就医；
（3）扫码→激活。
A 由（1）可知错误，排除。
B 无法从题干中得到，排除。
C 外地无限制，排除。
D 外地无限制，排除。
E 根据（3）逆否可得未激活→非扫码。
故选 E 选项。

37.【答案】C

【考点】分析推理 综合推理

【解析】题干条件如下：

（1）吴《光明》∨吴《参考》→李《人民》∧非王《光明》；

（2）李、王至多1人《文汇》→宋《人民》∧吴《人民》；

每人订阅两种，每种均有两人订阅，每人订阅不完全相同。

已知李订阅《人民》，则宋和吴不能都订《人民》，根据（2）逆否得：

非宋《人民》∨非吴《人民》→李《文汇》∧王《文汇》→非吴《文汇》；

从而得到"吴至少订了《光明日报》《参考消息》中一种"；

根据（1）得：吴《光明》∨吴《参考》→李《人民》∧非王《光明》；

如果非王参考的话，则只能选《人民》，跟李一样，违背了题干"每个人订阅均不完全相同"的要求，因此"王订阅《参考消息》"。

故选C选项。

	《人民》	《光明》	《参考》	《文汇报》
宋				×
李	√	×	×	√
王		×		√
吴				×

38.【答案】B

【考点】非形式逻辑 解释

【解析】根据题干信息，我们需要解释为什么感染寄生虫的孔雀鱼在长噪音中12天死亡，其他短噪音和无噪音的环境下的鱼14天才死亡这一现象。

A只说了噪音的危害，没有解释题干现象，排除。

B选项指出长噪音环境下孔雀鱼身上的寄生虫会侵害鱼的健康，导致早死。其他环境下并无影响，解释了题干中不同环境下鱼死亡时间的区别。

C无法解释为什么两类鱼死亡时间不一样，排除。

D说明噪音的风险，没有解释题干现象，排除。

E仅对短期噪音可能带来的结果做出了说明，排除。

故选B选项。

39.【答案】D

【考点】分析推理 综合推理

【解析】题干条件如下：

（1）甲→丁、戊、庚至多选一；

（2）丙或己→乙且非戊。

根据题干信息，可使用代入排除法，条件（1）可以排除A、C；条件（2）可以排除B、E；

故选D选项。

40.【答案】E

【考点】形式逻辑 假言命题 求真

【解析】题干逻辑如下：

发现不足 ∧ 确立目标 ∧ 改进不足 ∧ 实现目标→乐观精神→拥有幸福感；
现已知：有些人没有幸福感；
逆否可得：非发现不足 ∨ 非确定目标 ∨ 非行动改进不足 ∨ 非实现目标；
又已知：这些人发现不足且行动改进不足，则可推：非确定目标 ∨ 非实现目标；
即“确立前进的目标并通过实际行动实现目标，生活中有些人没有做到这一点”。
故选 E 选项。

41.【答案】A
【考点】分析推理 综合推理
【解析】题干条件如下：
因为 4 个学年分配 8 门课程，
根据（1）得：后三年数量不一样，只能是 1、2、3 门，因而第一年只能是 2 门；
根据（2）得：丙、己、辛一起，丁在后，那么丙、己、辛和丁不可能在第一年；
根据（3）得：辛不在第一年否定后件推出，第四年不是甲、丙、丁，丁只能在第三年，丙、己、辛在第二年；
再根据补充条件“乙在丁之前”，所以乙只能在第一年。
故选 A 选项。

42.【答案】A
【考点】分析推理 综合推理
【解析】题干分析如下：
因为甲、庚在乙之后，第二年已经确定是丙已辛，第三年有丁，甲、庚在最后两年年中，剩余的戊只能放在第一年。
故选 A 选项。

43.【答案】C
【考点】非形式逻辑 推论
【解析】题干分析如下：
题干“传统节日带给人们的不只是快乐和喜庆，还塑造着影响至深的文化自信”可以推出“有些带给人们欢乐和喜庆的节日塑造着人们的文化自信”。
AB 与题干推理相反；DE 题干未涉及。
故选 C 选项。

44.【答案】C
【考点】非形式逻辑 削弱 论证削弱
【解析】题干论证如下：
论据：教育影视剧使得焦虑情绪不断增加，家庭和学校的关系不断紧张。
结论：这类教育影视剧对实现教育公平于事无补。
要削弱需要说明这类教育影视剧对实现教育公平还是有用。
A 没有涉及教育影视剧对教育公平的影响，无关选项，排除；
B 提到了父母过度焦虑的后果，与论证无关；
C 说明教育影视剧会对国家教育走向产生重要影响，直接否定题干结论；
D 并未说明教育影视剧对实现教育公平是否有用，无关选项，排除；

E 只是给出建议，并未说明教育影视剧对实现教育公平是否有用。
故选 C 选项。

45.【答案】B
【考点】分析推理 综合推理
【解析】题干分析如下：
根据（3）战争片必须在周三，带入（2）逆否可得，周四和周六都不放悬疑片；
（3）还能带入（1）逆否可得，周二和周五也不放悬疑片，因此只有周日可以放悬疑片。
故选 B 选项。

46.【答案】C
【考点】分析推理 综合推理
【解析】题干分析如下：
根据（3）战争片必须在周三，结合问句给的条件历史片的放映日期，既与纪录片相邻，又与科幻片相邻，可知只三个元素绑定，故只能放在 4、5、6，根据上一问悬疑必须在周日，故只有周二给剩下的动作片。
故选 C 选项。

47.【答案】E
【考点】非形式逻辑 削弱 论证削弱
【解析】题干论证如下：
论据：基因调整技术让线虫寿命延长 5 倍。
结论：该技术应用于人类，人有活到 500 岁会成为可能。
A 仅提到可能造成的危害，并未涉及该措施是否有效，无法削弱。
B“极少数的人活到 500 岁”意味着也能实现，无法削弱。
C“还需要经历较长一段时间”意为措施可能有效，只是还有个过程，无法削弱。
D 人类的生活方式会影响身心健康与是否能活到 500 岁无关。
E 直接说明该措施无效，人活到 500 岁基本不可能，有力地削弱了结论。
故选 E 选项。

48.【答案】C
【考点】非形式逻辑 评价 评价论证方法和漏洞
【解析】题干分析如下：
该题为评价题，考差非形式逻辑的论证谬误，易某的回答犯了“转移论题”的逻辑错误。
故选 C 选项。

49.【答案】D
【考点】分析推理 匹配
【解析】题干分析如下：
根据（1）+（3）非王创诗歌→李爱小说；
王创诗歌→李爱好小说且周爱好散文；
二难推理得李爱好小说。
因为他们创作得作品形式和各自的文学爱好不相同；

所以，李爱小说→非李创作小说；
根据（2）逆否得：非李创作小说→王创诗歌，故王不会爱好诗歌；
结合（3）可得：周爱散文，王爱戏剧，最后可以推出丁爱好诗歌。
故选 D 选项。

50.【答案】A
【考点】分析推理 匹配
【解析】题干分析如下：
增加条件丁创作散文，又由于上一题推出王创作诗歌，故李不会创作散文和诗歌，并且李爱好小说，故不会创作小说，因此李只能创作戏剧，故推出周创作小说。
故选 A 选项。

51.【答案】C
【考点】非形式逻辑 解释
【解析】本题需要解释为什么种了金盏草的花坛玫瑰长得很茂盛，而未种金盏草的花坛呈现病态并很快枯萎。
A 并未解释到题干的现象。
B“保持土壤湿度”不能说明玫瑰就长得茂盛，无法起到解释该现象的作用。
C 金盏草可以杀死害虫，保证玫瑰健康生长，解释了种金盏草玫瑰茂盛以及不种植金盏草玫瑰就会枯萎的原因。
D 描述了金盏草“具有奇特作用”但并没有具体说明是否会使玫瑰生长得更茂盛。
E“施肥较多”和“施肥偏少”最多只能解释长得茂盛和不茂盛的情况，无法解释呈现病态很快枯萎的情况。
故选 C 选项。

52.【答案】B
【考点】分析推理 综合推理
【解析】题干分析如下：
根据贾元说的龙川和徽州古城两个地方至少去一个可得：
去龙川可知：龙川→呈坎→新安→江村；
去徽州可知：徽州→新安→江村；
无论去龙川还是徽州，新安和江村都是必须去的。
故选 B 选项。

53.【答案】E
【考点】非形式逻辑 支持 论证支持
【解析】题干论证如下：
论据：有胃底腺息肉的患者无人患胃癌，而没有胃底腺息肉的患者中有 172 人发现有胃癌。
结论：胃底腺息肉与胃癌呈负相关。
A 指出胃底腺息肉的患者不会遗传家族癌症，并非二者本身呈负相关，削弱选项，排除。
B、C、D 与论证无关。
E 说明了胃底腺息肉减少了胃癌危害的原因，可以支持。
故选 E 选项。

54.【答案】D

【考点】分析推理 匹配

【解析】题干分析如下：

一个建筑师对应2个不同门类奖项，每个门类对应2~3个建筑师，我们可以借助画图的方法来做答。

通过观察条件，发现（2）中有很明显的矛盾点，可以以（2）为突破口。

根据（2）分析可得，如果乙入选了观演或会堂，则乙也会入选纪念和工业，与一个建筑师对应2个不同门类奖项的题干信息矛盾，可知：乙不能入选观演和会堂。

同理，如果丁入选了观演或会堂，则丁也会入选纪念和工业，也与题干矛盾，因此可得：丁不入选观演和会堂。

将乙不入选观演代入到条件（1）中逆否可得：甲不入选观演和工业，乙不入选观演和工业。

根据（3）分析可知：如果丁不入选观演和会堂，丁至少在纪念和商业中选择一个，则可以推出甲和己必定在纪念，观演，商业中选择其二（甲、己不选会堂）。

综合上述信息，甲不选会堂，乙不选会堂，丁不选会堂，己不选会堂，则只能由丙和戊选会堂，故选D选项。

	纪念建筑	观演建筑	会堂建筑	商业建筑	工业建筑
甲		×	×		×
乙		×	×		×
丙					
丁		×	×		
戊					
己			×		

55.【答案】A

【考点】分析推理 匹配

【解析】题干分析如下：

根据54题的结果可知，甲入选纪念和商业，乙入选纪念和商业，丁不入选观演和会堂，己不入选会堂和工业；

现在补充条件己入选商业，则商业三人已满，丁就不能入选商业；

结合丁不入选观演和会堂可以推出丁入选纪念和工业，则纪念三人也满员，则己不能入选纪念；再结合己不入选会堂和工业，可以推出己必定入选观演。

故选A选项。

	纪念建筑	观演建筑	会堂建筑	商业建筑	工业建筑
甲	√	×	×	√	×
乙	√	×	×	√	×
丙	×		√	×	
丁	√	×	×	×	√
戊	×		√	×	
己	×	√	×	√	×

写作部分

56. 论证有效性分析

<table>
<tr><th colspan="2">默默无闻、无私奉献</th></tr>
<tr><td colspan="2">默默无闻、无私奉献，虽然是人们尊崇的德行，但这种德行其实不能成为社会的道德精神。
①一种德行必须借助大众媒体的传播，让大家受其感染，并化为自觉意识，然后才能成为社会的道德精神。②但是，无私奉献的精神所赖以存在的行为特点是不事张扬、不为人知。③既然如此，它就得不到传播，也就不可能成为社会的道德精神。</td></tr>
<tr><td rowspan="2">精析</td><td>中心论点：默默无闻，无私奉献，不能成为社会的道德精神。</td></tr>
<tr><td>谬误点一：概念不准确（或强加必要、论据存疑）（①）
一种德行未必要借助媒体的传播才能成为社会的道德精神，传播未必就要媒体传播。
一种德行也未必要化为自觉意识才能成为社会的道德精神。
也可以说作者对“社会的道德精神”的概念理解有误。
谬误点二：概念不准确（或论据存疑）（②→③）
“无私奉献精神的行为特点是不事张扬、不为人知”指的是做好事的本人不希望张扬，不希望他人知道，但不代表就不会被人知道。因此，推不出无私奉献就得不到传播。</td></tr>
<tr><td colspan="2">④退一步讲，默默无闻、无私奉献的善举经媒体大力宣传后为更多的人所了解，这就从根本上使这一善举失去了默默无闻的特性。既然如此，这一命题就无从谈起了。</td></tr>
<tr><td>精析</td><td>谬误点三：概念不准确（④）
默默无闻、无私奉献是做好事的本人主观上希望的默默无闻，而并不是指的该行为就一定要不被传播，即便被传播也并不影响默默无闻行为的本质。
谬误点四：自相矛盾（④/⑤+②）
作者前面认为默默无闻、无私奉献的善举得不到传播，而后两段首句言下之意作者实际上是认为该行为是有可能被传播的。</td></tr>
<tr><td colspan="2">⑤再者，默默无闻的善举一旦被媒体大力宣传，当事人必然会受到社会的肯定与赞赏，而这就是社会对他的回报。⑥既然他从社会得到了回报，怎么还可以说是无私奉献呢？
由此可见，默默无闻、无私奉献的德行注定不可能成为社会的道德精神。</td></tr>
<tr><td>精析</td><td>谬误点五：论据存疑（⑤）
默默无闻的善举未必都会受到社会的肯定与赞赏。
谬误点六：概念不准确（⑥）
无私奉献是做好事的本人主观上希望的不求回报，不代表受益者、社会、国家就不给予他一定的回报，即便获得回报也并不影响默默无闻行为的本质。</td></tr>
<tr><td>参考范文</td><td>默默无闻、无私奉献不能成为社会的道德精神吗
作者通过论证，试图得到“默默无闻、无私奉献的德行注定不可能成为社会的道德精神”的结论，看似有理有据，实则有诸多问题。
首先，上文多次存在概念上的误解。无私奉献精神的行为特点是不为人知，指的是做好事的本人不希望张扬，但不代表该行为就不会被人知道；同样，无私奉献、默默无闻中所谓的“无私”“默默”是就行使善举的人主观意愿而言的，不代表就不应、不会获得回报和不被人所知，终被传播及获得回报也并不影响该行为的本质。</td></tr>
</table>

	其次，一种德行不一定要借助媒体传播、也未必要化为自觉意识才能成为社会的道德精神。在古代，旁观者感受到了某种优良德行，可能仅在邻里间进行口头传播，同样产生了许多社会的道德精神。另外，人们深受某种德行感染，赞赏与推崇它而虽未效仿，或不具备外在环境去效仿，就不是社会的道德精神了吗？ 再次，“默默无闻的善举被大力宣传，当事人必然会受到社会的肯定与赞赏”的说法过于绝对。事实上，许多舍己为人的行为可能遭到大家的误解，有些善举还被看作炒作，甚至不排除当代对某些事物存在普遍价值观的转变而不再赞赏某种善举。 最后，作者前面推出“默默无闻的善举得不到传播”，而后面两次提到“默默无闻、无私奉献的善举被媒体大力宣传，将……”，如此看来作者实际上是认为该行为还是有可能被传播的，前后矛盾。若可被传播，则说明并没否定作者所理解的社会的道德精神“需被传播”这一必要条件。 可见，上述材料在论证过程中存在诸多论证缺陷，要得出文章结论还需更加严密的论证。

57. 论说文

鸟类进化	
审题立意	首句指出鸟类会飞的原因：通过优化其身体结构，从而实现具备飞行功能的进化。接着，具体描述了鸟类为达飞行目的而采取的有目标的、有针对性的、学会取舍的进化过程。可见，材料强调的是进化需要有针对性地采取正确的方法，并非盲目努力、面面俱到、全盘保留等。
参考框架	范文框架（并列）：意味着 A；意味着 B；意味着 C。 其他框架（正反）：意味着 A；意味着 B；忽视的后果。
参考范文	**为各自的“飞行”而进化** 鸟类是如何实现飞行这项特殊技能的呢？首先，要本能地意识到自身具备进化出飞行技能所具有的先天优势，否则一切无从谈起；在此基础上，还要有针对性地不断攻克适于、利于飞行的局部系统与构成器官；另外，还需舍弃一些降低飞行效率的部件…… 进化不是梦想成真，先要找准优势。鸟类首先要对自身特点有着清醒地“认知”——既无法陆地快跑，又难于水底畅游，而适合空中翱翔。言下之意，鸟类应具备某种进化的先天优势、先决条件。试想，倘若乌龟梦想飞行并朝着实现飞行的目标而努力进化，即便最终长出一双翅膀，恐怕也难上天吧。此外，找准方向不仅能“扬长”，还能“避短”——对于每个人，将一生的主要精力集中在擅长的领域，不仅更利于自身“发光”，也能大幅降低被社会所淘汰的概率。 进化并非面面俱到，而应有所侧重。鸟类着重强化翅膀、胸肌和呼吸系统的功能，都是在为更好地实现飞行功能而服务。马克思主义哲学告诉我们：要善于抓住事物矛盾的主要方面。显然，这有别于“全面发展”，全面发展注重的是前期的基础巩固，而倘若实现进一步更高阶地优化，就需有针对性地刻意练习。众所周知，短跑奥运冠军的日常训练必然是侧重短跑，而非体育项目的多样均衡发展；家庭、企业、国家的发展均要有侧所重、有针对性，方能实现最大优化。 进化也非全盘保留，还需去粗取精。正所谓“有舍才有得，不舍则不得。”想必早期的鸟类也存在一些不利于飞行的身体部件，它们或许过于沉重，不适合长时空中盘旋，这些部件甚至对于水、陆动物而言倒是生存必不可少的“核心配件”。而作为飞行这项特殊运动，恐怕就不得不将它们舍弃。“舍近，方能求远”。否则，像海绵一样全盘吸收，不但不会样样精通，甚至终将造成一窍不通。 可见，表面上看似一项简单的改进，实则有太多“讲究”。方向不对，努力白费；方向找对，事半功倍！让我们找对方向，为着属于各自的“飞行”目标而进化吧。